つながる英単語

語源ネットワークで覚える
3000語

佐藤誠司・小池直己 著

clud
dis
e
of
sign

The Japan Times

はしがき

　英単語の意味を覚えるには、語源を手がかりにするのが有効です。例えば **centimeter**（センチメートル）は、**meter**（メートル）の前に「100」や「100分の1」を意味する **cent(i)** を置くことによって、「1メートルの100分の1」となります。この意味の **cent(i)** を含む語には、**century**（世紀＝100年）、**percent**（百分率）、**centigrade**（摂氏）などがあります。ムカデは漢字で「百足」と書きますが、英語では **centipede** と言います。**pedal**（(自転車などの) ペダル）や **pedicure**（ペディキュア＝足の手入れ）からわかるとおり、**ped** は「足」。つまり **centipede** は「100本の足」で、日本語と同じ発想が働いています。このように語源を利用すれば、単語の暗記効率を大きく高めることができます。

　英単語を構成するパーツは、次の3つです。

con	**struct**	**ion**	（建設）
接頭辞	語根	接尾辞	

　語根は単語の意味の基本となるパーツであり、その前後に接頭辞（意味を添加したり変化させたりするパーツ）と接尾辞（主に品詞を変化させるパーツ）を加えることで、意味的に関連のある多くの語が作られます。

　この本では全体を3つの章に分け、これらを詳しく見ていきます。最も種類が多いのは語根ですが、本書では暗記に役立つものに絞って取り上げています。

　特に重要な語（約1,000語）には、文例やフレーズの例を添えました（コロケーションに注意すべきものは、結びつく語を含めてイタリック体にしています）。また、読み物としても楽しめるよう「mini 知識」

のコラムを設け、語源にまつわるちょっとした話の種を集めました。

　語源を利用した単語学習は、深入りしすぎるとかえって効率が下がります。この本では、単語を構成する個々のパーツの意味から推測しやすいものだけを選んで取り上げています。また、語源的には明確な説明が可能でも日常的な使用頻度の低い語は避け、重要度の高い語を重点的に入れました。見出し語に加え、「プラスα」や「mini 知識」などに登場する語も含め、本全体では約 3,000 語が収録されています。全部の単語を覚えれば、大学入試・TOEIC テスト・TOEFL テストなど、さまざまな試験対策にも活用できます。

　本書の編集に当たっては、ジャパンタイムズ英語出版編集部の木浪洋了さんをはじめ、関係者の方々に大変お世話になりました。心よりお礼申し上げます。

2014 年 1 月
著者

Contents

本書の構成と使い方 006

第1章 接頭辞

1 基本的な接頭辞 010
2 反対の意味を表す接頭辞 038

第2章 語根

1 位置・方向・運動 050
2 形・性質など 067
3 変化・変形 088
4 行為・動作 116
5 心理・感情 162
6 言葉・文字 176
7 人体・人間 193
8 生物・自然 212
9 科学・思考 234
10 社会・文化 249

11	時・場所	265
12	抽象概念	277
13	数	297

第3章 接尾辞

1	人・道具を表す名詞を作る接尾辞	310
2	抽象名詞を作る接尾辞	319
3	形容詞を作る接尾辞・接頭辞	337
4	動詞を作る接尾辞・接頭辞	355

接辞・語根索引 ……………………………… 360
単語索引 ……………………………………… 370

編集協力　斉藤敦
カバー・本文デザイン　清水裕久 (Pesco Paint)
カバーイラスト　島津敦 (Pesco Paint)
DTP　創樹

本書の構成と使い方

1 本全体の構成

　本書は、接頭辞、語根、接尾辞の3章構成です。各章は、接辞・語根の意味や機能によって、複数の節に分けられています。

　第1章と第2章の節のはじめには、その節で取り上げる接辞・語根の一覧表をかかげてあります。学習をはじめる前にこの表を見て、これからどんな接辞・語根を持つ単語を覚えるのか頭に入れておくと、効率的に学習を進めることができるでしょう。また、学習を進めるなかでこの表に立ち戻ることで、知識を整理しながら単語を覚えることができます。

2 本文ページ

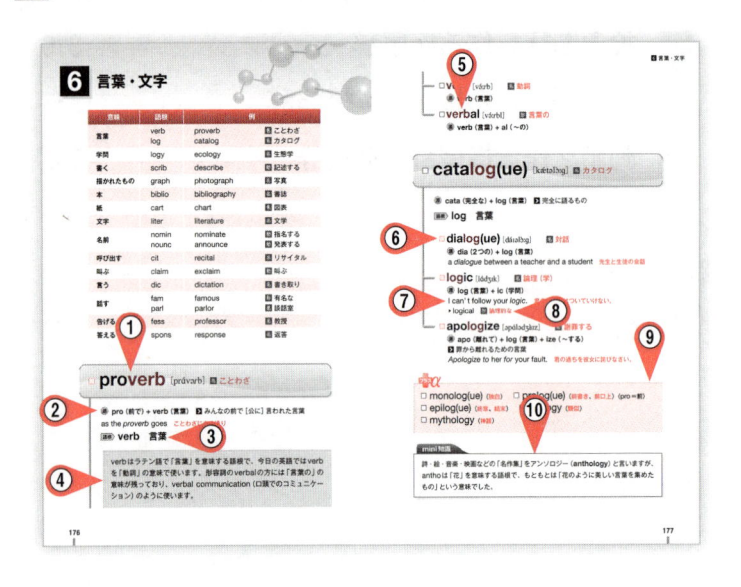

①大見出し

　各接辞・語根を代表する単語を大見出しとして立てています。

②語源分析

　見出し語を接辞と語根に分け、それぞれの意味を示すことで、その単語の語源を説明しています。接辞と語根の意味から単語の意味が類推しづらい場合には、▶ の後にさらに補足説明を加えました。

③接辞・語根

　取り上げる単語に共通する接辞・語根とその意味を示しています。

④解説

　取り上げる接辞・語根と単語についての解説です。

⑤見出し語

　①の単語と共通する接辞・語根を持つ単語を中心に紹介しています。接辞・語根の共通部分を色文字にしてあります。

⑥チェックボックス

　黒いチェックボックスと赤いチェックボックスの2種類があります。チェックボックスが赤い語は、特に重要な語です。

⑦用例

　重要な語には、フレーズや例文をつけました。

⑧補足説明

　見出し語の補足説明や派生語を示しています。

⑨プラスα

　さらに覚えたい関連語を挙げました。

⑩ mini 知識

　単語や語源にまつわる話を取り上げています。あわせて読むことで、単語についての理解が深まります。

　①、⑤、⑦の訳語は色文字になっており、付属の赤シートで隠せるようになっています。英語を見て意味が言えるように練習して下さい。

3 語源ネットワーク図

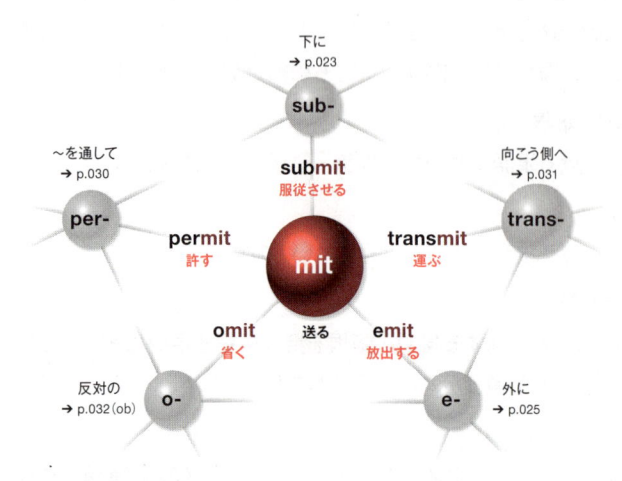

```
              下に
              → p.023
               sub-

  ～を通して    submit              向こう側へ
  → p.030     服従させる             → p.031

    per-     permit    transmit    trans-
              許す       運ぶ
                 mit
                 送る
             omit    emit
              省く   放出する
    o-                          e-

  反対の                         外に
  → p.032(ob)                    → p.025
```

　単語がどんな接辞と語根からなるかがわかるネットワーク図です。赤色の球は取り上げた単語に共通する接辞・語根を示し、灰色の球はその他の接辞・語根を示しています。灰色の球に示された接辞・語根が本書に収録されている場合には、参照ページをつけてありますので、語源による単語のネットワークをさらに広げてください。

4 本書で使われる記号

源 … 語源の説明
動 … 動詞、名 … 名詞、形 … 形容詞、副 … 副詞、前 … 前置詞

Prefixes

第1章

接頭辞

接頭辞は、単語の最初に置いて位置関係などの意味を表す要素です。例えばin-が「中」という意味を表すことは、inside（〜の内側に）やindoor（屋内の）などの語からも容易に想像できるでしょう。主な接頭辞は20個程度なので、全部覚えましょう。これらの意味を知っておくだけでも、知らない単語の意味を推測するのに大いに役立つはずです。

1 基本的な接頭辞

主な接頭辞には、次のようなものがあります。

意味	接頭辞	例	
～ (の方) へ	a-	assign	動 割り当てる
離れて	ab- de- dis- se-	abnormal deprive discover separate	形 異常な 動 奪う 動 発見する 動 分ける
前	pre- pro-	preview project	名 試写会 名 計画、事業
後	post-	postwar	形 戦後の
上	sur- super-	surcharge superstar	名 追加料金 名 スーパースター
下	de- sub-	decrease submarine	名 動 減少 (する) 名 潜水艦
中	in-	income	名 収入
外	ex- extra-	Expo extra	名 万国博覧会 形 余分の
間	inter-	interview	名 動 面接 (する)
そばに	para-	parallel	形 平行な
遠い	tele-	television	名 テレビ
通して	per-	perfect	形 完全な
越えて	trans-	transit	名 通過、輸送
(反) 対	ob-	obstruct	動 妨害する
共に	co- sym-	cooperate symposium	動 協力する 名 シンポジウム
再び	re-	reaction	名 反応

1 基本的な接頭辞

□ **assign** [əsáɪn] 動 割り当てる

源 **as**(〜に) + **sign**(印) ▶ 〜に印をつけて割り当てる
assign a lot of work *to* him　彼に多くの仕事を割り当てる
▶ assignment 名 割り当て、課題

接辞 **a-、ac-、ad-、al-、an-、ar-、as-**　〜へ、〜の方へ

接頭辞のa-はさまざまな意味を表しますが、最も多いのは前置詞のto（〜へ、〜の方へ）に当たるものです。例えば一品料理をアラカルト（a la carte）と言いますが、これはフランス語から来た言葉で、英語に直すとto the card（紙 [メニュー] に従って）です。後ろの子音との関係で、ac-、ad-、al-、an-、ar-、as-などの形になることもあります。

□ **accompany** [əkʌ́mpəni] 動 伴う
源 **ac**(〜に) + **company**(仲間) ▶ 仲間と共に行く

□ **ally** 動 同盟する [əláɪ] 名 同盟者 [ǽlaɪ]
源 **al**(〜へ) + **ly**(結びつける)
a friendly *ally*　友好的な同盟者
▶ alliance 名 同盟

□ **arrange** [əréɪndʒ] 動 手配する
源 **ar**(〜に) + **range**(整える) ▶（ある方向）に整える
arrange a meeting　会合を手配する

mini知識

ヨーロッパの言語はもともとギリシャ語・ラテン語を源流としているので、言語間に似た形の語が多くあります。遊びで使う「カルタ」や医者の「カルテ」も、cardと同じ意味の語に由来します。

第1章　接頭辞

■ 語源ネットワーク

- nounc（名前を）口に出す → p.184
- mount 山 → p.230
- apt 適する → p.293
- ply 折る → p.145
- opt 選ぶ → p.154

中心: **a- ad- an- ap-** 〜へ、〜の方へ

- announce 発表する
- amount 総計が〜になる
- adapt 適応する
- apply 適用する
- adopt 採用する

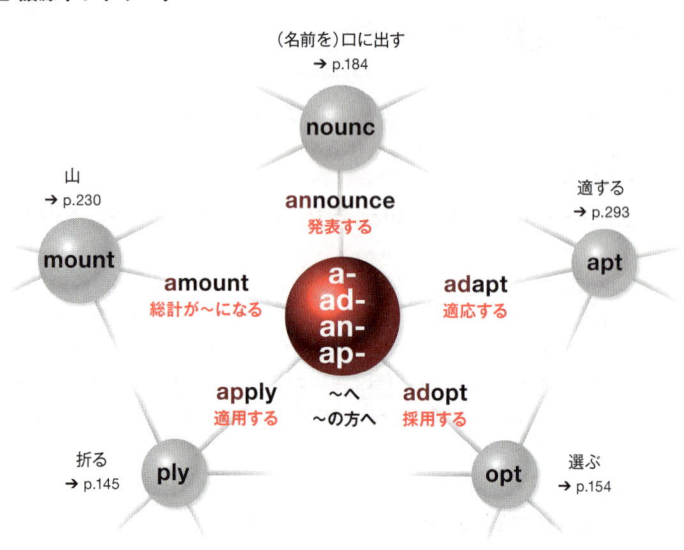

□ abnormal [æbnɔ́ːrml] 形 異常な

源 ab（〜から離れて）+ norm（標準、規則）+ al（〜な）

接辞 ab-　〜から離れて

ab-は「〜から離れて」の意味を表します（offと同語源）。

□ absorb [əbzɔ́ːrb] 動 吸収する、心を奪う
源 ab（〜から）+ sorb（吸い込む）
He is *absorbed in* the novel.　彼はその小説に夢中だ。
▶ absorption 名 吸収

□ absurd [əbsə́ːrd] 形 ばかげた
源 ab（〜から離れて）+ surd（ばかげた）
▶ ばかげたことから（さらに）離れた

プラスα

□ abolish (廃止する)　　□ absolute (完全な)

□ **deprive** [dɪpráɪv] 動 奪う

源 de (離れて) + priv (個人) ▶ 個人から引き離す

接辞 **de-**　離れて

de-は「離れて」の意味の接頭辞で、そこから「下へ」「足りない」などの意味も生まれました。

- □ **deodorant** [dióʊdərənt]　名 脱臭剤
  - 源 de (離れて) + odor (臭い) + ant (〜するもの)
- □ **detoxification** [diːtɑ̀ksəfikéɪʃən]　名 解毒
  - 源 de (離れて) + tox (毒) + fication (〜化すること)
- □ **deforestation** [diːfɔ̀ːrəstéɪʃən]　名 森林伐採 [破壊]
  - 源 de (離れて) + forest (森) + ation (〜にすること)
- □ **defraud** [dɪfrɔ́ːd]　動 詐取する
  - 源 de (離れて) + fraud (だます) ▶ だましとる
- □ **defrost** [dìːfrɔ́(ː)st]　動 解凍する
  - 源 de (離れて) + frost (霜)
- □ **dehydration** [dìːhaɪdréɪʃən]　名 脱水 (症)
  - 源 de (離れて) + hydr (水) + ation (〜にすること) ▶ 水が奪われる
- □ **demerit** [dɪmérət]　名 短所
  - 源 de (離れて) + merit (利点)
- □ **demote** [dɪmóʊt]　動 左遷する
  - 源 de (離れて) + mot (動く) ▶ 遠ざける
- □ **deregulate** [dirégjəlèɪt]　動 規制を解除する
  - 源 de (離れて) + regulate (規制する)

第1章　接頭辞

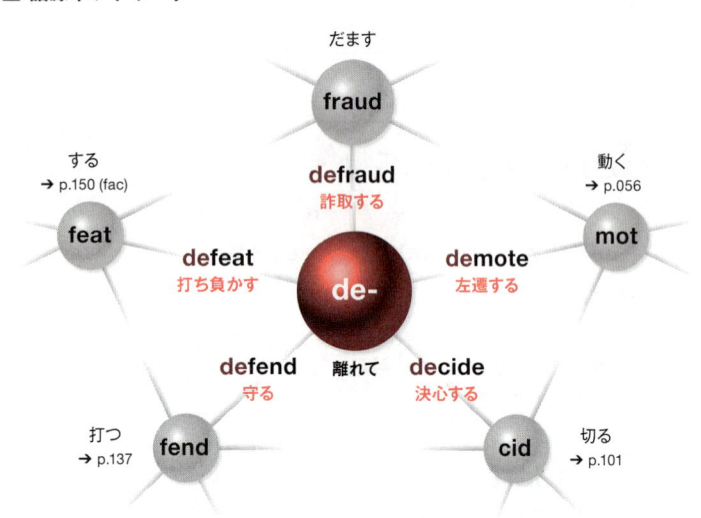

■ 語源ネットワーク

```
               だます
               fraud
                │
              defraud
する            詐取する          動く
→ p.150 (fac)                   → p.056
  feat                           mot
       defeat         demote
       打ち負かす  de-  左遷する
              離れて
       defend        decide
        守る          決心する
  fend                            cid
打つ                              切る
→ p.137                          → p.101
```

□ **dis**cover [dɪskʌ́vər] 動 発見する

源 dis (離れて) + cover (覆い)

接辞 dis-、di-、dif-　離れて

discover (発見する) の原義は「覆い (cover) を引き離す (dis)」で、dis- は「離れて」の意味の接頭辞です。なお、dis- は後ろの子音との関係で di-、dif- などに変化します。differ (異なる)、diffuse (普及する)、digest (消化する)、distance (距離)、diverse (多様な) などがその例です。

□ **dis**armament [dɪsɑ́ːrməmənt] 名 武装解除、軍備の縮小

源 dis (離れて) + armament (軍備)

1 基本的な接頭辞

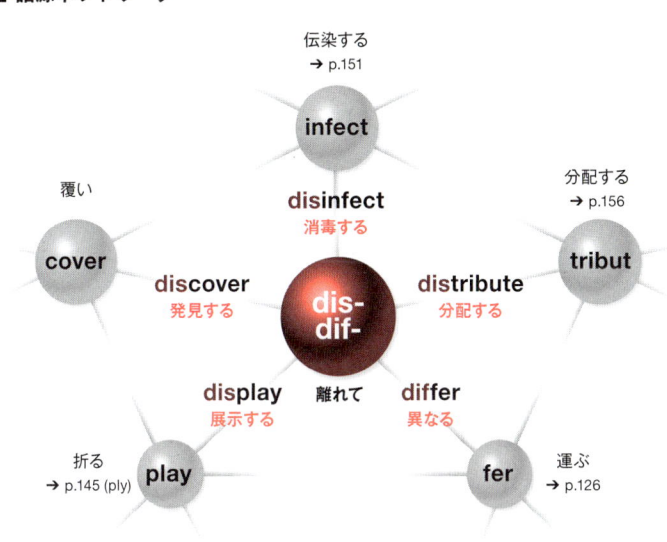

■ 語源ネットワーク

```
                          伝染する
                          → p.151
                          infect
   覆い                                        分配する
                        disinfect              → p.156
   cover                消毒する                tribut
           discover              distribute
           発見する      dis-      分配する
                        dif-
           display     離れて    differ
           展示する              異なる
  折る                                          運ぶ
 → p.145 (ply)  play            fer           → p.126
```

- □ **discard** [dɪskɑ́ːrd]　動 捨てる
  - 源 dis (離れて) + card (カード、トランプ)　▶ カードを手離す
- □ **discharge** [dɪstʃɑ́ːrdʒ]　動 放出する、解雇する
  - 源 dis (離れて) + charge (積み荷)　▶ 積み荷をおろす
- □ **disclose** [dɪsklóʊz]　動 暴露する
  - 源 dis (離れて) + close (閉じる)
- □ **disconnect** [dìskənékt]　動 連絡を絶つ
  - 源 dis (離れて) + connect (結合する)
- □ **discontinue** [dìskəntínjuː]　動 中断する
  - 源 dis (離れて) + continue (続ける)
- □ **disinfect** [dìsənfékt]　動 消毒する
  - 源 dis (離れて) + infect (伝染する)
- □ **dispatch** [dɪspǽtʃ]　動 急行させる
  - 源 dis (離れて) + patch (拘束する)　▶ 束縛を解く

- □ **display** [dɪspléɪ]　動 展示する
    - 源 dis（離れて）+ play（折る）　▶ 折られているものを開く

- □ **disease** [dɪzíːz]　名 病気
    - 源 dis（離れて）+ ease（安楽な）

- □ **discourage** [dɪskə́ːrɪdʒ]　動 やる気をそぐ
    - 源 dis（離れて）+ courage（勇気）

- □ **discuss** [dɪskʌ́s]　動 討論する
    - 源 dis（離れて）+ cuss（打つ）

- □ **discrete** [dɪskríːt]　形 ばらばらの
    - 源 dis（離れて）+ cret（分ける）

- □ **disport** [dɪspɔ́ːrt]　動 気晴らしをする
    - 源 dis（離れて）+ port（運ぶ）　▶ 離れた所へ運び（気晴らしをする）

□ **separate**　動 分ける [sépərèɪt]　形 分かれた [sépərət]

源 se（離れて）+ parate（準備する）　▶ 別に準備する

separate work and personal life　仕事とプライベートを分ける

接辞 **se-**　離れて

> 上下に分かれた水着などをセパレーツと言いますが、separate（分ける、分かれた）にも「離れて」の意味を表すse-という接頭辞が含まれています。

- □ **seduce** [sɪd(j)úːs]　動 誘惑する
    - 源 se（離れて）+ duc（導く）　▶ 離れた所へ導く

- □ **segregate** [ségrəgèɪt]　動 分離する
    - 源 se（離れて）+ greg（群れ）+ ate（～にする）　▶ 群れから離す

preview [príːvjùː] 名 試写会

源 pre (前に) + view (見る)
attend a *preview* of a movie　映画の試写会に出席する

接辞 **pre-**　前

「プレシーズンマッチ」などからもわかるとおり、pre-は「前」の意味を表します。

precaution [prɪkɔ́ːʃən]　名 用心
源 pre (前に) + caution (用心)　▶ 前もって用心すること

preface [préfəs]　名 序文
源 pre (前に) + face (話す)　▶ 前もって話す

prehistoric [prèhɪstɔ́ːrɪk]　形 有史以前の
源 pre (前に) + historic (歴史上の)

preliminary [prɪlímənèri]　形 準備の
源 pre (前に) + lim (境界) + ary (〜の)　▶ 境界に入る前→入口

premature [prìːmət(j)úər]　形 早熟の
源 pre (早期に) + mature (成熟した)

preserve [prɪzɔ́ːrv]　動 保存する
源 pre (前に) + serve (守る)　▶ 前もって守る

preside [prɪzáɪd]　動 主宰する
源 pre (前に) + side (座る)　▶ (人々の) 前に座る

premise [prémɪs]　名 前提、敷地
源 pre (前) + mise (送る)
Keep off the *premises*.　構内立ち入り禁止。

project [prádʒèkt] 名 計画、事業

源 pro（前へ）+ ject（投げる） ▶ 前へ投げたもの
The *project* was successful.　その計画は成功した。

接辞 pro-　前／proto　最初の

pro- も pre- と同様に「前」を表す接頭辞です。例えば project という語は「前へ（pro）投げる（ject）」がもとの意味で、動詞としては「突き出る」という意味で使います。そこから意味が転じて今日では「前へ投げた［企てた］もの→計画、事業」の意味で使われるようになりました。また pro- と同じ語源から発した接頭辞の proto- は「最初の」の意味です。

- **proclaim** [proukléɪm]　動 宣言する
  源 pro（前へ）+ claim（大声で叫ぶ）

- **prolog(ue)** [próulɔ(:)g]　名 序言
  源 pro（前の）+ log(ue)（言葉）

- **prolong** [prəlɔ́:ŋ]　動 延長する
  源 pro（前に）+ long（長い）

- **protect** [prətékt]　動 保護する
  源 pro（前を）+ tect（覆う）

- **protest** [prətést]　動 抗議する
  源 pro（前で）+ test（証言する） ▶ 相手の前で証言する

- **prototype** [próutoutàɪp]　名 原型、プロトタイプ
  源 proto（最初の）+ type（型） ▶ 初めての型

プラスα

- **protocol**（協定、規約）　□ **propaganda**（宣伝活動）
- **prophet**（予言者、預言者）

postwar [póʊstwɔ́ːr] 形 戦後の

源 post（後）+ war（戦争）

接辞 post- 後

> pre-（前）の反対の意味を表すのがpost-（後）です。例えばprewar（戦前の）に対してはpostwar（戦後の）という語が作れます。日本語でも「ポスト〇〇総理の座」のような言い方をしますね。「ポストハーベスト」も時に話題になりますが、これはpostharvest chemicals（収穫後の化学薬品）による汚染のことです。

- **postharvest** [pòʊsthάːrvəst] 形 収穫後の
  源 post（後）+ harvest（収穫）
- **postscript** [póʊstskrɪpt] 名（手紙の）追伸
  源 post（後で）+ script（書く）
- **postgraduate** [pòʊstgrǽdʒuət] 名 大学院生
  源 post（後）+ graduate（卒業生）
- **posterity** [pɑstérəti] 名 子孫
  源 post（後の）+ er（者）+ ity〔名詞を作る語尾〕 ▶ 後ろからくる者
- **postpone** [poʊstpóʊn] 動 延期する
  源 post（後ろに）+ pon（置く）
  postpone a meeting until next week 会議を来週に延期する

surcharge [sə́ːrtʃὰːrdʒ] 名 追加料金

源 sur（加えて）+ charge（料金）

接辞 sur- 上に、加えて

- **surplus** [sə́ːrplʌs] 名 余剰、黒字
  源 sur（越えて）+ plus（追加物）
  a growing trade *surplus* 増大する貿易黒字

第1章　接頭辞

□ surpass [sə:rpǽs]　動 勝る
源 sur (上に) + pass (越える)
He *surpassed* me in sales.　彼の売り上げは私以上だった。

□ surrender [səréndər]　動 降伏する
源 sur (上に) + render (差し出す)
He *surrendered* himself to the police.　彼は警察に自首した。

□ surround [səráʊnd]　動 取り囲む
源 sur (上に) + ound (あふれる)　▶ 上に (水が) あふれる
The reporters *surrounded* him.　記者が彼を取り囲んだ。

□ survey [sərvéɪ]　動 見渡す、調査する
源 sur (上から) + vey (見る)
survey the world situation　世界情勢を概説する

□ surname [sə́:rnèɪm]　名 姓
源 sur (上の) + name (名前)

プラスα

□ surface (表面)　□ surmount (登る)　□ survive (生き延びる)
□ surrealism (シュールレアリズム、超現実主義)

芸術用語のsurrealismは、「現実 (real) の上 (sur)」ということです。

□ superstar [súːpərstàːr]　名 スーパースター

源 super (上、越えて) + star (スター)

接辞 super-、supre-　上、越えて

super-、supre-も「上、越えて」の意味で、superstar (スーパースター) は「普通より上のスター」ということ。supermarket (スーパーマーケット)、superpower (超大国) なども同様です。

□ supermarket [súːpərmàːrkət]　名 スーパーマーケット
源 super (上の) + market (食料品店)

- □ **superpower** [súːpərpàuər]　名 超大国
  - 源 super（超）+ power（大国）

- □ **superficial** [sùːpərfíʃəl]　形 表面的な
  - 源 super（上の）+ fic（面）+ al（〜な）
  - a *superficial* knowledge　浅薄な知識

- □ **superfluous** [su(ː)pə́ːrfluəs]　形 余分な
  - 源 super（越えて）+ flu（流れる）+ ous（〜の特徴を持つ）
  - ▶ 越えて流れるほどの
  - leave out *superfluous* words　余分な言葉を省く

- □ **superstition** [sùːpərstíʃən]　名 迷信
  - 源 super（上に）+ stit（立つ）+ tion（〜するもの）
  - I don't believe *superstitions*.　私は迷信を信じない。

- □ **supreme** [su(ː)príːm]　形 最高の
  - 源 supre（上の）+ (e)me〔ラテン語の最上級語尾〕
  - a judge at the *Supreme* Court　最高裁判所の判事

- □ **superior** [su(ː)píəriər]　名 上司　形 優れた
  - 源 super（上の）+ ior〔比較級語尾〕　▶ より上の
  - She is my immediate *superior*.　彼女は私の直属の上司です。
  - ▶ 反意語のinferior（劣った）は、infer（低い）という語根から生じた語です。inferno（地獄）も「下にある場所」という意味がもとになっています。

プラスα

- □ supernatural（超自然的な）　□ superconductivity（超伝導）
- □ superlative（最高の）　□ supervise（監督する）

mini知識

北米にある五大湖（the Great Lakes）の1つ、スペリオル湖（Lake Superior）は、「(Huron湖の) 上 [北] にあるもの」という意味がもとになっています。

decrease 動 減少する [dìːkríːs] 名 減少 [díːkriːs]

源 de (下へ) + crease (成長する)

接辞 **de-** 離れて、下へ

de-は「離れて、下へ」の意味を表す接頭辞で、「逆、否定」の意味にもなります。例えばcentralize (中央集権化する) の反意語はdecentralize (地方分権化する) です。

- **degrade** [dɪgréɪd] 動 品位を落とす
  源 de (下に) + grade (等級)

- **delay** [dɪléɪ] 動 遅らせる
  源 de (離れて) + lay (運ぶ) ▶ 離れた所へ運ぶ

- **depreciate** [dɪpríːʃièɪt] 動 減価する
  源 de (下に) + prec (価値) + ate (〜にする)

- **descend** [dɪsénd] 動 降りる
  源 de (下に) + scend (のぼる)

- **descendent** [dɪséndənt] 形 下降する、伝来の
  源 de (下に) + scend (のぼる) + ent (〜の)

- **destroy** [dɪstrɔ́ɪ] 動 破壊する
  源 de (下に) + stroy (積み上げる) ▶ 下に積み上げる→壊す

- **detest** [dɪtést] 動 憎む
  源 de (下に) + test (示す) ▶ 見下す気持ちを示す

プラスα

- **despise** (軽蔑する)   **deteriorate** (悪化する)

■ 語源ネットワーク

- grad 等級 → p.123
- degrade 品位を落とす
- stroy 積み上げる → p.095 (struct)
- destroy 破壊する
- scend のぼる → p.059
- descend 降りる
- de- 離れて 下へ
- depart 出発する
- part 分ける → p.100
- decline 衰える
- detest 憎む
- cli 曲がる → p.106
- test 示す

□ submarine [sʌ́bməriːn] 名 潜水艦

源 sub（下）+ marine（海） ▶ 海の下を進むもの

接辞 sub-、suc-、suf-、sug-、sum-、sup-、sus-、su- 下、下位

日本語では「サブ」を「代役、副〜」の意味で使います。英語でもsubtitle（副題）のような語がありますが、接頭辞のsub-の原義は「下」です。また、sub-は後ろの子音と同化してsuc-、suf-、sug-、sum-、sup-、sus-、su-の形にもなります。

□ **subconscious** [sʌbkánʃəs] 形 潜在意識の
源 sub（下の）+ conscious（意識）

□ **subsequent** [sʌ́bsɪkwənt] 形 その後の
源 sub（下に）+ sequent（続く）

- **subsidy** [sʌ́bsədi] 名 助成金
  - 源 sub (近くに) + sid (座る) + y (〜すること) ▶ 近くに座る→援助

- **subsidiary** [səbsídièri] 名 子会社
  - 源 sub (近くに) + sid (座る) + ary (入れ物)

- **subtract** [səbtrǽkt] 動 差し引く
  - 源 sub (下に) + tract (引く)

- **subtropical** [sʌ̀btrɑ́pɪkl] 形 亜熱帯の
  - 源 sub (下位) + tropical (熱帯の)

- **subway** [sʌ́bwèɪ] 名 地下鉄
  - 源 sub (下の) + way (道)

- **suppress** [səprés] 動 抑圧する
  - 源 sup (下に) + press (押す)

income [ínkʌm] 名 収入

源 in (中に) + come (来る) ▶ 中に入ってくるもの

▶ 支出は outgo

接辞 in-、im-、il-、ir- 中に

> in- は p、b、m の前では im-、l の前では il-、r の前では ir- に変わります。

- **inborn** [ìnbɔ́ːrn] 形 生まれつきの
  - 源 in (中に) + born (生まれる) ▶ 生まれた (時から) 内に (もっている)

- **increase** 動 増加する [ɪnkríːs] 名 増化 [ínkriːs]
  - 源 in (上に) + crease (成長する)

- **indoor** [índɔ̀ːr] 形 屋内の
  - 源 in (中の) + door (扉)

- **initiate** [ɪníʃièɪt] 動 始める
  - 源 in (中に) + it (行く) + ate (〜する) ▶ 中に入って行く

1 基本的な接頭辞

- □ **input** [ínpùt] 動 **入力する**
  源 in (中に) + put (置く)

- □ **invade** [invéid] 動 **侵入する**
  源 in (中に) + vade (行く)

- □ **immigrant** [ímɪɡrənt] 名 **(国外からの) 移住者**
  源 im (中に) + migrant (移住する)

- □ **impetus** [ímpətəs] 名 **刺激**
  源 im (中に) + petus (攻撃する)

mini知識

「インフレ」に当たる語はinflationですが、動詞のinflateの原義は「膨らませる」〈中に (in) 吹く (flate)〉。「風船を膨らませる」はinflate a balloonと言います。そこから「(物価を) 膨張させる」という意味が生まれました。反意語はdeflate (空気を抜く、しぼませる)〈de＝離す〉で、その名詞形がdeflation (しぼむこと、デフレ) です。

□ **Expo** [ékspoʊ] 名 **万国博覧会**

源 ex (外に) + po(sition) (置くこと)

接辞 **ex-、e-、ec-、ef-、es-　外に**

Expo (万国博覧会) はexposition (展示会、博覧会) の短縮形で、動詞はexpose (さらす、陳列する) です。この語の原義は「外に (ex) 置く (pose)」。ex-は「外」を意味する接頭辞です。ex-にはe-、ec-、ef-、es-という異形もあります。

- □ **exposition** [èkspəzíʃən] 動 **展示会、博覧会**
  源 ex (外に) + pos (置く) + tion (～すること)

- □ **exaggerate** [ɪɡzǽdʒərèɪt] 動 **誇張する**
  源 ex (外に) + agger (積み上げる) + ate (～する)

- □ **execute** [éksəkjùːt] 動 実行する
  - 源 ex（外に）+ cute（行く）　▶ 外まで行く→最後までやる
- □ **eliminate** [ɪlímənèɪt] 動 取り除く
  - 源 e（外に）+ limi（境界）+ ate（〜する）　▶ 境界から外に出す
- □ **emigrate** [émǝgrèɪt] 動 (国外へ) 移住する
  - 源 e（外に）+ migrate（移住する）
- □ **escape** [ɪskéɪp] 動 逃げる
  - 源 es（外に）+ cape（外套）　▶ 外套を脱いで（逃げる）

■ 語源ネットワーク

centr 中心 → p.052
- eccentric 常軌を逸した

ist 立つ → p.066
- exist 存在する

pos 置く → p.060
- expose さらす

pel 押す → p.144
- expel 追放する

ex-/ec- 外に
- exit 出口
- exact 正確な

it 行く → p.120

act 行う → p.117

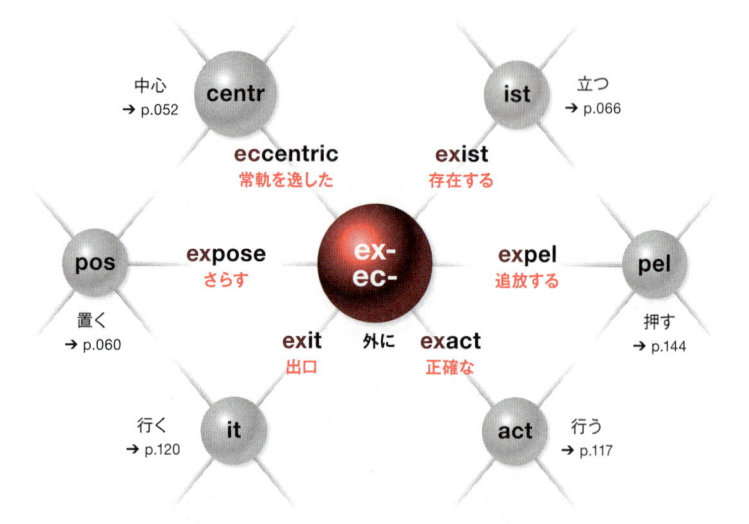

□ **extra** [ékstrə] 形 余分の、特別の

源 extra（〜の（範囲）外の）

接辞 extr-、extra-、extern-　〜の（範囲）外の

> extraは「余分の、特別の」で、extra charge は割増料金や追加料金を意味します。extraには「(映画の)エキストラ(その他大勢の出演者)」の意味もあります。接頭辞の extr(a)- は「~の(範囲)外の」の意味で、extro-、extern- などの異形があります。extraterrestrial は「地球外の」。スピルバーグ監督の映画「E.T.」はその頭文字を取ったものです。

- □ **extra**terrestrial [èkstrətəréstriəl]　形 **地球外の**
  - 源 extra (~の外の) + terrestrial (地球の)

- □ **extra**ordinary [ɪkstrɔ́ːrdənèri]　形 **異常な**
  - 源 extra (~の外の) + ordin (通常) + ary (~な)

- □ **extra**vagant [ɪkstrǽvəgənt]　形 **ぜいたくな**
  - 源 extra (~の外へ) + vag (さまよう) + ant (~な)
  - ▶ さまよい出る

- □ **extr**eme [ekstríːm]　形 **極端な**
  - 源 extr (~の外の) + eme〔ラテン語の最上級語尾〕　▶ 一番端の

- □ **extern**al [ekstə́ːrnl]　形 **外部の**
  - 源 extern (~の外の) + al (~の)

□ **inter**view [íntərvjùː]　名 **面接**　動 **面接する**

源 inter (互いに) + view (見る)
have a job *interview*　就職の面接を受ける

接辞 **inter-**　間に、互いに

> inter- は「間に、互いに」という相互関係を表す接頭辞です。アメリカンフットボールで相手のパスしたボールを奪うことを「インターセプト」と言いますが、intercept (横取りする) は「間で (inter) 取る (cept)」が原義です。

第1章　接頭辞

- **international** [ìntərnǽʃənl]　形 国際的な
  - 源 inter (間に) + nation (国) + al (〜な)
  - make an *international* call　国際電話をかける

- **interval** [íntərvl]　名 間隔
  - 源 inter (間の) + val (壁)　▶ 壁の間

- **interact** [ìntərǽkt]　動 相互に作用する
  - 源 inter (互いに) + act (作用する)

- **intercourse** [íntərkɔ̀ːrs]　名 交際
  - 源 inter (間を) + course (走る)

- **interfere** [ìntərfíər]　動 妨害する
  - 源 inter (間で) + fere (打つ)　▶ 間に (入って) 打つ→干渉する
  - *interfere with* the progress of a project　事業の進行を妨害する

- **interior** [intíəriər]　名 内部、室内装飾
  - 源 inter (内側の) + ior (比較級語尾)

- **intermit** [ìntərmít]　動 中断させる
  - 源 inter (間に) + mit (送る)　▶ 間に送り込んで (妨げる)

parallel [pǽrəlèl]　形 平行な

源 para (そばに、並んで) + (a)llel (互いに)　▶ 互いに並んでいる
draw *parallel* lines　平行線を引く

接辞 **para-**　そばに、並んで

para-は「そばに、並んで」の意味です。例えばparallel (平行な) は「お互いに並んでいる」という意味がもとになったものです。「パラリンピック (Paralympics)」はparallel Olympics、つまり「オリンピックと並行して行われるもの」という意味で、IOC (国際オリンピック委員会) が1985年に正式名称として採用しました。

- **paragraph** [pǽrəgræf]　名 段落
  - 源 para (並んだ) + graph (文書)
  - the first *paragraph* of an article　記事の第1段落

1 基本的な接頭辞

□ **paralyze** [pǽrəlàɪz]　動 **まひさせる**
源 para（片側を）+ lyze（緩める）　▶ 片側を不能にする

プラスα

□ parasite（寄生虫）　□ parabola（放物線）
□ parable（寓話）　□ paradox（逆説、矛盾）

parasite は「並んで食べるもの」が原義です。数学用語の parabola は、「そばに（para）投げる（bole）」が原義で、parable（寓話）と同語源。「パラボラアンテナ」は、放物線の形をしていることから名づけられました。para- には「超えて」の意味もあり、paradox は「超えた（para）+ 正統な（orthodox）」からきた言葉です。

mini知識

para- には「防ぐ」という意味もあります。例えば **parasol**（日傘）は「日光（sol）を防ぐ（para）」、**parachute**（パラシュート）は「落下（chute）を防ぐ（para）」が原義です。さらに「補助の」という意味もあり、**paramedic**（医療補助員）、**paralegal**（弁護士補助員）などの語を作ります。

□ **television** [téləvìʒən]　名 **テレビ**

源 tele（遠くを）+ vision（見ること）

接辞 **tele-**　**遠い**

tele- は「遠い」という意味です。telescope（望遠鏡）は「tele + scope（見る）」で「遠くを見る（道具）」がもとの意味です。

□ **telephone** [téləfòʊn]　名 **電話**
源 tele（遠くに）+ phone（音、話す）

□ **telegram** [téləgræ̀m]　名 **電報**
源 tele（遠くに）+ gram（書かれたもの）

- □ **telecommunications** [tèləkəmjùːnɪkéɪʃənz]　名 遠距離通信
  - 源 tele (遠くに) + communication (伝達)
- □ **telepathy** [təlépəθi]　名 テレパシー、離れた感情（を知る力）
  - 源 tele (遠くの) + pathy (感情)

□ perfect [pə́ːrfɪkt]　形 完全な

源 per (完全に) + fect (作る) ▶ 完璧に作られた

接辞 per-　～を通して、完全に、十分に

- □ **percussion** [pərkʌ́ʃən]　名 パーカッション
  - 源 per (十分に) + cuss (打つ) + ion (～すること)
- □ **perfume** [pə́ːrfjuːm]　名 香水
  - 源 per (十分な) + fum (煙) ▶ 煙で満たす
- □ **permanent** [pə́ːrmənənt]　形 永久的な
  - 源 per (完全に) + manent (存続する) ▶ 最後まで存続する
- □ **perplex** [pərpléks]　動 当惑させる
  - 源 per (完全に) + plex (重ねる) ▶ 完全に折る→複雑にする
- □ **persevere** [pə̀ːrsəvíər]　動 がんばり通す
  - 源 per (完全に) + severe (厳しい)
  - ▶ perseverance　名 忍耐
- □ **perspire** [pərspáɪər]　動 汗をかく
  - 源 per (～を通して) + spir (呼吸する) ▶ (皮膚を) 通して呼吸する
  - ▶ perspiration　名 汗
- □ **persuade** [pərswéɪd]　動 説得する
  - 源 per (完全に) + suade (説得する)
  - ▶ persuasion　名 説得
- □ **pervade** [pərvéɪd]　動 普及する
  - 源 per (完全に) + vade (行く) ▶ 完全に行き渡る
  - ▶ pervasive　形 広がる

1 基本的な接頭辞

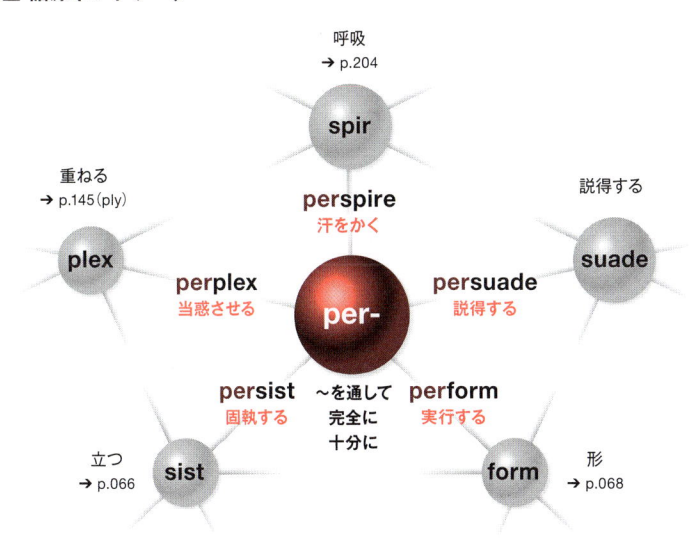

■ 語源ネットワーク

- spir 呼吸 → p.204
- perspire 汗をかく
- suade 説得する
- persuade 説得する
- perplex 当惑させる
- plex 重ねる → p.145 (ply)
- **per-**
- persist 固執する
- 〜を通して 完全に 十分に
- perform 実行する
- sist 立つ → p.066
- form 形 → p.068

transit [trǽnsət] 名 通過、輸送

源 trans (越えて) + it (行く)

breakage *in transit* 輸送中の破損

接辞 **trans-** 越えて、向こう側へ

trans-は「越えて、向こう側へ」の意味の接頭辞です。飛行機の乗り継ぎをトランジットと言いますが、transit (通過、輸送) の原義は「越えて (trans) 行く (it)」です。

- **transplant** [trænsplǽnt] 動 (臓器などを) 移植する
  - 源 trans (向こう側へ) + plant (植える)
- **transact** [trænsǽkt] 動 取引する
  - 源 trans (向こう側へ) + act (行う) ▶ 向こうへ (行って) 行う

031

- □ **transcribe** [trænskráɪb] 動 書き写す
  - 源 trans (向こう側へ) + (s)cribe (書く) ▶ 向こうに書く (写す)
- □ **translate** [trǽnsleɪt] 動 翻訳する
  - 源 trans (向こう側へ) + late (移す)

obstruct [əbstrʌ́kt] 動 妨害する

源 ob (〜に (反) 対して) + struct (積み上げる)
Debris *obstructed* the road.　がれきが道路をふさいでいた。
▶ obstruction 名 障害

接辞 ob-、oc-、of-、op-　〜に (反) 対して

接頭辞のob-は「〜に (反) 対して」という意味を持ちます。後ろの子音がc, f, pの時は、それぞれoc-、of-、op-となります。

- □ **obstacle** [ɑ́bstəkl] 名 障害
  - 源 ob (〜に対して) + sta (立つ) + cle (もの) ▶ 反対側に立つもの
  - an *obstacle to* success　成功への障害
- □ **obstinate** [ɑ́bstənət] 形 頑固な
  - 源 ob (〜に対して) + sti (立つ) + ate (〜の特徴がある)
  - ▶ 逆らって立った
- □ **observe** [əbzɚ́ːrv] 動 観察する
  - 源 ob (〜を) + serve (見守る)
- □ **oppose** [əpóʊz] 動 反対する
  - 源 op (〜に対して) + pos (置く) ▶ 対抗して置く
  - *oppose* a proposal ≒ *object to* a proposal　提案に反対する
  - ▶ opposition 名 反対
- □ **occupy** [ɑ́kjəpàɪ] 動 占領する
  - 源 oc (〜に) + cup (つかむ) ▶ (手元) につかむ

■ 語源ネットワーク

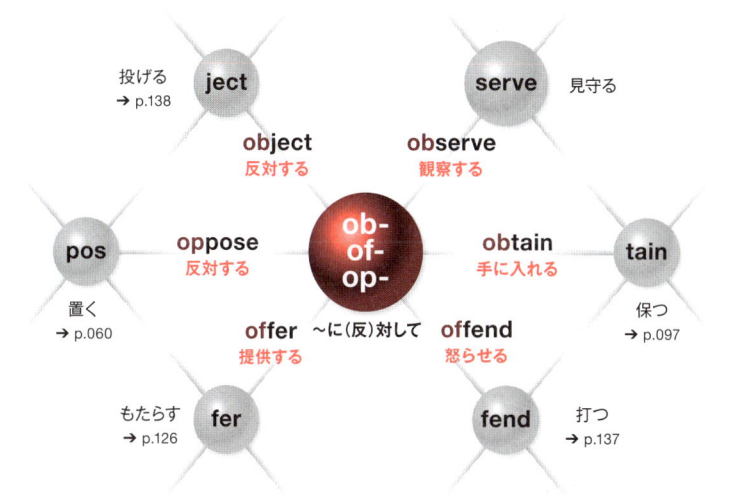

- ject 投げる → p.138
- serve 見守る
- object 反対する
- observe 観察する
- pos 置く → p.060
- oppose 反対する
- **ob- / of- / op-** ～に(反)対して
- obtain 手に入れる
- tain 保つ → p.097
- offer 提供する
- offend 怒らせる
- fer もたらす → p.126
- fend 打つ → p.137

□ cooperate [kouɑ́pərèɪt] 動 協力する

源 co (共に) + operate (働く)

接辞 co-、com-、con-、col-、cor-　共に、全く

生協(生活協同組合)は「コープ(co-op)」とも言いますが、これはcooperative(協同の)の略語です。動詞はcooperate(協力する)です。接頭辞のco-は「共に(together)」の意味で、後ろの子音との関係でcom-、con-、col-、cor-などの形になることもあります。これらの接頭辞で始まる語の中には、カタカナ語として取り入れられているものも多くあります。例えば「コラボ」はcollaboration(共同、協力)から来た言葉です。漫才などの「コンビ」はcombination(組み合わせ、結合)から来た言葉。服などを組み合わせることを「コーディネートする」と言いますが、coordinate(調整する)は「順番(ordin)を共に(co)合わせる」ということです。

第 1 章　接頭辞

> また、これらの接頭辞は「全く」という意味を含むこともあります。complete（完全な）などがその例です。

- □ **collaborate** [kəlǽbərèɪt] 動 協力する
  - 源 col（共に）+ labor（働く）+ ate（〜する）
  - ▸ collaboration 名 協同、協力

- □ **combine** [kəmbáɪn] 動 結合する
  - 源 com（共に）+ bin（2つ）▶ 2つを合わせる
  - ▸ combination 名 組み合わせ、結合

- □ **coauthor** [kòʊɔ́ːθər] 名 共著者
  - 源 co（共に）+ author（著者）

- □ **coeducation** [kòʊedʒəkéɪʃən] 名 共学
  - 源 co（共に）+ education（教育）

- □ **coworker** [kóʊwə̀ːrkər] 名 仕事仲間
  - 源 co（共に）+ worker（働く人）

- □ **common** [kɑ́mən] 形 共通の
  - 源 com（共に）+ mon（義務）▶ 共に役立つ

- □ **communicate** [kəmjúːnəkèɪt] 動 意思を伝える
  - 源 com（共に）▶ 他人と共有する

- □ **community** [kəmjúːnəti] 名 共同体
  - 源 com（共に）▶ 共有の状態

- □ **compassion** [kəmpǽʃən] 名 同情
  - 源 com（共に）+ passion（感情）

- □ **compete** [kəmpíːt] 動 競争する
  - 源 com（共に）+ pete（求める）▶ 共に同じものを求める
  - ▸ competition 名 競争

- □ **consult** [kənsʌ́lt] 動 相談する
  - 源 con（共に）+ sult（考える）
  - ▸ consultation 名 相談

- □ **command** [kəmǽnd] 動 命令する
  - 源 com（全く）+ mand（任せる）

1 基本的な接頭辞

■ 語源ネットワーク

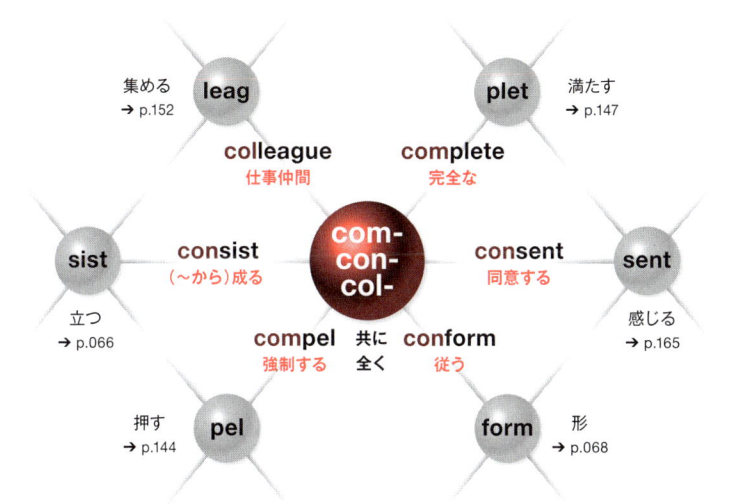

- 集める leag → p.152
- colleague 仕事仲間
- plet 満たす → p.147
- complete 完全な
- sist 立つ → p.066
- consist (〜から)成る
- **com-**
  con-
  col-
- consent 同意する
- sent 感じる → p.165
- pel 押す → p.144
- compel 強制する
- 共に 全く
- conform 従う
- form 形 → p.068

□ symposium [sɪmpóʊziəm] 名 シンポジウム、座談会

源 sym (共に) + po (飲む) + sium〔名詞を作る語尾〕
▶ 共に飲んで (話す会) →宴会

接辞 syn-、sym-、sy- 共に、同じ

水泳のシンクロはsynchronized swimmingの略で、synchronize は「同じ(syn) 時 (chron) にする→同調させる」という意味の動詞です。syn-、sym-は「共に、同じ」を意味する接頭辞。system (組織、制度) も同語源です。

- □ **symmetry** [símətri] 名 対称
  源 sym (同じ) + metr (測る) ▶ 共に同じ長さ
  ▶ symmetrical 形 左右対称の
- □ **sympathy** [símpəθi] 名 同情
  源 sym (同じ) + pathy (感情)

035

第 1 章　接頭辞

- □ **synchronize** [síŋkrənàɪz]　動 同調させる
  - 源 syn（同じ）+ chron（時間）+ ize（〜にする）
- □ **synonym** [sínənɪm]　名 同意語
  - 源 syn（同じ）+ onym（言葉）
- □ **synthesize** [sínθəsàɪz]　動 統合する
  - 源 syn（共に）+ the（置く）+ ize（〜にする）　▶ 一緒に置いて（まとめる）
- □ **system** [sístəm]　名 組織、制度
  - 源 sy（共に）+ st（立つ）　▶ 共に組み立てる

□ **reaction** [riǽkʃən] 名 反応

源 re（もとの）+ action（行動）　▶ もとへの行動

接辞 re-　再び、もとへ、後ろへ、逆に／retro-　後ろへ、再び

- □ **recycle** [rɪsáɪkl]　動 再生利用する　名 再生利用
  - 源 re（再び）+ cycle（循環させる）
  - *recycle* plastic bottles　ペットボトルをリサイクルする
- □ **recover** [rɪkʌ́vər]　動 回復する
  - 源 re（再び）+ cover（覆う）　▶（欠けた部分を）再び覆う
- □ **recreation** [rèkriéɪʃən]　名 休養
  - 源 re（再び）+ creat（生み出す）+ ion（〜すること）
  - ▶ 再び（元気を）生み出す
- □ **replace** [rɪpléɪs]　動 取り替える
  - 源 re（再び）+ place（置く）　▶ 再び（もとの所へ）置く
- □ **reserve** [rɪzə́ːrv]　動 保存する、予約する
  - 源 re（再び）+ serve（保つ）
- □ **reset** [rìːsét]　動 置き直す
  - 源 re（再び）+ set（置く）
- □ **retrospective** [rètrəspéktɪv]　形 回顧的な
  - 源 retro（後ろ）+ spect（見る）　▶ 後ろを見る

1 基本的な接頭辞

プラスα

- □ reconcile（調和させる）　□ revenge（復讐）
- □ restore（修理する）

■ 語源ネットワーク

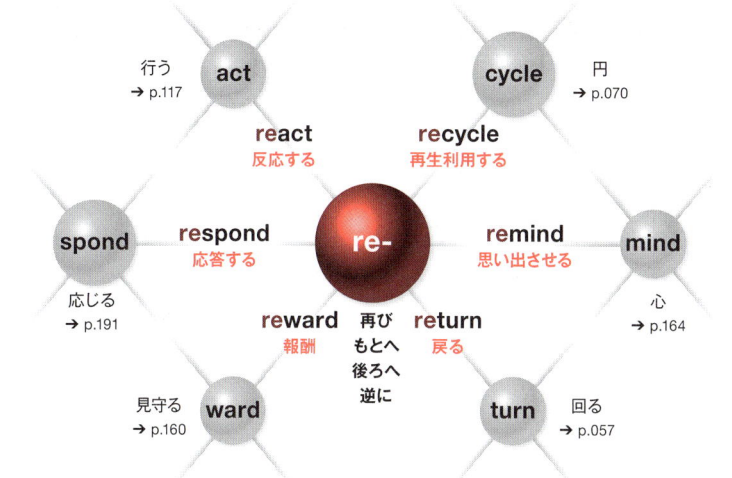

re-（再び／もとへ／後ろへ／逆に）

- react（反応する） ← act（行う）→ p.117
- recycle（再生利用する） ← cycle（円）→ p.070
- respond（応答する） ← spond（応じる）→ p.191
- remind（思い出させる） ← mind（心）→ p.164
- reward（報酬） ← ward（見守る）→ p.160
- return（戻る） ← turn（回る）→ p.057

037

2 反対の意味を表す接頭辞

例えばhappyの反意語はunhappyで、un-は「〜ではない」の意味を表します。このように「反対、逆、否定」の意味を持つ主な接頭辞には、次のようなものがあります。

接頭辞	もとの語		反意語	
ant(i)-	American	形 米国の	anti-American	形 反米の
counter-	act	動 作用する	counteract	動 反対に作用する
dis-	like	動 好む	dislike	動 嫌う
in-	formal	形 正式の	informal	形 略式の
mis-	understand	動 理解する	misunderstand	動 誤解する
non-	sense	名 意味	nonsense	名 無意味
un-	happy lock	形 幸福な 動 鍵をかける	unhappy unlock	形 不幸な 動 鍵を開ける

□ anti-American [æ̀ntiəmérɪkən] 形 反米の

源 anti (反〜) + American (アメリカの)

接辞 ant-、anti- 反〜

「アンチ巨人」などからもわかるとおりant(i)-は「反対」の意味を表す接頭辞で、anti-American (反米の) のように名詞や形容詞の前にanti-をつければ「反〜」の意味を表せます。

□ **anti**bacterial [æ̀ntɪbæktíəriəl] 形 抗菌の
源 anti (反〜) + bacterial (細菌の)

□ **anti**biotic [æ̀ntɪbaɪɑ́tɪk] 名 抗生物質
源 anti (反〜) + biotic (生物の)

2 反対の意味を表す接頭辞

- □ **antagonist** [æntǽgənɪst] 名 敵対者
  源 ant (反〜) + agonist (闘う人)
- □ **antipathy** [æntípəθi] 名 反感
  源 anti (反〜) + pathy (感情)
- □ **antiwar** [æ̀ntɪwɔ́ːr] 形 反戦の
  源 anti (反〜) + war (戦争)
- □ **Antarctic** [æntɑ́ːrktɪk] 名 南極地方 (the〜)
  源 ant (反〜) + Arctic (北極の)　▶ 北極の反対側

> **mini知識**
>
> 夏に南の空に赤く輝くさそり座の1等星アンタレス (Antares) の語源はant＋ares (＝火星) で、「火星に対抗するもの」という意味がもとになっています。

□ **counteract** [kàʊntərǽkt] 動 反対に作用する

源 counter (反対に) + act (作用する)

接辞 **counter-、contr-、contra-**　反対、逆

> 「カウンターパンチ」などからわかるとおり、counter-は「反対、逆」を意味する接頭辞。contr(a)-も「反対」を意味する接頭辞です。

- □ **counterbalance** [kàʊntərbǽləns] 動 釣り合わせる、相殺する
  源 counter (反対を) + balance (釣り合わす)
- □ **contrast** [kántræst] 名 対照
  源 contra (逆に) + st (立つ)
- □ **contrary** [kántrèri] 形 反対の
  源 contra (反対) + (a)ry (〜の)
- □ **contradict** [kàntrədíkt] 動 否認する、矛盾する
  源 contra (逆に) + dict (話す)　▶ 逆のことを話す

第1章　接頭辞

- □ **counterpart** [káʊntərpɑ̀ːrt]　名 同等物
  - 源 counter (逆の) + part (部分)　▶ 対応する部分
- □ **counterfeit** [káʊntərfìt]　形 偽の
  - 源 counter (代わりの) + feit (作る)　▶ まねて作る
- □ **contraception** [kɑ̀ntrəsépʃən]　名 避妊
  - 源 contra (抗) + ception (受精)　▶ 受精させない
- □ **contraband** [kɑ́ntrəbæ̀nd]　名 密輸 (品)
  - 源 contra (反対) + ban (布告)

プラスα

□ counterclockwise (反時計回りの)　□ contrabass (コントラバス)

楽器の contrabass に含まれる contra- という接頭辞は「反対」ではなく、「1オクターブ低く調音した」という意味です。

□ **dislike** [dɪsláɪk]　動 嫌う

源 dis (〜でない) + like (好む)

接辞 **dis-**　無、不、非

dis- は形容詞・名詞・動詞の前に置いて否定の意味を表す接頭辞です。

- □ **disadvantage** [dìsədvǽntɪdʒ]　名 不利な点
  - 源 dis (不) + advantage (利点)
- □ **disagree** [dìsəgríː]　動 同意しない
  - 源 dis (〜ない) + agree (賛成する)
- □ **dissent** [dɪsént]　動 同意しない
  - 源 dis (〜ない) + sent (感じる)　▶ (同じことを) 感じない
  - ▶ 反意語は assent (同意する)。
- □ **dishonest** [dɪsɑ́nəst]　形 不正直な
  - 源 dis (不) + honest (正直な)

2 反対の意味を表す接頭辞

- □ **dissuade** [dɪswéɪd] 動 思いとどまらせる
  - 源 dis（～ない）+ suade（説得する）　▶ ～しないよう忠告する
  - ▶反意語はpersuade（説得する）。

- □ **disabled** [dɪséɪbld] 形 身体障害のある
  - 源 dis（～ない）+ abled（能力のある）

- □ **disapprove** [dìsəprúːv] 動 承認しない
  - 源 dis（～ない）+ approve（認める）

- □ **discredit** [dɪskrédət] 名 不信用
  - 源 dis（不）+ credit（信用）

- □ **dishonor** [dɪsánər] 名 不名誉
  - 源 dis（不）+ honor（名誉）

- □ **disobey** [dìsəbéɪ] 動 従わない
  - 源 dis（～ない）+ obey（従う）

- □ **displease** [dɪsplíːz] 動 不快にする
  - 源 dis（～ない）+ please（喜ばせる）

- □ **dissatisfy** [dɪssǽtəsfàɪ] 動 不満を抱かせる
  - 源 dis（～ない）+ satisfy（満足させる）

- □ **distrust** [dɪstrʌ́st] 動 疑う
  - 源 dis（～ない）+ trust（信頼する）

□ **informal** [ɪnfɔ́ːrml] 形 略式の

源 in（～でない）+ formal（正式の）

接辞 **in-、im-、il-、ir-　～でない**

形容詞・名詞の前に置いて「～でない」の意味を表す接頭辞には、in-のグループもあります。基本形はin-ですが、b、p、mの前ではim-、lの前ではil-、rの前ではir-と変化します。

第1章　接頭辞

- □ **independent** [ìndɪpéndənt]　形 独立して
  - 源 in（〜でない）+ dependent（依存して）

- □ **inconvenient** [ìnkənvíːnjənt]　形 不便な
  - 源 in（〜でない）+ convenient（便利な）

- □ **indecision** [ìndɪsíʒən]　名 優柔不断
  - 源 in（〜でない）+ decision（決断）

- □ **indirect** [ìndərékt]　形 間接的な
  - 源 in（〜でない）+ direct（直接的な）

- □ **inefficient** [ìnəfíʃənt]　形 非効率的な
  - 源 in（〜でない）+ efficient（効率的な）

- □ **inequality** [ìnɪkwáləti]　名 不平等
  - 源 in（〜でない）+ equality（平等）

- □ **inexperienced** [ìnɪkspíəriənst]　形 経験がない［浅い］
  - 源 in（〜でない）+ experienced（経験のある）

- □ **inhuman** [ìnhjúːmən]　形 不人情な
  - 源 in（〜でない）+ human（人間らしい）

- □ **invisible** [ɪnvízəbl]　形 目に見えない
  - 源 in（〜でない）+ visible（見える）

- □ **immoral** [ɪmɔ́ːrəl]　形 不道徳な
  - 源 im（〜でない）+ moral（道徳的な）

- □ **impossible** [ɪmpásəbl]　形 不可能な
  - 源 im（〜でない）+ possible（可能な）

- □ **imbalance** [ɪmbǽləns]　名 不均衡
  - 源 im（〜でない）+ balance（均衡）

- □ **immature** [ìmət(j)úər]　形 未熟な
  - 源 im（〜でない）+ mature（成熟した）

- □ **immortal** [ɪmɔ́ːrtl]　形 不死の
  - 源 im（〜でない）+ mortal（死ぬ運命にある）

- □ **impartial** [ɪmpáːrʃəl]　形 公平な
  - 源 im（〜でない）+ partial（不公平な、部分的な）

2 反対の意味を表す接頭辞

- □ **imperfect** [ɪmpə́ːrfɪkt]　形 不完全な
  - 源 im (〜でない) + perfect (完全な)

- □ **impolite** [ìmpəláɪt]　形 無作法な
  - 源 im (〜でない) + polite (礼儀正しい)

- □ **impractical** [ɪmprǽktɪkl]　形 実用的でない
  - 源 im (〜でない) + practical (実用的な)

- □ **illogical** [ɪlɑ́dʒɪkl]　形 不合理な
  - 源 il (〜でない) + logical (論理的な)

- □ **illicit** [ɪlísɪt]　形 違法な
  - 源 il (〜でない) + licit (正当な)

- □ **illiterate** [ɪlítərət]　形 読み書きができない
  - 源 il (〜でない) + literate (読み書きのできる)

- □ **irregular** [ɪrégjələr]　形 不規則な
  - 源 ir (〜でない) + regular (規則的な)

- □ **irresponsible** [ìrɪspɑ́nsəbl]　形 無責任な
  - 源 ir (〜でない) + responsible (責任のある)

- □ **irrational** [ɪrǽʃənl]　形 不合理な
  - 源 ir (〜でない) + rational (合理的な)

- □ **irrelevant** [ɪréləvənt]　形 無関係の
  - 源 ir (〜でない) + relevant (関係のある)

mini知識

近年「イグノーベル賞 (The Ig Nobel Prize)」に注目が集まっています。この ig- も否定の接頭辞の1つです。ノーベル賞はもともと Nobel という人名に由来する言葉ですが、イグノーベル賞は noble (高貴な) の反意語 **ignoble** (品のない、下等の) という形容詞を意識した言葉です。

misunderstand [mìsʌndərstǽnd] 動 誤解する

源 mis (誤った) + understand (理解する)

接辞 **mis-　誤った、悪い**

> mis- は名詞・動詞などの前に置いて、「誤った、悪い」という意味を表します。なお、日本語の「ミス (をする)」に当たる英語は (make a) mistake です。I missed. のようには言いません (miss は「逃す、～が (い) なくて寂しい」という意味の動詞です)。

- **mischoice** [mɪstʃɔ́ɪs]　名 誤った選択
  - 源 mis (誤った) + choice (選択)

- **misfortune** [mɪsfɔ́ːrtʃən]　名 不幸
  - 源 mis (悪い) + fortune (幸運)

- **mislead** [mìslíːd]　動 誤った方向へ導く
  - 源 mis (誤った) + lead (導く)

- **miscast** [mɪskǽst]　動 不適当な俳優を当てる
  - 源 mis (誤った) + cast (キャスティングする)

- **mismatch** [mísmætʃ]　名 ミスマッチ (不釣り合いな組み合わせ)
  - 源 mis (誤った) + match (組み合わせる)

- **misprint** [mísprìnt]　名 ミスプリント、誤植
  - 源 mis (誤った) + print (印刷する)

- **misspelling** [mɪsspélɪŋ]　名 つづりの誤り
  - 源 mis (誤った) + spelling (つづり)

- **misconduct** [mìskándʌkt]　名 非行
  - 源 mis (悪い) + conduct (行い)

- **mistrust** [mìstrʌ́st]　名 不信
  - 源 mis (不) + trust (信用)

- **misuse** [mìsjúːs]　名 誤用
  - 源 mis (誤った) + use (使用)

2 反対の意味を表す接頭辞

□ **mis**carriage [mìskǽrɪdʒ] 名 流産
源 mis (誤った) + carriage (運送)

□ **non**sense [nánsens] 名 無意味（なこと）

源 non (無) + sense (意味)
接辞 non-　無、不、非

non-も否定を表す接頭辞です。nonで始まる語は日本語にも取り入れられており、例えばfiction (作り話) に対して「実話」はnonfiction (ノンフィクション) と言います。

□ **non**fiction [nànfíkʃən] 名 ノンフィクション
源 non (非) + fiction (フィクション)

□ **non**alcoholic [nànælkəhálɪk] 形 ノンアルコールの
源 non (〜でない) + alcoholic (アルコールの)

□ **non**political [nànpəlítɪkl] 形 非政治的な
源 non (非) + political (政治的な)

□ **non**-reserved [nànrɪzə́ːrvd] 形 予約されていない
源 non (〜でない) + reserved (予約された)

□ **un**happy [ʌnhǽpi] 形 不幸な

源 un (〜でない) + happy (幸福な)
接辞 un-　〜でない

形容詞の前にun-をつけて「〜でない」という否定の意味を表すことができます。また、employment (雇用) → unemployment (失業) のように名詞の前にun-をつけることもあります。

045

第1章　接頭辞

- □ **unfair** [ʌnféər]　形 **不公平な**
  - 源 un（〜でない）+ fair（公平な）

- □ **unfortunate** [ʌnfɔ́ːrtʃənət]　形 **不運な**
  - 源 un（〜でない）+ fortunate（幸運な）

- □ **unlucky** [ʌnlʌ́ki]　形 **不運な**
  - 源 un（〜でない）+ lucky（幸運な）

- □ **unnecessary** [ʌnnésəsèri]　形 **不必要な**
  - 源 un（〜でない）+ necessary（必要な）

- □ **unemployment** [ʌ̀nɪmplɔ́ɪmənt]　名 **失業**
  - 源 un（〜でない）+ employment（雇用）

□ **unlock** [ʌnlɑ́k]　動 鍵を開ける

源 un（もとの状態に戻す）+ lock（鍵をかける）

接辞　**un-　もとの状態に戻す**

> 前項のhappy → unhappyのような場合は、un-が〈否定〉の意味を表します。一方〈un＋動詞〉は「もとの状態に戻す」という意味です。例えばlock（鍵をかける）にunを加えてunlockとすると、「鍵をかけない」ではなく「（かかっていた）鍵を開ける」という意味になります。

- □ **uncover** [ʌ̀nkʌ́vər]　動 **覆いを取る**
  - 源 un（もとの状態に戻す）+ cover（覆う）

- □ **unfasten** [ʌnfǽsn]　動 **緩める**
  - 源 un（もとの状態に戻す）+ fasten（締める）

- □ **unfold** [ʌ̀nfóʊld]　動 **広げる**
  - 源 un（もとの状態に戻す）+ fold（折りたたむ）

2 反対の意味を表す接頭辞

- □ **unload** [ʌnlóʊd] 動 〈荷を〉降ろす
  - 源 un (もとの状態に戻す) + load (積み込む)

- □ **unpack** [ʌnpǽk] 動 荷を解く
  - 源 un (もとの状態に戻す) + pack (荷造りする)

- □ **unseal** [ʌnsíːl] 動 開封する
  - 源 un (もとの状態に戻す) + seal (封印する)

- □ **untie** [ʌ̀ntái] 動 ほどく
  - 源 un (もとの状態に戻す) + tie (結ぶ)

- □ **unwrap** [ʌnrǽp] 動 包みを開く
  - 源 un (もとの状態に戻す) + wrap (包む)

- □ **unzip** [ʌnzíp] 動 ジッパーを開ける
  - 源 un (もとの状態に戻す) + zip (ジッパーを締める)

Roots

第2章

語根

語根の多くは、ギリシャ語・ラテン語に由来しています。例えばfinはフランス語で「終わり」を意味します（フランス映画の最後の場面などにも見られます）。これが語根として英語に取り入れられ、finish（終わる）などの語に使われています。

語根は数が多いので、意味を分類しながら主なものを見ていきましょう。

1 位置・方向・運動

意味	語根	例	
頂上	sum	summit	名 頂上
高い	alt	altitude	名 高度
底	found	found	動 設立する
中心	centr	central	形 中央の
中間	mid	midnight	名 真夜中
前	front	frontier	名 辺境
側面	later	lateral	形 横の
動く	mot	motion	名 動き、動作
回る	tour volv	detour revolve	名 迂回路 動 回転する
のぼる	scend scal	descendant escalator	名 子孫 名 エスカレーター
置く	pos sit	compose Website	動 構成する 名 ウェブサイト
立つ	st sist	statue assist	名 像 動 助ける

□ **summit** [sʌ́mɪt] 名 頂上、首脳会談

源 sum (頂上) + it (小さい)

reach the *summit* of a mountain 　山頂に到達する

語根 **sum** 頂上

> sumは「頂上」の意味を持ち、「最高、合計」などの意味も表すようになりました。

□ **sum** [sʌ́m] 名 合計

源 sum (頂上)

calculate a *sum* 　合計を計算する

1 位置・方向・運動

□ **summary** [sʌ́məri]　名 要約　形 要約した

源 sum（頂上）+ ary（形容詞を作る語尾）
the *summary* of a report　報告の要約

mini知識

接頭辞のacro-も「最高、先端」の意味を表し、**acronym**（頭字語）〈onym＝言葉〉などに使われています。頭字語とは、AIDS（エイズ、後天性免疫不全症候群＝acquired immune deficiency syndrome）のように単語の最初の文字を並べて作った語のことです。また、**acrobat**（アクロバット）は「つま先立って歩く」という意味から生まれた語です。ギリシャの首都アテネにある城丘をアクロポリス（the Acropolis）と言いますが、原義は「最高の（acro）都市（polis）」です。

□ **altitude** [ǽltət(j)ùːd]　名 高度

源 alt（高い）+ tude（〜の状態）
fly at an *altitude* of 8,000 feet　高度8,000フィートで飛ぶ

語根 alt　高い

altは「高い」の意味の語根で、これに性質・状態を表す抽象名詞を作る-tudeという接尾辞を加えた語がaltitudeです。

プラスα

□ **altar**（祭壇）　□ **alto**（アルト）

altarは高い所にあることに由来します。またアルト（alto）は男性の最高声域（または女性の最低音域）を表します。アルプス山脈（the Alps）も「高い（alt）山々」（あるいは「白い（alb）山々」）から名づけられたと言われています。

found [fáʊnd] 動 設立する

源 found（基礎） ▶ 基礎を置く
found a company　会社を設立する

語根 fund、found　底、基礎

動詞のfoundは「基礎を置く→設立する」という意味で、found-founded-foundedと活用します。

profound [prəfáʊnd]　形 深い
源 pro（前に）+ found（底）
He has a *profound* insight.　彼は深い洞察力を持っている。

fund [fʌ́nd]　名 資金
源 fund（基礎）
raise *funds* for a project　事業の資金を集める

refund　動 返金する [rɪfʌ́nd]　名 返金 [ríːfʌnd]
源 re（後ろ）+ fund（基礎） ▶ 注ぎ返す
get a full *refund*　全額返金してもらう

fundamental [fʌ̀ndəméntl]　形 基礎の
源 fund（基礎）+ ment（〜すること）+ al（〜の）
fundamental human rights　基本的人権

central [séntrəl] 形 中央の

源 centr（中心）+ al（〜の）

語根 centr、center　中心

centr、centerは「中心」の意味で、center（中心、中央）の形容詞形がcentral（中央の）です。-centricは「〜に集中した」という意味の形容詞を作る語尾です。

1 位置・方向・運動

□ **concentrate** [kάnsəntrèɪt]　動 集中する
　源 con (共に) + centr (中心) + ate (～する)　▶ 共に中心に (集まる)
　I can't *concentrate on* my work.　仕事に集中できない。

□ **eccentric** [ɪkséntrɪk]　形 常軌を逸した
　源 ec (外) + centr (中心) + ic (～な)　▶ 中心をはずれた

□ **egocentric** [ìːɡoʊséntrɪk]　形 自己中心的な
　源 ego (自己) + centr (中心) + ic (～な)

□ **midnight** [mídnàɪt]　名 真夜中

源 mid (中間の) + night (夜)

【語根】 mid、medi、mean　中間の

midは「中間の」という意味の語根。medi、meanは異形です。

□ **midsummer** [mídsʌ́mər]　名 真夏
　源 mid (中間) + summer (夏)

□ **middle** [mídl]　名 中央
　源 mid (中間)

□ **media** [míːdiə]　名 (マス) メディア
　源 medi (中間)
　the news *media*　ニュース報道
　▶ mediaはmediumの複数形。mediumは「中間」から意味が広がり「媒介 (物)」も表します。今日ではmass media (マスメディア、マスコミの媒体) の意味でよく使われます。

□ **mediate** [míːdièɪt]　動 仲裁する、調停する
　源 medi (中間に) + ate (～する)　▶ 間に入る
　mediate between them　彼らの間を仲裁する

□ **immediately** [ɪmíːdiətli]　副 すぐに
　源 im (～ない) + medi (中間) + ate (～する) + ly (～に)
　▶ 間をおかずに
　Let's start *immediately*.　すぐに出発しよう。

第2章　語根

- □ **intermediate** [ìntərmíːdiət]　形 **中級の**
  - 源 inter（間）+ medi（中間）+ ate（〜の）
  - take the *intermediate* course　中級コースを選択する

- □ **medieval** [mìːdíːvl]　形 **中世の**
  - 源 medi（中間）+ ev（時代）+ al（〜の）

- □ **means** [míːnz]　名 **手段**
  - 源 mean（中間）▶（行動などを）仲介するもの
  - a *means* of transportation　交通手段

- □ **meanwhile** [míːnwàɪl]　名 **その間**（meantime）
  - 源 mean（中間）+ while（時間）
  - in the *meanwhile*　そうしているうちに

mini知識

ミッドウェイ諸島（the Midway Islands）と言えば太平洋戦争の激戦地となった海域ですが、この **midway** ももともとは「中途の地点」の意味です。

□ **frontier** [frʌntíər]　名 辺境

源 front（前）

語根▶ **front、fore**　前、額

「フロンティア精神」は「開拓者精神」とも言いますが、frontier はもともとは「国境、辺境」の意味で、front（前）と同語源です。また fore も「前」の意味で、before（〜の前に）などの語を作ります。

- □ **front** [frʌ́nt]　名 **前**
  - 源 front（前）

- □ **waterfront** [wɔ́ːtərfrʌ̀nt]　名 **水辺の土地**
  - 源 water（水）+ front（前）

□ **confront** [kənfrʌnt]　動 直面する

源 con (共に) + front (額)　▶ 共に額を (向ける)

I was *confronted with* a problem.　私は問題に直面した。

□ **forefront** [fɔ́ːrfrʌnt]　名 最前部

源 fore (前) + front (前)

□ **forecast** [fɔ́ːrkæst]　名 予報

源 fore (前) + cast (投げる)　▶ 前もって投げる

according to the weather *forecast*　天気予報によれば

プラスα

□ behind (〜の後ろに)　□ hinder (妨げる)

foreと反対の意味を表すのがhind (後ろ) です。

mini知識

車の「フロントガラス」は和製英語で、英語ではwindshield、つまり「風 (よけ) の盾」と言います。

□ **lateral** [lǽtərəl]　形 横の

源 later (側面、横) + al (〜の)

語根 later　側面、横

laterは「側面、横」の意味です。latitude (緯度) もこの意味に関連しています。「経度」はlongitudeです。

□ **unilateral** [jùːnəlǽtərəl]　形 一方的な

源 uni (単一の) + later (側面) + al (〜な)

□ **bilateral** [baɪlǽtərəl]　形 双方向の

源 bi (2つの) + later (側面) + al (〜な)

- **multilateral** [mÀltəlǽtərəl]　形 多面的な
  - 源 multi（複数の）+ later（側面）+ al（〜な）

motion [móuʃən]　名 動き、動作

源 mot（動く、運動）+ ion（〜すること）
an up-and-down *motion*　上下運動

語根　mot、mob、mov　動く、運動

motは「動く、運動」の意味。motor（モーター）は「運動するもの、発動機」です。異形にmob、movなどがあり、movie（映画）なども同語源です。

- **motive** [móutɪv]　名 動機
  - 源 mot（動かす）+ ive〔名詞を作る語尾〕
  - a *motive* for a murder　殺人の動機
  - ▶動詞形はmotivate（動機づける）。その名詞形のmotivation（動機づけ、刺激）は「モチベーション」という日本語として定着しています。

- **emotion** [ɪmóuʃən]　名 感情
  - 源 e（外に）+ mot（動く）+ ion（〜すること）
  - ▷（感情を）外へゆさぶり出す
  - control one's *emotions*　感情をコントロールする

- **promote** [prəmóut]　動 促進する
  - 源 pro（前に）+ mot（動く）
  - *promote* sales of a new product　新製品の販売を促進する

- **remote** [rɪmóut]　形 遠い
  - 源 re（後ろ）+ mot（動く）　▷後ろに移された
  - live in a *remote* village　辺ぴな村に住む
  - ▶テレビなどのリモコン（remote control）の原義は「遠隔操作」。

- **move** [múːv]　動 動く、動かす
  - 源 mov（動く）
  - *move* to a new apartment　新しいアパートへ引っ越す

□ remove [rimúːv] 動 取り除く

源 re (再び) + mov (動く) ▶ 再び動かす
remove stain from a shirt　シャツからしみを取り除く

プラス α

□ mob (群集)　□ moment (瞬間)　□ mobilize (動員する)

mini知識

携帯電話はmobile phoneと言います（主にイギリス英語）。**mobile**は「可動式の」の意味で、「動く」を意味するmobという語根が含まれています。一方、cell [cellular] phoneという言い方もあります（主にアメリカ英語）。cellという語根の原義は「隠す (hide)」で、**cell**はもともとは「（女子）修道院の独居房」を意味する語でしたが、小さく仕切られた部屋一般を指すようになり、「細胞」などの意味も生まれました。表計算ソフト（エクセルなど）のシート上の1つのマスもcellと言います。携帯電話をcell phoneと言うのは、広い地域を細胞のように小さく分割し、それぞれに周波数を割り当てて通信する方式のためです。ceal、cul、hellなども「隠す」という意味を持ち、**conceal**（隠す）、**occult**（密教的な）、**hell**（地獄）、**helmet**（ヘルメット）、**hall**（広間）などの語が作られました。

□ detour [díːtuər] 名 迂回路

源 de (離れて) + tour (回る)
make a short *detour*　ちょっと回り道をする

語根 tour、turn　回る

tour（旅行）はturn（回る）と同じ語源を持ちます。例えば野菜のカブは英語でturnipと言いますが、これは「回る→丸い形」という連想から生まれたものです。

□ tournament [túərnəmənt] 名 トーナメント戦

源 tour (回る) + ment (〜すること)
win a golf *tournament*　ゴルフトーナメントに勝つ

- **return** [rɪtə́ːrn] 動 戻る、返す
  - 源 re (後ろに) + turn (回る)
  - *return* a book to the library　図書館へ本を返却する
- **tourism** [túərìzm] 名 観光業
  - 源 tour (回る) + ism (〜すること)
  - *Tourism* is growing here.　当地では観光業が成長している。

プラスα

□ turban（ターバン）　□ contour（輪郭、等高線）

---

revolve [rɪvɑ́lv] 動 回転する

源 re (再び) + volv (回る)

a *revolving* door　回転式ドア

語根 vol、volv、volum　巻く、回る

volv、volumは「巻く、回る」などの意味を表します。例えばrevolverは「回転式拳銃、リボルバー」です。

- **revolution** [rèvəlúːʃən] 名 革命、回転
  - 源 re (再び) + vol (回る) + tion (〜すること)
  - the Industrial *Revolution*　産業革命
- **evolve** [ɪvɑ́lv] 動 進化する
  - 源 e (外に) + volv (回る) ▶ 回りながら外に (発展する)
  - *evolve* from the same ancestor　同じ祖先から進化する
- **involve** [ɪnvɑ́lv] 動 含む、伴う
  - 源 in (中に) + volv (巻く) ▶ 中に巻き込む
  - get *involved* in a fight　けんかに巻き込まれる
- **volume** [vɑ́ljum] 名 本 (の1巻)、体積、音量
  - 源 volum (巻く) ▶ (紙を) 巻いたもの
  - the first *volume* of a novel　小説の第1巻

1 位置・方向・運動

プラスα
□ revolt（反逆（する））   □ vault（跳躍（する））

□ descendant [dɪséndənt] 名 子孫

源 de（下）+ scend（のぼる）+ ant（〜する人）
a direct *descendant* of the king　王の直系の子孫
▶ 形容詞のdescendent（先祖伝来の）とつづり字が似ているので注意。先祖はancestor。

語根 **scend**　のぼる

□ ascend [əsénd]　動 上昇する
源 a（〜へ）+ scend（のぼる）
The airplane *ascended*.　飛行機は上昇した。
▶ 反意語はdescend（下降する〈de＝下〉）。

□ escalator [éskəlèɪtər] 名 エスカレーター

源 e（外に）+ scal（のぼる）+ ator（〜するもの）

語根 **scal**　のぼる

> escalator（エスカレーター）はもともと商標名で、escalade（はしごで登る）とelevator（エレベーター）の下線部を組み合わせたものです。そこからescalateという動詞が生まれました。歴史的には、elevate（持ち上げる）→ elevator（エレベーター）→ escalator（エスカレーター）→ escalate（上昇する）の順でできたことになります。

□ escalate [éskəlèɪt]　動 上昇する
源 e（外に）+ scal（のぼる）+ ate（〜する）
International tension has *escalated*.　国際的緊張が高まった。

- □ **scale** [skéɪl] 名 尺度、目盛り
  - 源 scal (はしご、階段)
  - a change on a large *scale*　大規模な変化

- □ **elevate** [éləvèɪt] 動 持ち上げる
  - 源 e (外に) + lev (持ち上げる) + ate (〜する)
  - *elevate* blood pressure　血圧を上げる

compose [kəmpóʊz] 動 構成する

源 com (共に) + pos (置く) ▶ 共に置いて (作る)
a group *composed of* 20 members　20人の会員から成る団体
▶ composition 名 構成、作文

語根 pos、posit　置く

pos(it)は「置く」という意味の語根です。pose (ポーズ、姿勢) や post (地位) などもこの意味に関連しています。

- □ **dispose** [dɪspóʊz] 動 処分する
  - 源 dis (離れて) + pos (置く)
  - *dispose of* old documents　古い書類を処分する

- □ **expose** [ɪkspóʊz] 動 さらす、暴露する
  - 源 ex (外に) + pos (置く)
  - *expose* one's skin *to* the sunshine　日光に肌をさらす

- □ **impose** [ɪmpóʊz] 動 押しつける、課す
  - 源 im (上に) + pos (置く)
  - *impose* hard training *on* the players　選手たちに厳しい訓練を課す

- □ **opposite** [ɑ́pəzɪt] 形 反対の
  - 源 op (反対に) + posit (置く)
  - on the *opposite* side of the street　通りの反対側に

- □ **propose** [prəpóʊz] 動 提案する
  - 源 pro (前に) + pos (置く)
  - *propose* a motion　動議を提案する

1 位置・方向・運動

- □ **suppose** [səpóʊz] 動 思う
  - 源 sup（下に）+ pos（置く） ▶ 仮定する
  - I *suppose* he'll come.　彼は来ると思う。

- □ **posture** [pástʃər] 名 姿勢
  - 源 pos（置く）+ ture（〜すること） ▶（身体の）置き方
  - maintain a correct *posture*　正しい姿勢を保つ

- □ **position** [pəzíʃən] 名 地位、位置
  - 源 posit（置く）+ ion（〜すること） ▶ 置かれた状況
  - hold a high *position*　高い地位を占める

- □ **positive** [pázətɪv] 形 積極的な
  - 源 posit（置く）+ ive（〜な） ▶ 位置の決まった→明確な→肯定的な
  - take a *positive* attitude　積極的な態度を取る

- □ **purpose** [pə́ːrpəs] 名 目的
  - 源 pur（前に）+ pos（置く） ▶ 前に置くもの
  - We achieved our *purpose*.　我々は目的を達成した。

- □ **deposit** [dɪpázət] 動 預金する、堆積する
  - 源 de（下に）+ posit（置く）
  - *deposit* money in a bank　銀行に金を預ける

■ 語源ネットワーク

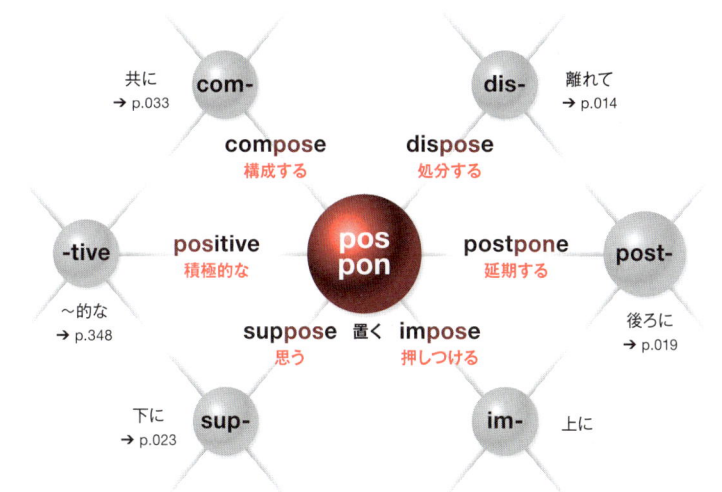

pos / pon 置く

- com-（共に → p.033）: **compose** 構成する
- dis-（離れて → p.014）: **dispose** 処分する
- -tive（〜的な → p.348）: **positive** 積極的な
- post-（後ろに → p.019）: **postpone** 延期する
- sup-（下に → p.023）: **suppose** 思う
- im-（上に）: **impose** 押しつける

プラスα

- □ repose (休憩)　□ depot (駅、バス発着所)
- □ preposition (前置詞)〈pre=前〉

□ Website [wébsàɪt] 名 ウェブサイト

源 web (組織、クモの巣) + sit (置く)

語根 sit、set、sad　置く

> Website (ウェブサイト、ホームページ) は、web (= World Wide Web) とsite (場所) が結びついた語です。webはもともと「織物 (のように絡み合ったもの)、クモの巣」の意味で、weave (織る) も同語源です。

- □ **site** [sáɪt]　名 場所、用地
  - **源** sit (置く)
  - a construction *site* of a school　学校の建設用地

- □ **situate** [sítʃuèɪt]　動 置く、位置させる
  - **源** sit (置く) + ate (〜する)
  - The store was *situated* conveniently.　その店は便利な場所にあった。

- □ **situation** [sìtʃuéɪʃən]　名 状況
  - **源** sit (置く) + ation (〜すること)
  - ▶ (〜という状況に) 置かれていること
  - consider the present *situation*　現在の状況を考慮する

- □ **settle** [sétl]　動 定住する、解決する
  - **源** set (座らせる) ▶ 落ち着かせる
  - *settle* a dispute peacefully　紛争を穏やかに解決する

- □ **set** [sét]　動 セットする
  - **源** set (置く)

- □ **sit** [sít]　動 座る
  - **源** sit (置く)

□ **saddle** [sǽdl]　名 鞍、サドル
　源 sad（座る）

□ **weave** [wíːv]　動 織る、作り上げる
　源 weav（織物）
　weave a concrete plan　具体案を作り上げる

□ **statue** [stǽtʃuː]　名 像

源 stat（立つ）
the *Statue* of Liberty　自由の女神像

語根 st、sta、stand、stat、stit、stin、stal、stead　立つ

> stand（立つ）などstを含む語の多くは、「立つ」という意味に関係しています。

□ **stage** [stéɪdʒ]　名 舞台、段階
　源 st（立つ）+ age（場所）　▶ 立っている場所→舞台

□ **stance** [stǽns]　名 姿勢
　源 st（立つ）+ ance（〜こと）
　take a defiant *stance*　反抗的な姿勢をとる

□ **distance** [dístəns]　名 距離
　源 di（離れて）+ st（立つ）+ ance（〜こと）
　make a long-*distance* call　長距離電話をかける

□ **instance** [ínstəns]　名 例
　源 in（近くに）+ st（立つ）+ ance（〜こと）
　give a familiar *instance*　よくある例を挙げる

□ **substance** [sʌ́bstəns]　名 物質
　源 sub（下に）+ st（立つ）+ ance（〜こと）　▶ 根底にあるもの
　a chemical *substance*　化学物質

circumstance [sə́ːrkəmstæns] 名 事情、状況
源 circum（周りに）+ st（立つ）+ ance（〜こと）
if *circumstances* permit 事情が許せば

constant [kάnstənt] 形 不変の、絶え間ない
源 con（完全に）+ st（立つ）+ ant（〜な）▶ しっかり立っている
constant temperature 常温

stable [stéɪbl] 形 安定した
源 st（立つ）+ able（〜できる）
The economy remains *stable*. 経済は安定している。

standard [stǽndərd] 名 標準、基準
源 stand（立つ）+ ard（場所）▶ 立脚点→基本となるもの
enjoy a high *standard* of living 高い生活水準を享受する

establish [ɪstǽblɪʃ] 動 設立する
源 e（完全に）+ st（立つ）+ ablish（〜できるようにする）
▶ しっかりと立っていられるようにする
establish a university 大学を設立する

stamina [stǽmənə] 名 元気
源 sta（立つ）▶ 生命の糸

stay [stéɪ] 動 滞在する
源 sta（立つ）▶ 立つ→留まる

understand [ʌ̀ndərstǽnd] 動 理解する
源 under（下に）+ stand（立つ）

state [stéɪt] 名 状態、州 動 述べる
源 stat（立つ）▶ 立っている状態
We're in a critical *state*. 我々は危険な状態にある。
▶ statement 名 声明、計算書、statesman 名 政治家

estate [ɪstéɪt] 名 地所、財産
源 stat（立つ）▶ 状態→財産
invest in real *estate* 不動産に投資する

status [stǽtəs] 名 地位
源 stat（立つ）▶ 立っている状態→地位
He lost his social *status*. 彼は社会的地位を失った。

1 位置・方向・運動

☐ **static** [stǽtɪk] 形 静的な
- 源 stat (立つ) + ic (〜のような) ▶ (じっと) 立っている
- generate *static* electricity　静電気を起こす

☐ **statistics** [stətístɪks] 名 統計 (学)
- 源 stat (立つ) + ics (学問) ▶ 状態 (status) の学問
- according to the latest *statistics*　最新の統計によれば

☐ **station** [stéɪʃən] 名 駅
- 源 stat (立つ) + ion (〜すること) ▶ (人が) 立つ場所

☐ **constitute** [kánstət(j)ùːt] 動 構成する
- 源 con (共に) + stit (立つ) ▶ 共に組み立てる
- Ten members *constitute* the committee.
- 10人のメンバーが委員会を構成する。

☐ **constitution** [kànstət(j)úːʃən] 名 憲法、構成
- 源 con (共に) + stit (立つ) + tion (〜すること)
- ▶ 共にあって (形作るもの)
- a breach of the *Constitution*　憲法違反

☐ **institute** [ínstət(j)ùːt] 名 学会、研究所
- 源 in (上に) + stit (立つ) ▶ 上に立てられたもの
- work at a research *institute*　研究所で働く

☐ **substitute** [sʌ́bstət(j)ùːt] 動 代用する
- 源 sub (下に) + stit (立つ) ▶ 代わりに置く
- *substitute* margarine *for* butter　バターの代わりにマーガリンを使う

☐ **destiny** [déstəni] 名 運命
- 源 de (下に) + stin (立つ) + y (〜すること) ▶ (神の) 下に立つこと
- Accept your *destiny*.　運命を受け入れなさい。

☐ **install** [ɪnstɔ́ːl] 動 備え付ける
- 源 in (中に) + stal (立つ) ▶ 中に置く→取り付ける
- *install* a telephone in a room　部屋に電話を取り付ける

☐ **stall** [stɔ́ːl] 名 屋台
- 源 stal (立つ) ▶ (ある物を) 置く場所

☐ **steady** [stédi] 形 着実な
- 源 stead (立つ) ▶ 場所にとどまっている→安定した
- make *steady* progress　着実な進歩を遂げる

assist [əsíst] 動 助ける

源 as（〜の方へ）+ sist（立つ） ▶ 〜の（そばに）立つ
assist her into a wheelchair　彼女を助けて車いすに乗せる

語根 sist、ist　立つ

consist [kənsíst] 動 （〜から）成る
源 con（共に）+ sist（立つ）
Water *consists of* hydrogen and oxygen.　水は水素と酸素から成る。

consistency [kənsístənsi] 名 一貫性
源 con（共に）+ sist（立つ）+ ency（〜すること）
His attitude lacks *consistency*.　彼の態度は一貫性を欠く。

exist [ɪgzíst] 動 存在する
源 ex（外に）+ ist（立つ）
Oxygen doesn't *exist* on the moon.　月には酸素は存在しない。

insist [ɪnsíst] 動 主張する
源 in（中に）+ sist（立つ） ▶ 固執する
He *insisted on* his innocence.　彼は自分の無罪を主張した。
▶ insistence 名 主張

resist [rɪzíst] 動 抵抗する
源 re（〜に反して）+ sist（立つ）
resist the temptation to smoke　喫煙の誘惑に抵抗する

persist [pərsíst] 動 固執する
源 per（ずっと）+ sist（立つ） ▶ 立ち続ける
He *persisted in* his opinion.　彼は自分の意見に固執した。
▶ persistence 名 固執

2 形・性質など

意味	語根	例	
形	form	inform	動 知らせる
まっすぐの	rect	correct	動 訂正する
弓形のもの	arc	archery	名 アーチェリー
円	circ	circuit	名 回路
十字架	cross	crossroad	名 交差点
横木、障害	bar	barrier	名 障害
くぼんだ	cav	cavity	名 虫歯
突き出る	min	eminent	形 顕著な
立体の	stereo	stereotype	名 固定観念
球	sphere	atmosphere	名 大気
半分	semi	semifinal	名 準決勝
空っぽの	vac	evacuate	動 避難させる
大きい	max mega	maximum megaphone	名 最大限 名 メガホン
小さい	micro mini	microscope minister	名 顕微鏡 名 大臣
重い	grav	gravity	名 重力
強い、力	fort	effort	名 努力
測る	mens meter mod	immense barometer moderate	形 巨大な 名 気圧計 形 適度の
標準、規則	norm	normal	形 正常な
印をつける	stinct	distinct	形 明確な
印	sign	design	名 動 設計(する)、デザイン(する)

第2章　語根

inform [ɪnfɔ́ːrm] 動 知らせる

源 in (中に) + form (形) ▶ (心の)中に形作る→通知する
inform them *of* the decision　彼らにその決定を知らせる
▸ information 名 情報

語根 form　形

form (形) は、「形」という意味の語根formがそのまま単語になったものです。

conform [kənfɔ́ːrm]　動 従う、一致する
源 con (共に) + form (形) ▶ 同じ形をなす
conform to rules　規則に従う

perform [pərfɔ́ːrm]　動 実行する、演じる
源 per (完全な) + form (形) ▶ 完全な形を作る
She *performed* her duties.　彼女は職務を果たした。

reform [rɪfɔ́ːrm]　動 改革する
源 re (再び) + form (形)
reform a court system　法廷制度を改革する
▸ reformation 名 改革

transform [trænsfɔ́ːrm]　動 変形する
源 trans (向こう側へ) + form (形) ▶ 別のものに形作る
transform a cafe *into* a bar　カフェを酒場に変える
▸ transformation 名 変化

uniform [júːnəfɔ̀ːrm]　名 制服
源 uni (1つの) + form (形)

プラスα

□ formal (正式の)　□ formula (公式、決まり文句)
□ platform (演壇、プラットホーム)　□ figure (姿、図形、形)

figも「形」の意味を持つ語根です。

■ 語源ネットワーク

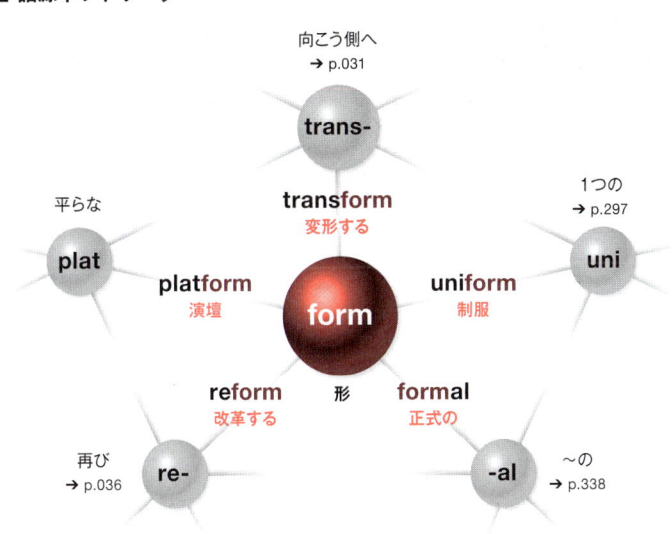

- trans- 向こう側へ → p.031
- transform 変形する
- plat 平らな
- platform 演壇
- form 形
- uni 1つの → p.297
- uniform 制服
- reform 改革する
- formal 正式の
- re- 再び → p.036
- -al ～の → p.338

□ correct [kərékt] 動 訂正する

源 cor (完全な) + rect (正しい) ▶ 完全に正しくする

correct spelling errors　つづりの間違いを訂正する

語根 **rect** まっすぐの、正しい

- □ **direct** [dərékt]　形 直接の　動 指導する
    - 源 rect (正しい)
    - a *direct* flight to London　ロンドンへの直行便
    - ▶ direction 名 方向、指導

- □ **erect** [ɪrékt]　形 直立した
    - 源 e (外に) + rect (まっすぐの)
    - Sit *erect*.　体をまっすぐにして座りなさい。

- □ **rectangle** [réktæŋgl]　名 長方形
    - 源 rect (まっすぐの) + angle (角) ▶ 角を持ちまっすぐな (形)

プラスα

- [ ] rectify （改正する、修正する）　- [ ] rectum （直腸）

---

archery [ά:rtʃəri] 名 アーチェリー

源 arc（弓形のもの）+ ery（～の技術）

語根 **arc** 弓形のもの

- [ ] **arch** [ά:rtʃ]　名 弓形
    源 arc（弓形）

プラスα

- [ ] arc （弧）〔数学用語〕　- [ ] arcade （アーケード）

---

circuit [sə́:rkət] 名 回路

源 circ（円、輪）+ it（行く）▶ 回って行く

a broken computer *circuit*　故障したコンピュータ回路

語根 **circ、cycle** 円、輪／**search** 円、輪

> 「円」はcircleですが、cycleももともとは同じ意味で、bicycle（自転車）、cycling（サイクリング）などの語を作ります。またsearch（捜索する）も「円」の意味がもとになっている語です。

- [ ] **circle** [sə́:rkl]　名 円
    源 circ（円）+ le（小さな）

- [ ] **circulate** [sə́:rkjəlèit]　動 循環する
    源 circ（円）+ ate（～にする）
    Blood *circulates* through the body.　血液は体内を循環する。

2 形・性質など

- □ **circulation** [sə̀ːrkjəléɪʃən]　名 循環、発行部数
  - 源 circ (円) + ation (〜にすること)
  - the *circulation* of a magazine　雑誌の発行部数

- □ **cycle** [sáɪkl]　名 周期、自転車
  - 源 cycle (円)
  - the *cycle* of boom and bust　好景気と不景気の周期

- □ **circus** [sə́ːrkəs]　名 サーカス
  - 源 circ (円、輪) ▶ 円形曲馬 [競技] 場

- □ **search** [sə́ːrtʃ]　動 捜索する
  - 源 search (円) ▶ 歩き回る
  - *search for* a missing key　なくした鍵を捜す

- □ **research** [ríːsəːrtʃ]　名 研究、調査
  - 源 re (再び) + search (探す) ▶ 再び探し求める
  - *research* and development　研究開発

プラスα

□ circumstance (状況)　□ circumference (周囲の長さ)
□ cylinder (円筒)　□ cyclone (サイクロン (インド洋の熱帯性低気圧))
□ recycle (リサイクル)　□ encyclopedia (百科事典)

□ **crossroad** [kró(ː)sròʊd]　名 (〜sで) 交差点、岐路

- 源 cross (十字架) + road (道)
- stand at a critical *crossroads*　重大な岐路に立つ

語根 cross、crus、cruis、cruc　十字架

- □ **cross** [kró(ː)s]　動 横切る
  - 源 cross (十字架)

071

第2章　語根

- □ **across** [əkrɔ́(:)s]　前 副 (〜を) 横切って
  - 源 a (〜へ) + cross (十字架)

- □ **cross**word [krɔ́(:)swə̀:rd]　名 クロスワードパズル
  - 源 cross (十字架) + word (言葉)

- □ **Crus**ade [kru:séɪd]　名 十字軍
  - 源 Crus (十字架) + ade (〜する人 (の一団))

- □ **cruis**e [krú:z]　名 巡航　動 巡航する
  - 源 cruis (十字架) ▶ 渡る (cross)
  - go on a luxury *cruise*　豪華な船旅をする

- □ **cruc**ial [krú:ʃəl]　形 重大な
  - 源 cruc (十字架) + ial (〜の)
  - This is the *crucial* moment.　今が正念場だ。

barrier [bǽriər]　名 障害

源 bar (横木、障害) + ier (もの) ▶ 障害となるもの
break through a *barrier*　障壁を突き破る

語根 bar　横木、障害

> barの原義は「棒」ですが、「横木、障害」の意味を表す語根としてさまざまな語に含まれています。

- □ **embar**rass [ɪmbǽrəs]　動 ばつの悪い思いをさせる
  - 源 em (中に) + bar (障害物) ▶ 中に障害物を置く
  - I was *embarrassed* during my speech.　スピーチの間は恥ずかしかった。

プラスα

□ **barbell** (バーベル)　□ **barrel** (樽)　□ **barracks** (兵舎)
□ **barricade** (バリケード)　□ **embargo** (禁輸)

これらも「棒、横木、障害」の意味に関係した語です。

2 形・性質など

> **mini知識**
>
> bar examinationと言えば「司法試験」のこと。法廷にある仕切り用の横木（bar）からの連想で、**bar**は「弁護士業、法曹界」という意味でも使われます。**barrister**（弁護士）も同語源です。

□ **cavity** [kǽvəti] 名 虫歯

源 cav（くぼんだ）+ ity（〜した状態）

語根 cav　くぼんだ

cavは「くぼんだ」という意味の語根で、「穴」に関係する語。cavityはもともと「空洞」の意味ですが、虫歯（の穴）の意味で使われます。

□ **excavate** [ékskəvèɪt] 動 発掘する
源 ex（外に）+ cav（穴）+ ate（〜する）　▶ 穴の外へ出す
excavate an ancient city　古代都市を発掘する

□ **cave** [kéɪv] 名 洞窟
源 cav（穴）

プラスα

□ cavern（大洞窟）　□ concave lens（凹レンズ）

凸レンズはconvex lens。

□ **eminent** [émənənt] 形 顕著な

源 e（外へ）+ min（突き出る）+ ent（〜な）
an *eminent* scholar　著名な学者

語根 min　突き出る

073

- □ **imminent** [ímənənt]　形 切迫した
  - 源 im（中に）+ min（突き出る）+ ent（〜な）
  - We are in *imminent* danger.　我々に危険が差し迫っている。
- □ **prominent** [prɑ́mənənt]　形 目立つ
  - 源 pro（前へ）+ min（突き出る）+ ent（〜な）
  - a *prominent* figure in the business world　実業界の大物

□ **stereotype** [stériətàɪp]　名 固定観念

源 stereo（固い）+ type（形式）▶ 固まった形式

語根 **stereo**　立体の、固い

今日ではほとんど見られませんが、ステレオ（stereo）は「立体音響再生装置」。stereotype（固定観念）は「固まった（stereo）形式（type）」という意味がもとになった語です。

プラスα

□ **stereophonic**（立体音響の）　□ **stereogram**（立体画）

□ **atmosphere** [ǽtməsfìər]　名 大気

源 atmo（空）+ sphere（球）

Radioactivity contaminated the *atmosphere*.　放射能が大気を汚染した。

語根 **sphere**　球

- □ **biosphere** [báɪəsfìər]　名 生物圏
  - 源 bio（生命）+ sphere（球）

□ **semifinal** [sèmifáɪnl] 名 準決勝

源 semi (半分) + final (決勝戦)

reach the *semifinals* 準決勝に進む
▶ 準々決勝は quarterfinals。

語根》 **semi、hemi、demi 半分**

> 例えば semicolon (セミコロン (;)) は「colon (コロン (:)) の半分」という意味がもとになっています。

□ **hemisphere** [hémәsfìәr] 名 半球

源 hemi (半分の) + sphere (球)
the Northern *Hemisphere* 北半球

□ **semicolon** [sémikòυlәn] 名 セミコロン

源 semi (半分の) + colon (コロン)

プラスα

□ semicircle (半円)　□ semiconductor (半導体)
□ semiautomatic (半自動の)　□ semipro (セミプロの)

mini知識

エスプレッソ用の小型カップを **demitasse** (デミタス) と言いますが、これはフランス語。英語で half cup の意味です。

□ **evacuate** [ɪvǽkjuèɪt] 動 避難させる

源 e (外へ) + vac (空っぽ) + ate (〜する) ▶ 外へ (出して) 空っぽにする
evacuate people from the area　その地域から人々を避難させる

語根》 **vac、vit、void 空っぽ**

> evacuate（避難させる）は災害のニュースなどでよく聞く語です。この語に含まれるvacは「空っぽの」の意味の語根です。

- **vacant** [véɪkənt]　形 空っぽの
  - 源 vac（空っぽ）+ ant（〜の）
  - find a *vacant* seat　空席を見つける

- **vacancy** [véɪkənsi]　名 (仕事の) 空き、勤め口
  - 源 vac（空っぽ）+ ancy（〜な状態）
  - We need to fill the *vacancy*.　欠員を補充する必要がある。

- **vacation** [veɪkéɪʃən]　名 休暇
  - 源 vac（空っぽ）+ tion（〜にすること）
  - during the summer *vacation*　夏休みの間に
  - ▶ vacate　動〈家を〉空にする、立ち退く

- **vacuum** [vǽkjuːm]　動 掃除機をかける　名 真空、掃除機
  - 源 vac（空っぽ）+ um（状態）
  - *vacuum* the floor　床に掃除機をかける

- **inevitable** [ɪnévətəbl]　形 不可避の、必然的な
  - 源 in（〜でない）+ vit（空に）+ able（〜できる）
  - ▶ 空にすることのできない
  - the *inevitable* result　避けられない [必然的] 結果

- **avoid** [əvɔ́ɪd]　動 避ける
  - 源 a（〜に）+ void（空っぽ）　▶ 〜に（出して）空にする
  - *avoid* drinking too much　酒の飲みすぎを避ける

maximum [mǽksəməm]　名 最大限

源 max（大きい）+ mum〔最上級語尾〕
the *maximum* size of an insect　昆虫の最大サイズ
▶ maximal　形 最大限の、maximize　動 最大限にする

語根 **magn、max　大きい**

- **magnitude** [mǽgnət(j)ùːd]　名 大きさ、(地震の) マグニチュード

- 源 magn（大きい）+ tude（〜の状態）
an earthquake of *magnitude* 7　マグニチュード7の地震

- □ **magnificent** [mæɡnífəsənt]　形 壮大な、素晴らしい
  - 源 magn（大きい）+ fic（作る）+ ent（〜な）
  - a *magnificent* view of nature　素晴らしい自然の眺め

- □ **magnify** [mǽɡnəfài]　動 拡大する
  - 源 magn（大きい）+ fy（〜にする）
  - a *magnifying* glass　拡大鏡

- □ **major** [méɪdʒər]　形 大きい（方の）、主要な
  - 源〔ラテン語 magnus の比較級〕
  - a *major* economic issue　主要な経済問題

プラスα

- □ master（主人）　□ mayor（市長）　□ magnate（有力者）
- □ majesty（威厳、陛下）　□ maestro（巨匠）　□ maxim（格言）

mini知識

イギリス憲法の基礎になったthe Manga Carta（マグナカルタ）は「大憲章」と訳されますが、magnaは「大きい」、cartaはcard（カード）と同語源です。またワイン用の大きなボトルを **magnum**（マグナム）と言い、大きな弾薬（マグナム弾）を表す商標名にもなりました。

□ **megaphone** [méɡəfòun]　名 メガホン

源 mega（大きい）+ phone（音）

語根　mega、megalo　大きい

日本語でも非常に大きいものを「メガ〜」と言いますが、mega(lo)も「大きい」の意味を表す語根です。megaphone（メガホン、拡声器）は「音（phone）を大きく（mega）するもの」ということ。

- □ **megahit** [mégəhìt]　名 超ヒット作品
  - 源 mega（大きい）+ hit（ヒット）
- □ **megastar** [mégəstàːr]　名 超大スター
  - 源 mega（大きい）+ star（スター）
- □ **megalopolis** [mègəlápəlɪs]　名 巨大都市
  - 源 megalo（大きい）+ polis（都市）

プラスα

□ megaton（100万トン）　□ megabyte（100万バイト）

接頭辞のmega-は「100万〜」という単位を表します。ちなみにギリシャ文字のアルファベットの最後にあるΩ＝オメガ（omega）の原義は「大きなO」です。

□ **microscope** [máɪkrəskòʊp]　名 顕微鏡

源 micro（小さい）+ scope（見る）

examine with a *microscope*　顕微鏡で調べる
▶ microscopic　形 顕微鏡でしか見えない

語根 micro　小さい

microは「小さい」、macroは「大きい」という意味を表す語根です。

- □ **microeconomics** [màɪkroʊekənámɪks]　名 ミクロ経済学
  - 源 micro（小さい）+ economics（経済学）
  - ▶ 一国全体としての経済活動を分析するのはmacroeconomics（マクロ経済学）。

プラスα

□ microphone（マイク）　□ microbe（微生物、病原菌）
□ macroscopic（肉眼で見える、巨視的な）
□ macrograph（拡大図、原寸図）

2 形・性質など

> **mini知識**
>
> **microwave**は「電子レンジ」。microwave oven（原義は「極超短波を使ったオーブン」）の略です。「レンジでチンする」は口語で**nuke**とも言いますが、これはnuclear（核の、原子力の）のくだけた表現です。

minister [mínəstər] 名 大臣

源 mini（小さい） ▶ 神より小さいもの

The Foreign *Minister* resigned.　外務大臣が辞任した。

語根 **min、mini　小さい**

> minister（大臣）はもともと「牧師」で、これは「神より小さいもの、神のしもべ」という意味に由来します。

minimum [mínıməm] 名 最小限

源 mini（小さい）+ mum〔最上級語尾〕

at the *minimum* price　最低価格で

▶ minimal 形 最小限の、minimize 動 最小限にする

administration [ədmìnəstréıʃən] 名 行政、内閣

源 ad（〜に）+ ministr（仕える）+ tion（〜すること）
▶ ministr＝神より小さいもの→仕える者

the Abe *administration*　安倍内閣

▶ administer 動 管理する、administrative 形 行政の

diminish [dımíníʃ] 動 縮小する

源 di（離れて）+ mini（小さく）+ ish（〜にする）　▶ 小さくする

diminish the risk of financial loss　損失のリスクを減らす

minicar [mínıkà:r] 名 ミニカー

源 mini（小さい）+ car（車）

miniature [mínıətʃər] 名 ミニチュア模型

源 mini（小さい）

ministry [mínəstri] 名 省

源 mini（小さい）
an official of the *Ministry* of Finance　財務省の役人

minor [máɪnər] 形 小さい（方の）

源 min（小さい）+ or〔比較級を表す語尾〕
play a *minor* role in a drama　ドラマで脇役を務める

minute [mínət] 名 分

源 min（小さい）

minute [main(j)úːt] 形 微小な

源 min（小さい）
ignore *minute* differences　ささいな差を無視する

---

mini知識

日本語では「ミンチ（ひき肉）」「メンチカツ」などと言いますが、これは英語の **mince**（細かく切る）という動詞がなまったものです。この語にも min（小さい）という語根が含まれています。

---

gravity [grǽvəti] 名 重力

源 grav（重い）+ ity（～の状態）
Gravity attracts objects.　重力は物体を引き寄せる。

語根 grav、griev　重い

grave [gréɪv] 形 重大な、まじめな

源 grav（重い）
a matter of *grave* importance　深刻な重要性を持つ問題

grieve [gríːv] 動 悲しむ

源 griev（重い）▶ 重荷を負わせる
grieve at a loss of a pet　ペットを失って悲しむ
▸ grief 名 悲しみ

grievance [gríːvns] 名 不満、苦情

源 griev（重い）+ ance（～なもの）
handle *grievances* of customers　顧客の苦情を処理する

effort [éfərt] 名 努力

源 ef (外に) + fort (力) ▶ 外に力を出す
make an effort *to become rich*　金持ちになるために努力する

語根 fort、forc　強い、力

音楽で強音部をフォルテ (forte) と言いますが、これはイタリア語です。英語のforteの一般的な意味は「強み、得手(えて)」で、ここには「強い、力」という意味のfortという語根が含まれています。

comfort [kʌ́mfərt]　動 慰める　名 慰め
源 com (全く) + fort (強い) ▶ 十分力強い状態にする
I was *comforted* by his words.　彼の言葉で励まされた。

comfortable [kʌ́mfərtəbl]　形 心地よい
源 com (全く) + fort (強い) + able (〜できる)
▶ 十分に力強くなることのできる
I feel *comfortable* with her.　彼女といるとくつろげる。

force [fɔ́ːrs]　動 強制する　名 力
源 forc (力)
force them to practice hard　彼らにむりやり猛練習させる

reinforce [rìːɪnfɔ́ːrs]　動 強化する
源 re (再び) + in (〜中に) + forc (強み)
reinforce a bank with concrete　堤防をコンクリートで補強する
▶ reinforcement　名 強化

プラスα

□ fort (砦)　□ fortress (要塞)　□ fortify (強化する)

第2章 語根

■ 語源ネットワーク

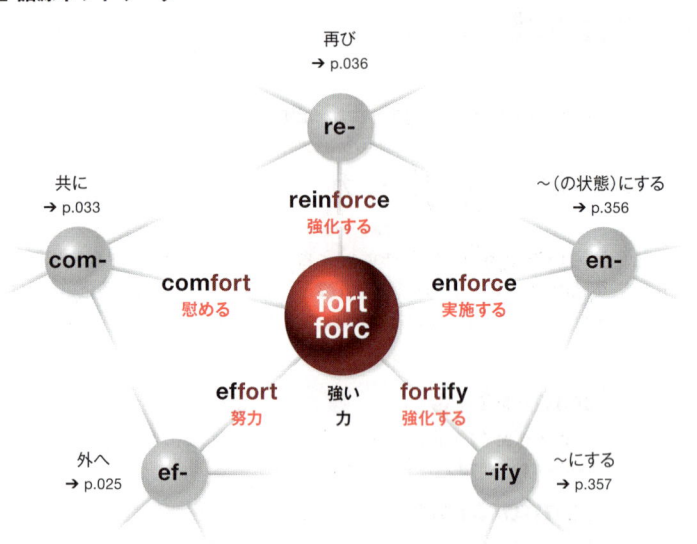

- re- 再び → p.036
- com- 共に → p.033
- en- ～(の状態)にする → p.356
- ef- 外へ → p.025
- -ify ～にする → p.357

fort / forc 強い力

- reinforce 強化する
- comfort 慰める
- enforce 実施する
- effort 努力
- fortify 強化する

immense [méns] 形 巨大な

源 im (不可能な) + mens (測る) ▶ 測ることのできないほどの
an *immense* number of victims　莫大な数の被災者

語根 **meas、mens** 測る

meas、mensは「測る」という意味の語根です。immense (巨大な) のim-はimpossible (不可能な) のim-と同様に否定の意味を表す接頭辞です。

measure [méʒər]　動 測る　名 寸法
源 meas (測る) + ure (～こと)
measure the area of a site　土地の面積を測る

dimension [dɪménʃən]　名 寸法、次元
源 di (離れて) + mens (測る) + ion (～すること)
take the *dimensions* of a room　部屋の寸法を測る

□ **barometer** [bərámətər] 名 気圧計

源 baro (圧力) + meter (測る)

語根 **meter、metry　測る**

> meterも「測る」の意味の語根で、meter（メートル）という長さの単位にそのまま使われています。また、「〜を計量する装置」という意味の複合語を作るのにも使われます。例えばthermometer（温度計）〈thermo＝熱〉など。metryも「測定（法）」の意味で、geometry（幾何学）の原義は「土地（geo）の測定法（metry）」です。

□ **diameter** [daɪǽmətər] 名 直径

源 dia (横切って) + meter (測る)　▶ (円を) 横切って測る
the *diameter* of a circle　円の直径
▸「半径」はradius。

プラスα

- □ odometer (走行距離計)〈odo＝道〉
- □ parameter (変数、条件)
- □ symmetry (対称)〈sym＝同じ〉　□ metronome (メトロノーム)

音楽で使うmetronome（メトロノーム）の語源は、「法則（nom）を測る（metro）」です。

□ **moderate** [mádərət] 形 適度の

源 mod (様式) + ate (〜の)　▶ 型どおりの
get *moderate* exercise　適度な運動をする

語根 **mod　測る、尺度、様式**

> modも「測る」の意味を表す語根で、「尺度→様式」と意味が広がりました。

mode [móʊd] 名 様式
源 mod（様式）
a civilized *mode* of living 文明化された生活様式

model [mádl] 名 手本、模型
源 mod（尺度）+ el（小さな）
make a *model* of a warship 戦艦の模型を作る

modify [mádəfàɪ] 動 修正する
源 mod（尺度）+ fy（〜にする） ▶ 尺度に合わせる
modify budget plans 予算案を修正する

modest [mádəst] 形 慎み深い、控えめな
源 mod（尺度） ▶ 尺度に合った
take a *modest* attitude 謙虚な態度をとる

modern [mádərn] 形 現代の
源 mod（様式）+ ern（〜の）
I'm interested in *modern* art. 私は現代美術に興味がある。

accommodate [əkámədèɪt] 動 収容する、宿泊させる
源 ac（〜に）+ com（共に）+ mod（様式）+ ate（〜する）
▶ 〜に共に適応させる
The hall *accommodates* 100 people. 広間には100人入れる。

commodity [kəmádəti] 名 日用品
源 com（共に）+ mod（様式）+ ity（〜の状態） ▶ 様式が同じもの
a store selling household *commodities* 家庭用品を売る店

プラスα

□ module（モジュール、構成単位）　□ modulate（調節する）
□ modem（モデム）

modemはmodulator（変調器）とdemodulator（復調器）の機能を持つ通信機器で、下線部を組み合わせた造語です。

normal [nɔ́ːrməl] 形 正常な

源 norm（標準、規則）+ al（〜な）
return to the *normal* state　正常な状態に戻る

語根 norm　標準、規則

> normの語源は「（大工が使う）物差し」で、そこから「標準、規則」の意味になりました。

enormous [ɪnɔ́ːrməs] 形 巨大な
源 e（外に）+ norm（標準）+ ous（〜な）▶ 標準を超えた
an *enormous* amount of garbage　莫大な量のごみ

mini知識

「ノルマ」という日本語のもとになった語はnorm（標準）ですが、「ノルマ」に当たる英語はquota（割り当て量）です。

---

distinct [dɪstíŋkt] 形 明確な

源 di（離れて）+ stinct（刺す）▶ 突き刺して離す→区別する→明確な
a *distinct* difference between the two plans　両案の明確な違い
▸ distinction 名 区別

語根 sting、stinct、stimul　刺す、印をつける

sting [stíŋ] 動 刺す
源 sting（刺す）
I was *stung* by a bee.　ハチに刺された。
▸ 活用はsting-stung-stung。

distinguish [dɪstíŋgwɪʃ] 動 区別する
源 di（離れて）+ sting（刺す）+ ish（〜する）▶ 突き刺して離す
distinguish trout *from* salmon　マスをサケと区別する

第2章　語根

- **extinguish** [ɪkstíŋgwɪʃ]　動〈火などを〉消す
  - 源 ex（完全に）+ (s)ting（刺す）+ ish（〜する）▶ 完全に突き消す
  - *extinguish* a bush fire　山火事を消火する

- **extinct** [ɪkstíŋkt]　形 絶滅して
  - 源 ex（完全に）+ (s)tinct（刺す）
  - The species has *become extinct*.　その種は絶滅した。

- **instinct** [ínstɪŋkt]　名 本能
  - 源 in（上に）+ stinct（刺す）▶ 刺激する
  - excite the competitive *instinct*　闘争本能を駆り立てる

- **stimulate** [stímjəlèɪt]　動 刺激する
  - 源 stimul（突き棒）+ ate（〜する）▶ 突き棒で突く
  - *stimulate* the local economy　地域経済を刺激する
  - ▸ stimulus　名 刺激

design [dɪzáɪn]　動 設計する、デザインする　名 設計、デザイン

源 de（下に）+ sign（印）▶ 下に印をつける
design a new museum　新しい博物館を設計する

語根 sign　印、示す

- **consign** [kənsáɪn]　動 引き渡す、委託する
  - 源 con（共に）+ sign（印）▶ 共に署名して（委ねる）
  - *consign* goods to an agent　商品を代理店に引き渡す

- **resign** [rɪzáɪn]　動 辞職する
  - 源 re（後ろへ）+ sign（印）▶ 印をつけて戻す
  - He *resigned* from his post.　彼は職を辞した。

- **sign** [sáɪn]　動 署名する
  - 源 sign（印）
  - *sign* an insurance contract　保険契約書に署名する
  - ▸ signature　名 署名、cosign　動 連署する

- **signal** [sígnl]　名 合図、信号
  - 源 sign（印）+ al（〜こと）
  - ignore a traffic *signal*　交通信号を無視する

☐ **designate** [dézɪgnèɪt] 動 示す、指名する

源 de (下に) + sign (示す) + ate (〜する)
designate her *as* chairperson　彼女を議長に指名する
▸ designation 名 指示、指名

☐ **significant** [sɪgnífɪkənt] 形 重要な

源 sign (印) + fic (〜にする) + ant (〜な) ▶ 印をつけた→重要な
a *significant* event in history　歴史上の重要な事件
▸ signify 動 示す、知らせる

■ 語源ネットワーク

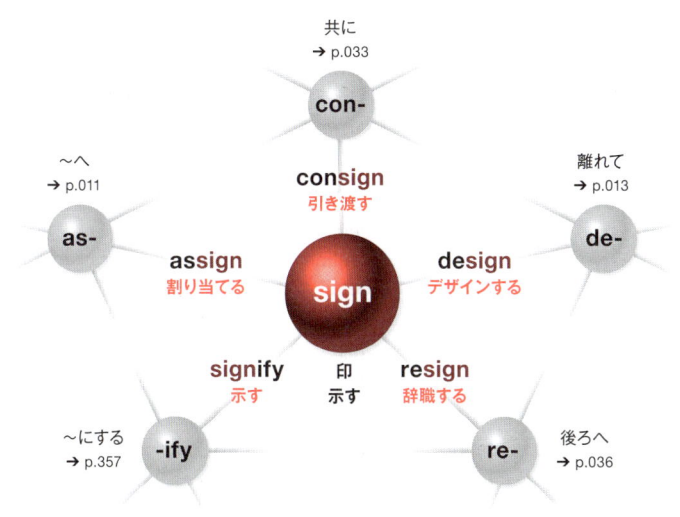

共に
→ p.033

con-

consign
引き渡す

〜へ
→ p.011

離れて
→ p.013

as-　**de-**

assign　　　　**design**
割り当てる　　　　デザインする

sign
印
示す

signify　　　　**resign**
示す　　　　　　　辞職する

〜にする
→ p.357

後ろへ
→ p.036

-ify　**re-**

3 変化・変形

意味	語根	例	
触れる	tact	contact	名 接触、連絡
結合する	nect	connect	動 結合する
	bind	bind	動 結ぶ
	lig	religion	名 宗教
	join	joint	名 継ぎ目、関節
固定する	fix	fixture	名 備品
付着する	her	inherit	動 相続する
積み上げる	struct	construct	動 建設する
掛ける	pend	suspend	動 一時停止する
保つ	tain	sustain	動 支える
分ける	divid	individual	名 個人
	part	departure	名 出発
切る	cid	decide	動 決心する
	sect	section	名 区分
	tail	detail	名 詳細
曲げる	vert	convert	動 変える
	flect	reflect	動 反射する
	tort	distort	動 ゆがめる
	cli	decline	動 衰える
伸ばす	tend	extend	動 広げる
溶かす	fus	confuse	動 混乱させる
注ぐ	pur	pure	形 純粋な
緩める	solu	solution	名 解決(法)
増える	auc	auction	名 競売
落ちる	laps	collapse	動 崩壊する
壊す	frag	fragment	名 破片
	rupt	bankrupt	形 破産した

3 変化・変形

□ **contact** [kɑ́ntækt] 名 接触、連絡

源 con (共に) + tact (触れる)

contact him by cell phone　携帯電話で彼に連絡をとる

語根 **tact、tach、tack、tag、tang　触れる**

> tactは「触れる」という意味の語根で、tact（機転、感触）という語もあります。異形はtach、tack、tag、tangなど。

□ **intact** [ɪntǽkt]　形 無傷の

源 in (〜ない) + tact (触れる)　▶ 触れられてはいない

The case remained *intact*.　そのケースは無傷のままだった。

□ **tactics** [tǽktɪks]　名 戦術

源 tact (触れる) + ics (術)

effective advertising *tactics*　効果的な広告戦術

□ **attach** [ətǽtʃ]　動 取り付ける

源 a (〜へ) + tach (触れる)

attach a file *to* an e-mail　メールにファイルを添付する

▶ attachment　名 取り付け、添付ファイル

□ **detach** [dɪtǽtʃ]　動 取り外す

源 de (離れて) + tach (触れる)

detach a cord *from* a TV　テレビからコードを取り外す

▶ detachment　名 分離

□ **attack** [ətǽk]　動 攻撃する

源 a (〜へ) + tack (触れる)

They were *attacked* by their enemy.　彼らは敵に攻撃された。

プラスα

□ tangent (接線)　□ contagion (接触伝染)
□ contingency (偶発事故)　□ tangible (明白な)

第2章　語根

■ 語源ネットワーク

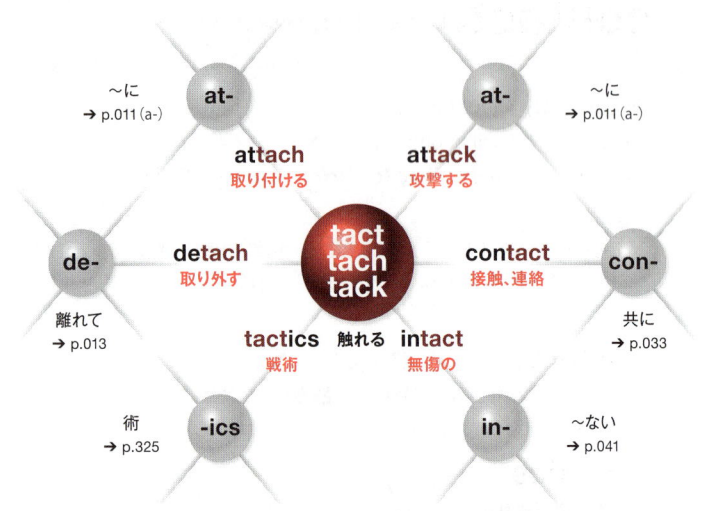

```
〜に           at-              at-            〜に
→ p.011 (a-)                                   → p.011 (a-)
         attach         attack
         取り付ける      攻撃する

de-    detach    tact    contact    con-
       取り外す   tach    接触、連絡
離れて          tack                  共に
→ p.013                              → p.033
         tactics  触れる  intact
         戦術            無傷の

術     -ics              in-          〜ない
→ p.325                               → p.041
```

connect [kənékt] 動 結合する

源 con (共に) + nect (結びつける)

Please *connect* me *to* Tom.　トムに電話をつないでください。
▶ 日本語の「コネ (がある)」という言葉は名詞形のconnection (関係) に由来。

語根 **nect、nex**　結びつける

annex　名 別館 [æneks]　動 添付する [ənéks]

源 a (〜へ) + nex (結びつける)
The hotel has an *annex*.　そのホテルには別館がある。

bind [báind] 動 結ぶ

源 bind (結びつける)

bind old newspapers with a string 古新聞をひもで縛る

語根 bind、bond、bound、band、bund　結びつける

> bindも「結びつける」という意味の語根です。「大阪行きの電車」はa train bound for Osakaと言いますが、このbound（〜行きの）はもともとbind（結ぶ）という動詞の過去分詞でした。

- □ **bond** [bá:nd]　名 きずな、公債
  源 bond（結びつける）
  buy a government *bond*　国債を買う

- □ **bound** [báʊnd]　形 〜行きの
  源 bound（結びつける）

- □ **band** [bǽnd]　名 帯、楽団
  源 band（結びつける）

- □ **bandage** [bǽndɪdʒ]　名 包帯
  源 band（結びつける）

- □ **boundary** [báʊndəri]　名 境界
  源 bound（結びつける）

- □ **bundle** [bʌ́ndl]　名 束
  源 bund（結びつける）

□ **religion** [rɪlídʒən]　名 宗教

源 re（再び）+ lig（結びつける）+ ion（こと）
believe in *religion*　宗教を信じる

語根 li、ly、lig、leag　結びつける

- □ **oblige** [əbláɪdʒ]　動 強制する
  源 ob（〜へ）+ lig（結びつける）　▶ 〜に対して縛りつける
  The law *obliges* us to pay taxes.　法は我々に納税を強制する。

liable [láɪəbl] 形 責任がある
源 li（結びつける）+ able（～できる）
You are *liable* to pay a fine.　君は罰金を払う責任がある。

liability [làɪəbíləti] 名 負債、責任
源 li（結びつける）+ abil（～できる）+ ty（～こと）
assets and liabilities　資産と負債

rely [rɪláɪ] 動 頼る、信頼する
源 re（後ろに）+ ly（結びつける）
draw a map *relying on* memory　記憶を頼りに地図を描く

reliable [rɪláɪəbl] 形 信頼できる
源 re（後ろに）+ li（結びつける）+ able（～できる）
She is a *reliable* lawyer.　彼女は信頼できる弁護士だ。

league [líːg] 名 リーグ、連盟
源 leag（結びつける）
withdraw from the *League* of Nations　国際連盟を脱退する

■ 語源ネットワーク

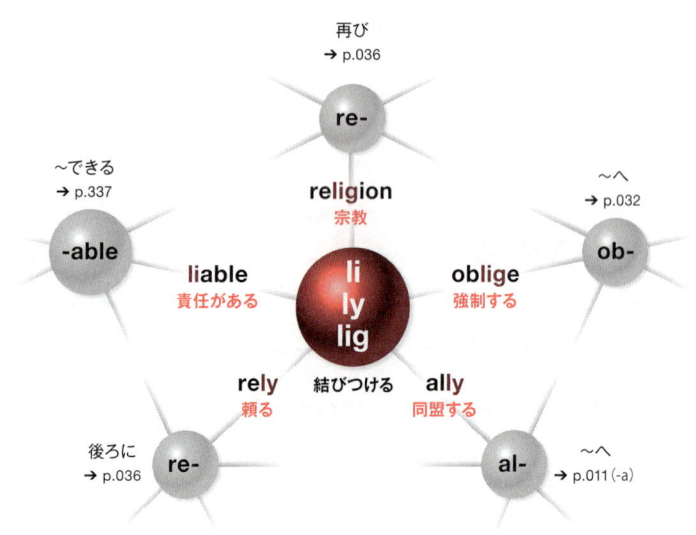

再び
→ p.036
re-

～できる
→ p.337
-able

religion
宗教

～へ
→ p.032
ob-

liable
責任がある

li / ly / lig
結びつける

oblige
強制する

rely
頼る

ally
同盟する

後ろに
→ p.036
re-

～へ
→ p.011 (-a)
al-

プラスα

□ **liaison**（連絡）

動詞はliaise（連絡を保つ）。また、例えばan hour（1時間）を発音する時「アンナワー」のように音がつながる現象もliaison（リエゾン）と言います。

□ joint [dʒɔ́ɪnt] 名 継ぎ目、関節

源 joint（結ぶ）
a joint venture　合弁事業、JV

語根 join、joint、jac、junct　結ぶ

join(t)、jac、junctも「結ぶ」の意味の語根です。この意味を持つ語の代表例はjoin（加わる）などです。

- □ **adjoin** [ədʒɔ́ɪn]　動 隣接する
    - 源 ad（〜へ）+ join（結ぶ）
    - The hotel *adjoins* the lake.　そのホテルは湖に隣接している。
- □ **adjacent** [ədʒéɪsnt]　形 隣接した
    - 源 ad（〜へ）+ jac（結ぶ）+ ent（〜な）
    - a store *adjacent to* the highway　幹線道路に隣接する店
- □ **junction** [dʒʌ́ŋkʃən]　名 結合、合流点
    - 源 junct（結ぶ）+ ion（〜すること）
    - the *junction* of the two roads　2本の道路の合流点

プラスα

□ **conjunctive**（接続詞）

conjunctiveは文法用語で、原義は「共に結びつけるもの」です。

fixture [fíkstʃər] 名 (壁などに取り付けられた) 備品

源 fix (固定する、結びつける) + ure (〜もの)
bathroom *fixtures* 浴室の設備
語根 fix 固定する、結びつける

プラスα

□ prefix (接頭辞)　□ suffix (接尾辞)

これらを合わせて affix (接辞) と言います (pre＝前、su＝下、a＝〜へ)。

inherit [ɪnhérət] 動 相続する

源 in (中に) + her (付着する) ▶ 手中に収める
inherit a large property　広大な地所を相続する
語根 her 付着する、くっつく、相続人

- **adhere** [ædhíər] 動 粘着する、固執する
  源 ad (〜へ) + her (付着する)
  adhere to neutrality　中立を堅く守る
  ▶ adhesive 形 粘着性の 名 接着剤

- **coherent** [kouhíərənt] 形 首尾一貫した
  源 co (共に) + her (付着する) + ent (〜な) ▶ まとまる
  a *coherent* plan　一貫性のある計画
  ▶ cohere 動 密着する、まとまる

- **inherent** [ɪnhíərənt] 形 生来の、固有の
  源 in (中に) + her (付着する) + ent (〜な)
  ▶ (体の) 中に受け継いできた
  the *inherent* right of self-defense　固有の自衛権
  ▶ inheritance 名 相続、遺産

3 変化・変形

- □ **heir** [éər] 名 相続人
  - 源 heir（相続人）
  - The billionaire has no *heirs*. その億万長者には相続人がいない。
  - ▶ heirloom 名 家宝

- □ **heritage** [hérətɪdʒ] 名 遺産
  - 源 her（相続）+ age（〜もの）
  - a World *Heritage* site 世界遺産登録地

- □ **heredity** [hərédəti] 名 遺伝
  - 源 her（相続）+ ty（〜こと）
  - The disease depends on *heredity*. その病気は遺伝による。

プラスα

□ hesitate（ためらう）

□ **construct** [kənstrʌ́kt] 動 建設する

源 con（共に）+ struct（積み上げる）

construct a new library 新しい図書館を建設する
▶ construction 名 建設
反意語はdestroy（破壊する）。
destruction 名 破壊 〈de＝下に〉

語根 stru、struct　積み上げる、建てる

- □ **instruct** [ɪnstrʌ́kt] 動 教える
  - 源 in（中に）+ struct（積み上げる） ▶（心の）中に築く
  - *instruct* how to ski スキーの仕方を教える

- □ **structure** [strʌ́ktʃər] 名 構造、建造物
  - 源 struct（積み上げる）+ ure（〜すること）
  - a sentence with a complex *structure* 複雑な構造を持つ文

- □ **instrument** [ínstrəmənt] 名 器具
  - 源 in（上に）+ stru（積み上げる）+ ment（〜するもの）
  - ▶ 積み上げるための道具
  - play a *musical instrument* 楽器を演奏する

第2章　語根

■ 語源ネットワーク

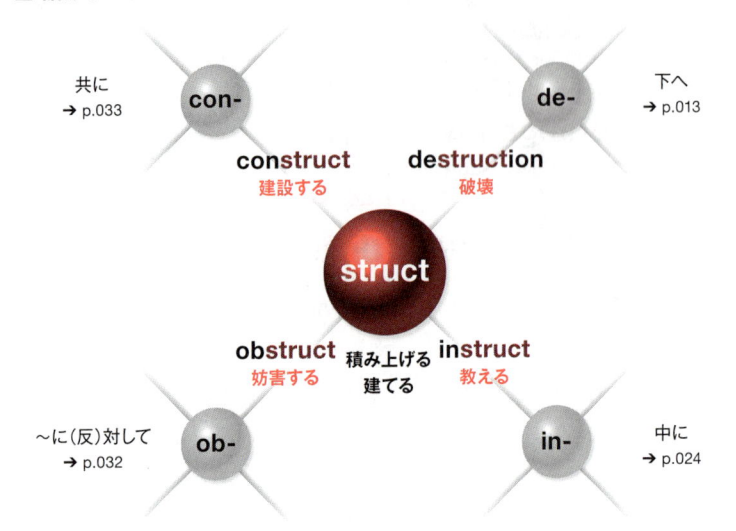

- **con-** 共に → p.033
- **construct** 建設する
- **de-** 下へ → p.013
- **destruction** 破壊
- **struct** 積み上げる　建てる
- **obstruct** 妨害する
- **instruct** 教える
- **ob-** ～に（反）対して → p.032
- **in-** 中に → p.024

---

suspend [səspénd] 動 一時停止する

源　sus（下に）+ pend（吊す）　▶ 下に吊して（宙に浮かせておく）

I had my driver's license *suspended*.　私は免停になった。

語根　pend　掛ける、吊す

例えばpendant（ペンダント）は「吊り下げるもの」。suspendの語源は「下に（sus）吊す（pend）」で、「宙に浮かせておく → 保留する、一時停止する」という意味になります。

- □ **suspender** [səspéndər] 名 サスペンダー、ズボン吊り
  源　sus（下に）+ pend（吊す）+ er（～するもの）

- □ **suspense** [səspéns] 名 どっちつかずの状態、不安、サスペンス
  源　sus（下に）+ pense（吊す）

3 変化・変形

- □ **depend** [dɪpénd]　動 頼る、依存する
  - 源 de (下に) + pend (吊す)　▶ 下にぶら下がる
  - *depend* on him *for* support　彼の支援に頼る
- □ **pending** [péndɪŋ]　形 未決定の
  - 源 pend (吊す) + ing (〜の)　▶ 吊り下がっている、宙ぶらりんの
  - a longstanding *pending* issue　長期にわたる懸案事項
- □ **pendant** [péndənt]　名 ペンダント
  - 源 pend (吊す) + ant (〜するもの)

プラスα

- □ pendulum (振り子)　□ appendix (付録)
- □ impending (切迫している)

□ **sustain** [səstéɪn]　動 支える、維持する

源 sus (下から) + tain (保つ)
sustain life on water alone　水だけで命を維持する

語根 **tain、ten、tin　保つ**

- □ **attain** [ətéɪn]　動 達成する
  - 源 at (〜へ) + tain (保つ)　▶ 〜まで保つ
  - They *attained* their goal.　彼らは目標を達成した。
- □ **contain** [kəntéɪn]　動 含む
  - 源 con (共に) + tain (保つ)
  - This fruit *contains* vitamin C.　この果物はビタミンCを含む。
- □ **detain** [dɪtéɪn]　動 拘留する、引き止める
  - 源 de (離れた) + tain (保つ)　▶ 離れた所に保つ
  - be *detained* at the police station　警察署に留置されている
- □ **entertain** [èntərtéɪn]　動 もてなす
  - 源 enter (間) + tain (保つ)　▶ 人の間を保ち (楽しませる)
  - *entertain* guests cordially　客を手厚くもてなす

maintain [meɪntéɪn] 動 維持する

源 main（手）+ tain（保つ） ▶ 手で保つ

maintain world peace　世界平和を維持する

▶ maintenance 名 維持、保守管理

「メンテナンス」という日本語にも取り入れられています。

obtain [əbtéɪn] 動 手に入れる

源 ob（〜に）+ tain（保つ） ▶ そばに保つ

obtain a high post　高い地位を手に入れる

retain [rɪtéɪn] 動 保有する

源 re（後ろ）+ tain（保つ） ▶ 後ろに留めておく

retain a vivid memory　鮮明な記憶を保つ

contents [kɑ́ntents] 名 内容、中身、目次

源 con（共）+ ten（保つ）

the *contents* of a cupboard　戸棚の中身

continue [kəntínjuː] 動 続く、続ける

源 con（共）+ tin（保つ） ▶ 共に（途切れず）保つ

The baby *continued* crying.　その赤ん坊は泣き続けた。

▶ continuous 形 連続的な、continuity 名 連続

tenant [ténənt] 名 借地人、テナント

源 ten（保つ）+ ant（〜する人） ▶ 持っている人

The *tenant* vacated the land.　借地人は土地を立ち退いた。

プラスα

□ abstain（〈快楽などを〉控える）　□ continent（大陸）
□ sustainable（持続可能な、地球に優しい）

3 変化・変形

■ 語源ネットワーク

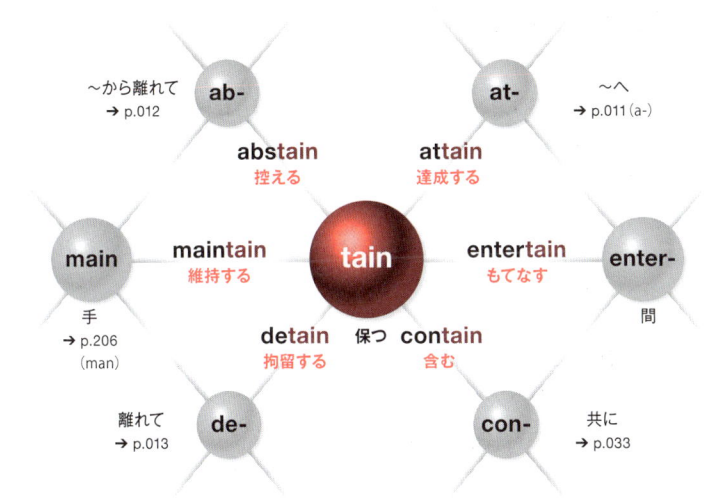

- ab- ～から離れて → p.012
- abstain 控える
- at- ～へ → p.011 (a-)
- attain 達成する
- main 手 → p.206 (man)
- maintain 維持する
- tain 保つ
- entertain もてなす
- enter- 間
- detain 拘留する
- contain 含む
- de- 離れて → p.013
- con- 共に → p.033

□ individual [ìndəvídʒuəl] 名 個人

源 in (～ない) + divid (分ける) + al (～もの) ▶ 分けることのできないもの
claim the rights of the *individual* 個人の権利を主張する

語根 divi、divid 分ける

- □ **divide** [dıváıd] 動 分ける
  - 源 divid (分ける)
  - *divide* a cake *into* eight pieces ケーキを8切れに分ける

- □ **division** [dıvíʒən] 名 分割、部門
  - 源 divi (分ける) + sion (～すること)
  - the general affairs *division* 総務部

- □ **dividend** [dívədènd] 名 配当 (金)
  - 源 divid (分ける) + end (～するもの)
  - get a *dividend* of five percent 5%の配当を受け取る

099

departure [dɪpάːrtʃər] 名 出発

源 de (離れて) + part (分ける) + ure (〜こと) ▶ 離れて分かれる
We put off our *departure*. 我々は出発を延期した。

語根 part 分ける

part (部分) のもとの意味は「分けられたもの」ということで、part には「分ける」の意味があります。

depart [dɪpάːrt] 動 出発する
源 de (離れて) + part (分ける)

department [dɪpάːrtmənt] 名 (デパートの) 売り場
源 de (離れて) + part (分ける) + ment (〜すること)
Where is the toy *department*? おもちゃ売り場はどこですか。

compartment [kəmpάːrtmənt] 名 仕切り、(列車などの) 個室
源 com (共に) + part (分ける) + ment (〜いること)
▶ 共に分かれていること

apartment [əpάːrtmənt] 名 アパート (の一部屋)
源 a (〜に) + part (分ける) + ment (〜いること)
▶ 〜に離れていること
pay the rent of an *apartment* アパートの家賃を払う

apart [əpάːrt] 副 離れて
源 a (〜に) + part (側) ▶ 〜の側へ
John and his wife live *apart*. ジョンと奥さんは離れて暮らしている。

impart [ɪmpάːrt] 動 与える、添える
源 im (中に) + part (分ける)

partial [pάːrʃəl] 形 部分的な、不公平な
源 part (部分) + al (〜の)
protest against a *partial* judgment 不公平な判決に抗議する

particularly [pərtɪ́kjələrli] 副 特に
源 part (部分) + cul (小さな) + ly (〜に)
I like music, *particularly* jazz. 音楽、特にジャズが好きだ。

プラスα

□ partition（間仕切り） □ partner（相棒） □ party（パーティー）

decide [dɪsáɪd] 動 決心する

源 de（離れて）+ cid（切る） ▶ 切り離す→決断する
I *decided* to propose to her.　彼女にプロポーズする決心をした。

語根 cid、cis 切る／接辞 -cide 殺し

□ precise [prɪsáɪs] 形 正確な
源 pre（前に）+ cis（切る） ▶ 前もって切る→正確な
the *precise* definition of the word　その語の正確な定義

□ scissors [sízərz] 名 はさみ
源 cis（切る）+ or（〜するもの）

□ suicide [súːəsàɪd] 名 自殺
源 sui（自分自身を）+ cide（〜殺し）
The young man committed *suicide*.　その若者は自殺した。
▶ suicide bombing　自爆テロ

プラスα

□ pesticide（殺虫剤）〈pest＝害虫〉　□ herbicide（除草剤）〈herb＝草〉
□ homicide（殺人）〈homo＝人〉　□ genocide（大量虐殺）

section [sékʃən] 名 区分

源 sect（切る）+ ion（〜するもの） ▶ 切り分けられたもの
the chief of the accounting *section*　経理課長

語根 sect 切る

- □ **insect** [ínsekt] 名 昆虫
  - 源 in (中に) + sect (切る) ▶ (体に) 切り込みがあるもの
  - gather specimens of *insects*　昆虫の標本を集める
- □ **intersection** [ìntərsékʃən] 名 交差点
  - 源 inter (間) + sect (切る) + ion (～するもの)
  - cross a busy *intersection*　交通量の多い交差点を渡る

プラスα

□ **dissect** (解剖する)　□ **segment** (部分)　□ **sex** (性)

□ **detail** [díːteɪl] 名 詳細

源 de (完全に) + tail (切る) ▶ 完全に [細かく] 切る

explain the *details* of a report　報告の詳細を説明する

語根 tail、tally　切る

- □ **curtail** [kərtéɪl] 動 切り詰める
  - 源 cur (短い) + tail (切る) ▶ 短く切る
  - *curtail* expenditure on armaments　軍事費を削減する
- □ **entail** [ɪntéɪl] 動 伴う
  - 源 en (中に) + tail (切る)
  - The post *entails* a heavy responsibility.　その地位には重責が伴う。
- □ **retail** [ríːtèɪl] 名 小売り
  - 源 re (再び) + tail (切る)
  - buy goods *at retail*　商品を小売りで買う
- □ **tail** [téɪl] 名 尾
  - 源 tail (切る)
- □ **tailor** [téɪlər] 名 仕立て屋
  - 源 tail (切る) + or (～する人)

3 変化・変形

□ **tally** [tǽli]　名 勘定、計算

源 tally（断片）

keep a daily *tally* of sales　売り上げの日計を記録する

プラスα

□ anatomy（解剖学）　□ epitome（典型、要約）　□ atom（原子）

tomにも「切る」の意味があります。atom（原子）はtom（切る）の前に否定の接頭辞a-をつけたもので、「切り分けることができないもの」が原義です。

□ **convert** [kənvə́ːrt]　動 変える

源 con（全く）＋ vert（回す）　▶ ぐるりと回って（向きを変える）

convert property *into* cash　資産を現金に変える

語根 **vert、vers　回す、曲げる**

vert、versは「回す、曲げる」。以下の語はもともとその意味から派生したものですが、今日では語源との意味的なつながりがわかりづらいものもあります。

□ **invert** [invə́ːrt]　動 逆にする

源 in（中に）＋ vert（回す）　▶ （裏返して）中を向ける

invert the word order　語順を逆にする

□ **diverse** [dəvə́ːrs]　形 多様な

源 di（離れて）＋ vers（回す）　▶ 離れて（別々を）向いている

diverse opinions about an issue　問題に関する多様な意見

□ **reverse** [rivə́ːrs]　形 逆の　名 逆

源 re（後ろ）＋ vers（回す）

follow the *reverse* course　逆コースを進む

advertise [ǽdvərtàɪz] 動 広告する

源 ad (〜へ) + vert (向ける) + ise (〜すること)
▶ 〜に (注意を) 向ける
advertise a new product　新製品を広告する

controversy [kɑ́ntrəvə̀ːrsi] 名 論争

源 contro (反対に) + vers (向ける)
a *controversy* over a political issue　政治問題に関する論争

version [vɝːʒən] 名 翻訳、版

源 vers (曲げる) + ion (〜するもの)　▶ (内容を) 変えたもの
a revised *version* of a dictionary　辞書の改訂版

vertical [vɝːtɪkl] 形 垂直の

源 vert (回す) + al (〜の)　▶ 回転の頂点の
climb a *vertical* cliff　垂直の絶壁を登る

versatile [vɝːsətl] 形 万能の

源 vers (回転する) + ile (〜する能力)
This is a *versatile* knife.　これは万能ナイフだ。

■ 語源ネットワーク

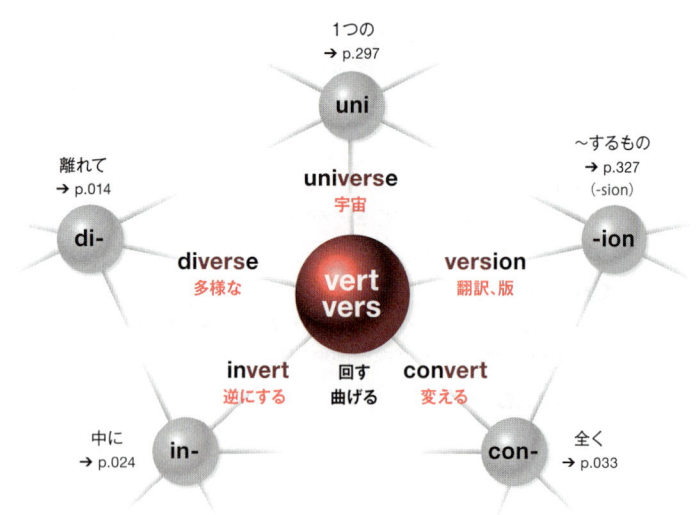

vert / vers　回す・曲げる

- uni (1つの → p.297) → universe 宇宙
- -ion (〜するもの → p.327 (-sion)) → version 翻訳、版
- con- (全く → p.033) → convert 変える
- in- (中に → p.024) → invert 逆にする
- di- (離れて → p.014) → diverse 多様な

3 変化・変形

プラスα
- □ verse (詩)　□ universe (宇宙)　□ adversity (逆境)
- □ avert (避ける)　□ divert (そらす)　□ divorce (離婚)

□ reflect [rɪflékt] 動 反射する

源 re (後ろに) + flect (曲がる)
The report *reflects* the fact.　その報告は事実を反映している。

語根 flect、flex　曲がる、曲げる

- □ **flexible** [fléksəbl]　形 柔軟な、融通がきく
  源 flex (曲げる) + ible (〜できる)
  have a *flexible* way of thinking　柔軟な考え方を持つ

- □ **flextime** [flékstàɪm]　名 フレックスタイム
  源 flex (曲げる) + time (時間)
  introduce a *flextime* system　フレックスタイム制を導入する

プラスα
- □ deflect (そらす)　□ reflex (反射作用)　□ inflexed (屈曲した)

□ distort [dɪstɔ́ːrt] 動 ゆがめる

源 dis (離れて) + tort (曲げる)
distort the facts intentionally　事実を故意にゆがめる

語根 tort、torch　ねじる、曲げる／wr　ねじる

第2章　語根

> tortは「ねじる、曲げる」という意味の語根で、torchなどの形もあります。torch（たいまつ）は「ねじり合わせたもの」が原義です。また、wrも「ねじる」などの意味を示す語根です。

- □ **torture** [tɔ́ːrtʃər]　動 苦しめる　名 拷問
  - 源 tort（ねじる）+ ure（〜すること）
  - be *tortured* by a sense of guilty　罪悪感に苦しむ

- □ **torch** [tɔ́ːrtʃ]　名 たいまつ
  - 源 torch（ねじる）▶ ねじり合わせたもの

- □ **wrinkle** [ríŋkl]　名 しわ　動 しわを作る
  - 源 wr（ねじる）
  - have *wrinkles* around the eyes　目のまわりにしわがある

- □ **wrench** [réntʃ]　動 ねじる　名 レンチ
  - 源 wr（ねじる）
  - *wrench* a fruit off a branch　枝から実をもぎ取る

プラスα

□ **torment**（苦痛）　□ **retort**（言い返す）　□ **tortoise**（亀）

tortoiseも「曲がった」の意味に影響された語と言われています。

□ **decline** [dɪkláɪn]　動 衰える

源 de（下に）+ cli（曲げる）
The stock market is *declining*.　株式市場が下降している。

語根　cli　曲げる、曲がる

> cliも「曲げる、曲がる」の意味を表します。climax（絶頂）なども同じ語源の語です。

3 変化・変形

□ incline [ɪnkláɪn]　動 (〜する) 気にさせる
源 in (〜に) + cli (曲げる)
I'm *inclined* to go home.　家へ帰りたい気分だ。

□ recline [rɪkláɪn]　動 もたれる
源 re (後ろ) + cli (曲げる)
recline against the wall　壁にもたれる

□ climax [kláɪmæks]　名 絶頂
源 cli (曲がる) + max (最大)

□ extend [ɪksténd]　動 広げる

源 ex (外に) + tend (広げる)
I decided to *extend* my stay.　私は滞在を延ばすことに決めた。

語根 tend、tens　伸ばす、広げる

□ tend [ténd]　動 (〜する) 傾向がある
源 tend (伸ばす)
He *tends* to be pessimistic.　彼は悲観的になりがちだ。

□ attend [əténd]　動 出席する、世話をする、注目する
源 at (〜に) + tend (広げる)　▶ 〜に (意識を) 向ける
attend a meeting　会合に出席する
▶派生語には2つの系統があり、「出席する」の意味からはattendance (出席) やattendant (出席者) が、「注目をする」の意味からはattention (注意) やattentive (注意深い) などが作られます。

□ contend [kənténd]　動 競争する、争う
源 con (共に) + tend (伸ばす)　▶ 張り合う
contend for a prize　賞を求めて競う

□ intend [ɪnténd]　動 意図する
源 in (中に) + tend (広げる)　▶ 中に (注意を) 向ける
I *intend* to study abroad.　私は留学するつもりだ。

□ pretend [prɪténd]　動 ふりをする
源 pre (前に) + tend (伸ばす)　▶ 主張する→偽る
She *pretended* to be sick.　彼女は病気のふりをした。

□ **tension** [ténʃən] 名 緊張

源 tens (伸ばす) + ion (〜すること)
try to relieve *tension*　緊張を和らげようとする

□ **intense** [inténs] 形 強烈な、激しい

源 in (中に) + tens (伸ばす)　▶ 中にぴんと張った
feel an *intense* pain　激しい痛みを感じる

□ **intensive** [inténsiv] 形 集中的な、激しい

源 in (中に) + tens (伸ばす) + ive (〜な)　▶ 中にぴんと張った
intensive reading　集中的な読書、精読
▶ 反意語は extensive (広範囲にわたる)。

□ **tender** [téndər] 形 柔らかい、優しい

源 tend (伸ばす)
a *tender* steak　柔らかいステーキ
▶ 「固いステーキ」は a tough steak。

■ 語源ネットワーク

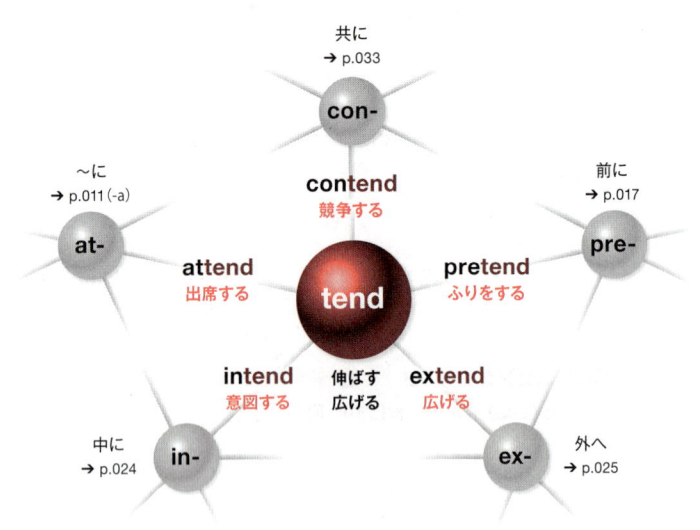

tend 伸ばす / 広げる

- con- 共に → p.033 : **contend** 競争する
- at- 〜に → p.011 (-a) : **attend** 出席する
- pre- 前に → p.017 : **pretend** ふりをする
- in- 中に → p.024 : **intend** 意図する
- ex- 外へ → p.025 : **extend** 広げる

3 変化・変形

プラスα

□ superintendent (管理人)　□ tent (テント (「広げたもの」が原義))

□ confuse [kənfjúːz] 動 混乱させる、混同する

源 con (共に) + fus (溶かす)

Her reaction *confused* me.　彼女の反応は私を混乱させた。

語根 fus　溶かす、注ぐ

fusは「溶かす、注ぐ」という意味の語根で、電気のヒューズ (fuse) などに使われています。動詞のfuseは「溶かす」の意味で、2つのスタイルを融合した音楽がフュージョン (fusion) です。

□ **fuse** [fjúːz]　動 溶かす
　源 fus (溶かす)

□ **diffuse** [dɪfjúːz]　動 拡散する、普及させる
　源 di (離れて) + fus (注ぐ) ▶ 離れた所に注ぐ
　The smoke *diffused* into the air.　煙は空気中に拡散した。

□ **infuse** [ɪnfjúːz]　動 注入する
　源 in (中に) + fus (注ぐ)
　infuse new blood into an organization　組織に新しい血を入れる

□ **refuse** [rɪfjúːz]　動 拒否する
　源 re (後ろに) + fus (注ぐ) ▶ 注ぎ返す
　refuse to renew the contract　契約の更新を拒否する

プラスα

□ transfusion (輸血)　□ futile (無駄な)

futも同じ意味の語根で、例えばfutileの語源は「溶けやすい」です。

■ 語源ネットワーク

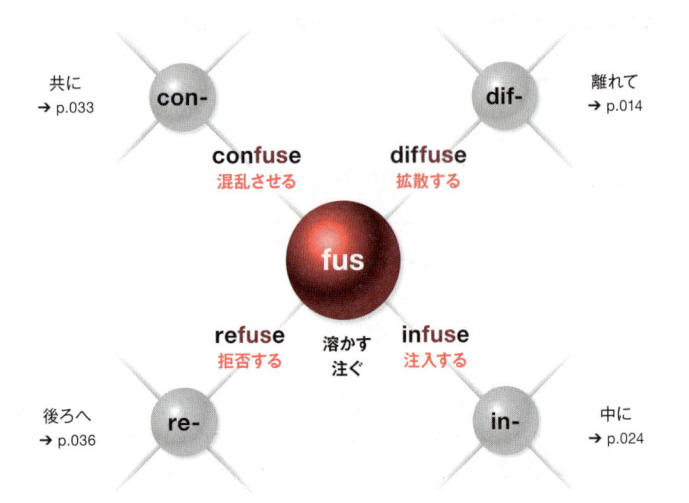

- 共に → p.033 **con-** **confuse** 混乱させる
- 離れて → p.014 **dif-** **diffuse** 拡散する
- **fus** 溶かす／注ぐ
- 後ろへ → p.036 **re-** **refuse** 拒否する
- 中に → p.024 **in-** **infuse** 注入する

□ pure [pjúər] 形 純粋な

源 pur (きれいにする)

a ring made of *pure* gold　純金の指輪
▶ purify 動 浄化する、a water purifier　浄水器

語根 **pour、pur**　注ぐ、きれいにする

> pour、purの原義は「注ぐ」で、「きれいにする」という意味も生まれました。不純分子（思想の違う人々）を追放することを「パージする」と日本語でも言いますが、このpurge（追放する）も「きれいにする」という意味がもとになっています。

□ pour [pɔ́:r] 動 注ぐ

源 pour (注ぐ)

pour tea into a cup　カップにお茶を注ぐ

3 変化・変形

□ **purge** [pə́ːrdʒ]　動 追放する
　源 pur (きれいにする)

> **mini知識**
>
> **Puritan**（清教徒）は、厳格な宗教的規律を求めたことから「purity（清浄、純粋さ）を求める人々」という意味で使われたのが由来です。

□ solution [səlúːʃən]　名 解決（法）

源 solu (緩める) + tion (〜すること)
a *solution* to the problem　その問題の解決法

語根 **solv、solu、solut　緩める**

> solvはもともと「緩める」の意味で、そこからsolve（解く、解決する）などの語ができました。その名詞形がsolution（解決（法））です。

□ **solve** [sɑ́lv]　動 解く、解決する
　源 solv (緩める)

□ **resolve** [rɪzɑ́lv]　動 決心する
　源 re (後ろへ) + solv (緩める)
　▶ 解いてもとの状態にする→解決する→決心する
　resolve to change jobs　転職する決心をする
　▸ resolute 形 決然とした、resolution 名 決定、決心

□ **dissolve** [dɪzɑ́lv]　動 溶かす
　源 dis (離れて) + solv (緩める)
　dissolve salt in water　塩を水に溶かす

□ **insolvent** [ɪnsɑ́lvənt]　形 支払い不能の
　源 in (〜できない) + solv (緩める)　▶ 解くことのできない
　become *insolvent*　支払い不能になる、破産する
　▸ 反意語はsolvent（支払い能力がある）。

□ **absolutely** [ǽbsəlùːtli]　副 絶対に
　源 ab (〜から) + solut (解放する) + ly (〜に)　▶ 〜から完全に自由
　Your help is *absolutely* necessary.　君の助けが絶対に必要だ。

111

auction [ɔ́ːkʃən] 名 競売

源 auc（増える）+ tion（〜すること）
sell antiques at an *auction*　オークションで骨とう品を売る

語根 aug、auc、auth　増える

> aug、auc、authなどは「増える」の意味の語根で、auction（競売）は競って値が上がることに由来する言葉です。

augment [ɔːgmént] 動 増大する
源 aug（増える）+ ment（〜すること）
augment one's income　収入を増やす

author [ɔ́ːθər] 名 著者
源 auth（増える）+ or（〜する人）▶ 創始者、増やす人

authorize [ɔ́ːθəràɪz] 動 権限を与える、認可する
源 author（生み出す人）+ ize（〜にする）

---

collapse [kəlǽps] 動 崩壊する

源 co（共に）+ laps（滑る、落ちる）▶ 共に滑り落ちる
The building *collapsed* in the quake.　ビルは地震で倒壊した。

語根 laps　滑る、落ちる

> lapsの原義は「滑る、落ちる」で、「時が経過する」という意味も表すようになりました。

◻ lapse [lǽps]　名 (時の)経過

源 laps (滑る)

with the lapse of time　時がたつにつれて

プラスα

- ◻ elapse (〈時が〉経過する)
- ◻ eclipse (食)
- ◻ solar eclipse (日食)
- ◻ lunar eclipse (月食)

◻ **fragment** [frǽgmənt]　名 破片、かけら

源 frag (壊す) + ment (〜するもの) ▶ 壊れたもの

break to *fragments*　粉々に壊れる

▶ fragmentation　名 分裂、崩壊

コンピュータ用語で「フラグメンテーション」と言えば、ハードディスクの空き領域が細分化する不具合のことです。

語根　frag、fract　壊す

◻ fragile [frǽdʒəl]　形 壊れやすい、もろい

源 frag (壊す) + ile (〜な)

a *fragile* glass case　壊れやすいガラスケース

プラスα

- ◻ fraction (分数)
- ◻ fracture (骨折)
- ◻ refraction (屈折作用)
- ◻ frail (か弱い)

bankrupt [bǽŋkrʌpt] 形 破産した

源 bank（銀行）+ rupt（壊す） ▶ 銀行破産
The firm *went bankrupt*.　その会社は倒産した。

語根 rupt　壊す

> ruptは「壊す」という意味の語根です。bankrupt（破産した）はもともと「銀行破産」の意味でしたが、銀行以外にも使われるようになりました。

□ corrupt [kərʌ́pt]　形 堕落した　動 堕落させる
源 cor（完全に）+ rupt（壊す）
criticize *corrupt* politicians　堕落した政治家たちを批判する

□ disrupt [dɪsrʌ́pt]　動 混乱させる
源 dis（離れて）+ rupt（壊す） ▶ 壊してバラバラにする
The war *disrupted* the society.　戦争が社会を混乱させた。

□ interrupt [ìntərʌ́pt]　動 妨げる、中断する
源 inter（間に）+ rupt（壊す） ▶ 間に入って壊す
I'm sorry to interrupt you, but ...　お話し[取り込み]中すみませんが…

□ erupt [ɪrʌ́pt]　動 噴火する、噴出する
源 e（外に）+ rupt（壊す）
The active volcano *erupted*.　活火山が噴火した。

プラスα

□ abruptly（突然）　□ rupture（破裂、決裂）　□ route（道路、経路）

routはruptの異形で、例えばrouteの原義は「壊れた[開いた]道」です。

3 変化・変形

■ 語源ネットワーク

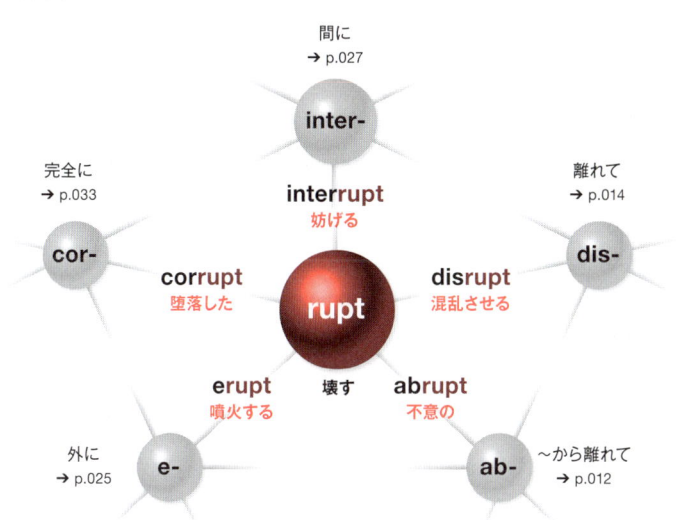

- inter-（間に → p.027）
  - **interrupt** 妨げる
- cor-（完全に → p.033）
  - **corrupt** 堕落した
- dis-（離れて → p.014）
  - **disrupt** 混乱させる
- e-（外に → p.025）
  - **erupt** 噴火する
- ab-（〜から離れて → p.012）
  - **abrupt** 不意の

rupt 壊す

4 行為・動作

意味	語根	例	
行う	act	react	動 反応する
行く	ced	precede	動 先行する
	it	exit	名 出口
来る	vent	event	名 出来事、行事
通る	pass	passport	名 パスポート
進む	gress	progress	名 進歩
走る	cur	occur	動 起こる
運ぶ	fer	offer	動 提供する
	port	import	名 動 輸入 (する)
	gest	digest	動 消化する
送る	mit	emit	動 放出する
	mess	message	名 伝言
押す	press	compress	動 圧縮する
引く	tract	attract	動 魅了する
打つ	bat	debate	名 動 討論 (する)
	fend	defend	動 守る
	flict	conflict	名 葛藤
投げる	ject	inject	動 注射する
取る	cap	capture	動 捕らえる
	ceiv	receive	動 受け取る
	sum	assume	動 仮定する
捕らえる	prehend	comprehend	動 理解する
駆り立てる	pel	propeller	名 プロペラ
折る	ply	apply	動 適用する
満たす	plet	complete	形 完全な
刺す	point	appoint	動 任命する
持つ	hab	habit	名 習慣
作る	fac	factory	名 工場
選ぶ、集める	lect	elect	動 選ぶ
選ぶ	opt	option	名 選択

ふるい分ける	cern	concern	動 関係する
授ける	tribut	contribute	動 寄付する
導く	duc	introduce	動 紹介する
準備する	par	prepare	動 準備する
使う	us	abuse	名動 悪用(する)
見張る	ward	stewardess	名 スチュワーデス
潜る	merg	merger	名 合併、吸収

□ react [riǽkt] 動 反応する

源 re (再び) + act (行う)
react physically *to* a stimulus 　刺激に対して物理的に反応する

語根 **act** 行う、する

- □ **act** [ǽkt] 動 行動する
  - 源 act (行う)
  - ▸ action 名 行動

- □ **activity** [æktívəti] 名 活動
  - 源 act (行う) + ity (〜の状態)
  - join a club *activity*　クラブ活動に参加する
  - ▸ active 形 活動的な。反意語は passive (受動的な)。

- □ **transaction** [trænsǽkʃən] 名 取引
  - 源 trans (向こうへ) + act (行う) + ion (〜すること)
  - ▶ 向こうで行う
  - have *transaction* with the firm　その会社と取引している

- □ **actually** [ǽktʃuəli] 副 実際に
  - 源 act (行う) + ally (〜に)
  - *Actually*, I'm out of work now.　実は今失業中だ。

- □ **exact** [ɪgzǽkt] 形 正確な
  - 源 ex (外へ) + act (行う)
  - ▶ 外に追い出す→強要する→正確にはかる→正確な
  - make an *exact* estimate　正確な見積もりをする

117

第2章　語根

プラスα

□ **actor**（俳優）　□ **counteract**（反対に作用する、対抗する）

□ **precede** [prɪsíːd] 動 先行する

源 **pre**（前に）+ **ced**（行く）　▶ 先に行く

Who *preceded* him as chairman?　彼の前の議長は誰ですか。

▸ unprecedented 形 前例のない

語根 ced、ceed、cess　行く

ced、ceedは「行く」という意味の語根です。この語根を含む動詞の語尾は-cede、ceedで、それに対応する名詞の語尾は-cess、-cessionになります。

□ **concede** [kənsíːd] 動 認める、譲歩する

源 **con**（共に）+ **ced**（行く）

He *conceded* that he had failed.　彼は失敗したと認めた。

▸ concession 名 譲歩、営業許可、場内売り場

□ **exceed** [eksíːd] 動 越える

源 **ex**（外に）+ **ceed**（行く）

The sales *exceeded* our expectations.　売り上げは私たちの予想を越えた。

▸ excessive 形 過度の

□ **predecessor** [prédəsèsər] 名 前任者

源 **pre**（前に）+ **de**（離れて）+ **cess**（行く）+ **or**（〜する人）

I'm his immediate *predecessor*.　私は彼の直前の前任者です。

□ **proceed** [prəsíːd] 動 前進する

源 **pro**（前に）+ **ceed**（行く）

Work is *proceeding* smoothly.　仕事は円滑に進んでいる。

□ **process** [práses] 名 過程　動 加工する

源 **pro**（前に）+ **cess**（行く）

make the production *process* simple　生産工程を簡単にする

4 行為・動作

- □ **procedure** [prəsíːdʒər] 名 手続き
  - 源 pro (前に) + ced (行く) + ure (〜すること)
  - the *procedure* to access the data　データにアクセスする手続き

- □ **recede** [rɪsíːd]　動 退却する、後退する
  - 源 re (後ろに) + ced (行く)
  - The ship *receded* from view.　船は視界から遠のいた。

- □ **recess** [ríːses]　名 休み時間
  - 源 re (後ろに) + cess (行く)
  - take a *recess* for lunch　昼食の休みをとる

- □ **recession** [rɪséʃən]　名 (景気の) 後退、不況
  - 源 re (後に) + cess (行く) + ion (〜すること)
  - recover from the *recession*　不況から回復する

- □ **succeed** [səksíːd]　動 成功する、引き継ぐ
  - 源 suc (下から) + ceed (行く)　▶ 後からついて行く
  - *succeed in* persuading the boss　上司の説得に成功する

- □ **access** [ǽkses]　名 接近、利用 (する権利)
  - 源 ac (〜に) + cess (行く)
  - have *access to* the database　データベースを利用できる

■ 語源ネットワーク

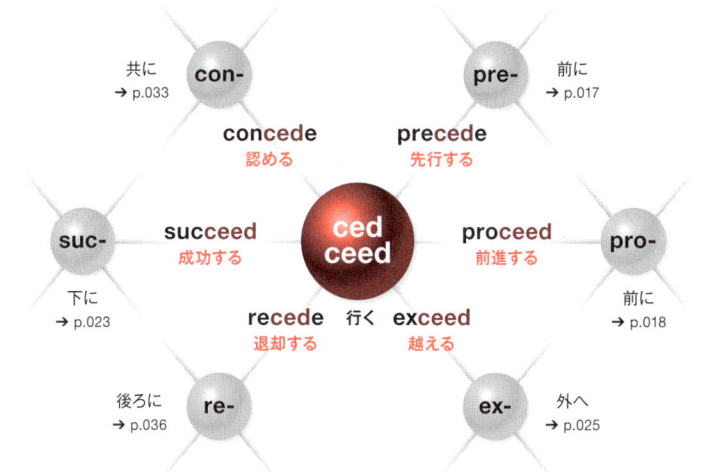

- con- 共に → p.033　concede 認める
- pre- 前に → p.017　precede 先行する
- suc- 下に → p.023　succeed 成功する
- pro- 前に → p.018　proceed 前進する
- re- 後ろに → p.036　recede 退却する
- ex- 外へ → p.025　exceed 越える

ced / ceed 行く

第2章　語根

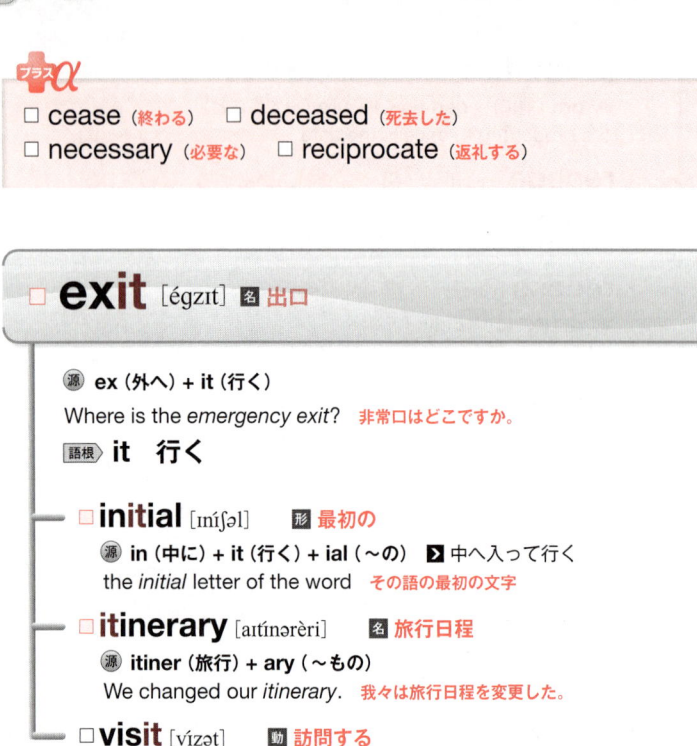

プラスα
- cease (終わる)　□ deceased (死去した)
- necessary (必要な)　□ reciprocate (返礼する)

---

exit [égzɪt] 名 出口

源 ex (外へ) + it (行く)

Where is the *emergency exit*?　非常口はどこですか。

語根 it　行く

- **initial** [ɪníʃəl]　形 最初の
  源 in (中に) + it (行く) + ial (〜の)　▶ 中へ入って行く
  the *initial* letter of the word　その語の最初の文字

- **itinerary** [aɪtínərèri]　名 旅行日程
  源 itiner (旅行) + ary (〜もの)
  We changed our *itinerary*.　我々は旅行日程を変更した。

- **visit** [vízət]　動 訪問する
  源 vis (見る) + it (行く)

プラスα
- fare (料金)　□ thoroughfare (大通り、通行)　□ farewell (別れ)
- welfare (福祉)　□ warfare (戦争)

fareもitと同じく「行く」の意味の語根です。farewellはfare（行く）+ well（元気で）で、昔は「さようなら」の意味で使っていました。順序を逆にしたwelfareも同語源です。

event [ivént] 名 出来事、行事

源 e (外へ) + vent (来る) ▶ 外へ出てくるもの
take part in a sporting *event*　スポーツ行事に参加する

語根 ven、vent　来る

> conveneのように-veneで終わる語の名詞形は-ventionとなります。

eventually [ivéntʃuəli] 副 最後に、結局は
源 e (外へ) + vent (出てくる) + ally (〜に)
Eventually she will succeed.　最後には彼女は成功するだろう。

convention [kənvénʃən] 名 集会、会議
源 con (共に) + ven (来る) + tion (〜すること)
hold a national *convention*　全国大会を開く

conventional [kənvénʃənl] 形 月並みな
源 con (共に) + ven (来る) + tion (〜すること) + al (〜な)
▶ 共に起こること→しきたり→型にはまった
make a *conventional* comment　月並みな論評をする
▶ convene 動 集まる、召集する

convenient [kənvíːnjənt] 形 便利な
源 con (共に) + ven (来る) + ent (〜な) ▶ 一緒に来て (都合が良い)
Which day is *convenient*?　何日なら都合がいいですか。

intervene [ìntərvíːn] 動 干渉する、調停する
源 inter (間に) + ven (来る)
intervene in a discussion　議論に介入する

invent [invént] 動 発明する
源 in (上に) + vent (来る) ▶ 上に (浮かび) あがってくる
a machine *invented* by Edison　エジソンが発明した機械

prevent [privént] 動 妨げる、防ぐ
源 pre (前に) + vent (来る)
Business *prevents* him *from* coming.　彼は用事で来られない。

第2章　語根

□ **revenue** [révən(j)ùː]　名 歳入、収入

源 **re**（もとに）+ **ven**（来る）　▶ もとに戻ってくるもの
estimate next year's *revenues*　来年の収入を見積もる

プラスα

□ advent（到来、出現）　□ adventure（冒険）
□ venture（投機的事業）

■ 語源ネットワーク

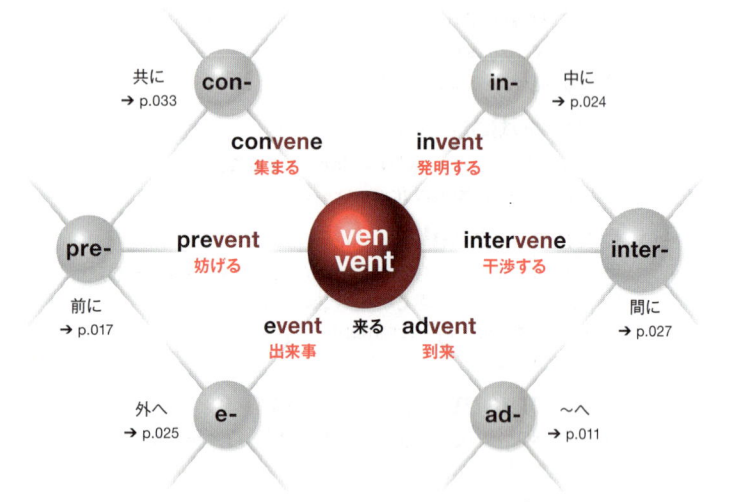

- con-（共に）→ p.033：**conv**ene 集まる
- in-（中に）→ p.024：**inv**ent 発明する
- pre-（前に）→ p.017：**prev**ent 妨げる
- inter-（間に）→ p.027：**interv**ene 干渉する
- e-（外へ）→ p.025：**ev**ent 出来事
- ad-（～へ）→ p.011：**adv**ent 到来

中心：**ven / vent** 来る

□ **passport** [pǽspɔ̀ːrt]　名 パスポート

源 **pass**（通る）+ **port**（港）　▶ 港を通るためのもの

語根 **pass**　歩み

4 行為・動作

> passは「歩み」の意味の語根で、そこからpass（通る、過ぎる）という動詞ができました。

□ **passage** [pǽsɪdʒ]　名 通過、一節
源 pass（歩む）+ age（〜こと）
a rite of *passage*　通過儀礼

□ **passenger** [pǽsəndʒər]　名 乗客
源 pass（通る）+ er（〜する人）
Some *passengers* were injured.　数人の乗客が負傷した。

□ **pastime** [pǽstàɪm]　名 娯楽
源 pas（過ぎる）+ time（時）
Fishing is my *pastime*.　釣りが私の娯楽だ。

プラスα

□ overpass（歩道橋、陸橋）　□ underpass（地下道）
□ impasse（行き止まり）　□ trespass（不法侵入）
□ compass（羅針盤）　□ surpass（〜に勝る）

□ **progress** [prágres]　名 進歩

源 pro（前に）+ gress（進む）
He made *progress* in speaking English.　彼は英会話が進歩した。

語根 gress 歩く、進む／grad、gre、gree、gred 歩み、等級

> gressは「歩く、進む」。grad、gre(e) も「歩み、等級」という意味を表します。したがってprogress（進歩）とgrade（等級）は近い語源を持つ語です。

congress [káŋgrəs] 名 議会

源 con (共に) + gress (歩く) ▶ 共に行って（集まる）
Congress will meet next week.　議会は来週開かれる。
▶ Congress 名 米国議会、Parliament 名 英国議会、
　Diet 名 日本の国会

aggressive [əgrésɪv] 形 攻撃的な

源 ag (〜に) + gress (進む) + ive (〜な) ▶ 〜に向かって行く
take up an *aggressive* attitude　攻撃的な態度をとる

grade [gréɪd] 名 等級、学年　動 等級分けする

源 grad (等級)
She is in the third *grade*.　彼女は小学3年生だ。
▶ degrade 動 質が下がる、gradation 名 濃淡の変化

gradually [grǽdʒuəli] 副 少しずつ

源 grad (等級) + lly (〜に)
Business is recovering *gradually*.　景気は徐々に回復している。

graduate 動 卒業する [grǽdʒuèɪt]　名 卒業生 [grǽdʒuət]

源 grad (等級) + ate (〜する) ▶ 学年が進んで（卒業する）
graduate from high school　高校を卒業する
▶ graduation 名 卒業、postgraduate 名 大学院生

degree [dɪgríː] 名 程度、等級

源 de (離れて) + gree (歩み) ▶ 一歩離れる→段階
I agree with you *to some degree*.　ある程度は君に賛成だ。

ingredient [ɪngríːdiənt] 名 材料

源 in (中に) + gred (入る) + ent (〜する物) ▶ 中に入っている物
the *ingredients* of a cake　ケーキの材料

---

occur [əkə́ːr] 動 起こる

源 oc (〜へ) + cur (走る) ▶ 〜に向かって進んでいき（起こる）
The accident *occurred* two hours ago.　事故は2時間前に起きた。

語根 **cur、cour** 走る

4 行為・動作

curは「走る」という意味の語根です。course（コース、進路）なども同じ語源の語です。

□ concur [kənkə́ːr] 動 同意する

源 con（共に）+ cur（走る）
I *concur* with your opinion.　あなたの意見に同意します。
▶ concurrence 名 同意

□ incur [ɪnkə́ːr] 動 被る

源 in（中に）+ cur（走る）　▶ 出くわす
incur serious damage　深刻な被害を受ける

□ recur [rɪkə́ːr] 動 再発する

源 re（再び）+ cur（走る）
The idea *recurred* in my mind.　その考えが再び心に浮かんだ。
▶ recurrence 名 再発

□ current [kə́ːrənt] 形 現在の

源 cur（走る）+ ent（〜の）　▶ 走っている→流通している
the *current* issue of a magazine　雑誌の現在の［最新］号

□ excursion [ɪkskə́ːrʒən] 名 小旅行、遠足

源 ex（外へ）+ cur（走る）+ ion（〜すること）
▶ 外へ出ていくこと
a school *excursion*　修学旅行

□ discourse [dískɔːrs] 名 談話

源 dis（離れて）+ cour（走る）　▶ あちこち走る［話す］
give a moral *discourse*　道徳的な訓話をする
▶ 文章の中などで前後の論理関係を表す語句（however、as a result など）を discourse marker（談話標識）と言います。

プラスα

□ concourse（コンコース、中央広場）　□ intercourse（交際）

第2章　語根

■ 語源ネットワーク

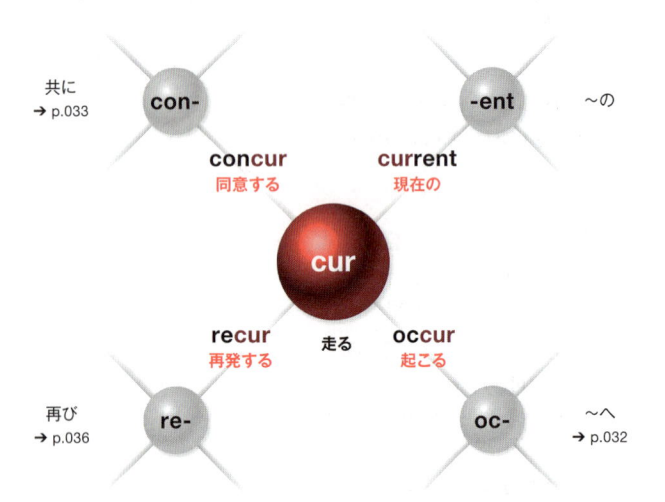

- 共に con- → p.033
- ～の -ent
- concur 同意する
- current 現在の
- **cur** 走る
- recur 再発する
- occur 起こる
- 再び re- → p.036
- ～へ oc- → p.032

offer [ɔ́(ː)fər] 動 提供する、申し出る

源 of（～へ）+ fer（もたらす）

offer a bill to Congress　議会に法案を出す

語根 **fer**　運ぶ、もたらす

-ferで終わる動詞に対応する名詞は、しばしば-ferenceという語尾になります。

ferry [féri]　名 フェリー

源 fer（運ぶ）+ ry（場所）

confer [kənfə́ːr]　動 相談する

源 con（共に）+ fer（もたらす）▶ 共に（話を）持ちよる

confer about a problem *with* the boss　上司と問題を協議する

4 行為・動作

- **conference** [kάnfərəns]　名 会議
  - 源 con（共に）+ fer（もたらす）+ ence（〜もの）
  - assemble a joint *conference*　合同会議を召集する

- **defer** [dɪfə́ːr]　動 延期する
  - 源 de（離れて）+ fer（運ぶ）　▶ 離れた（日に）移す
  - The press release was *deferred*.　報道発表は延期された。

- **differ** [dífər]　動 異なる
  - 源 di（離れて）+ fer（運ぶ）　▶ 離れて運ぶ→相違する
  - The two cars *differ* in color.　その2台の車は色が違う。

- **indifferent** [ɪndífərənt]　形 無関心な
  - 源 in（〜ではない）+ di（離れて）+ fer（運ぶ）+ ent（〜な）
  - ▶ 違いがなく（どちらでもいい）
  - I'm *indifferent* to fashion.　私はファッションに無関心だ。

- **infer** [ɪnfə́ːr]　動 推論する
  - 源 in（中に）+ fer（運ぶ）　▶（心の）中に運び込む
  - I *inferred* that she was single.　彼女は独身だと推論した。

- **prefer** [prɪfə́ːr]　動 好む
  - 源 pre（前に）+ fer（運ぶ）　▶ 前に持ってくる
  - *prefer* tea to coffee　コーヒーよりお茶を好む

- **refer** [rɪfə́ːr]　動 参照する、言及する
  - 源 re（後ろに）+ fer（運ぶ）　▶ もとへ運ぶ
  - He *referred* to his past.　彼は自分の過去に言及した。

- **suffer** [sʌ́fər]　動 苦しむ
  - 源 suf（下で）+ fer（運ぶ）　▶ 下で運んで（耐える）
  - *suffer from* a bad cold　ひどいかぜで苦しむ

- **transfer** [trǽnsfəːr]　動 移す、転勤させる
  - 源 trans（向こうに）+ fer（運ぶ）
  - He was *transferred* to a branch.　彼は支店に転勤になった。

- **fertile** [fə́ːrtl]　形 肥沃な、豊かな
  - 源 fer（運ぶ）+ ile（〜な）　▶（実りを）もたらす
  - She has a *fertile* imagination.　彼女は豊かな想像力を持つ。
  - ▶ fertilizer　名 肥料

第2章　語根

■ 語源ネットワーク

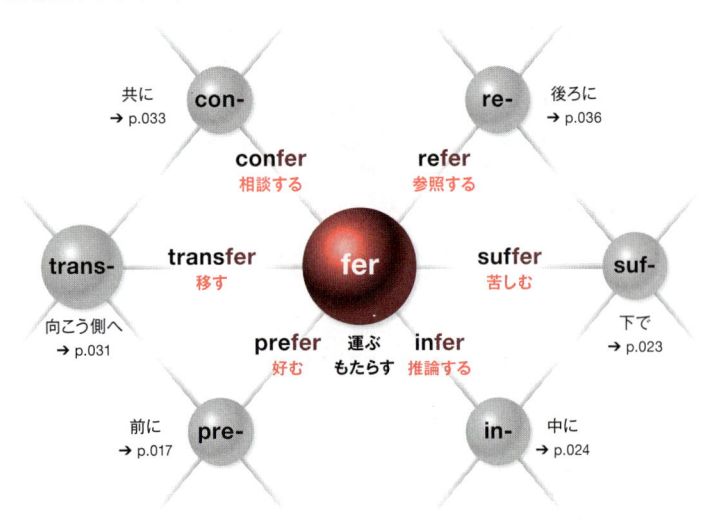

- con- 共に → p.033
  - confer 相談する
- re- 後ろに → p.036
  - refer 参照する
- trans- 向こう側へ → p.031
  - transfer 移す
- suf- 下で → p.023
  - suffer 苦しむ
- pre- 前に → p.017
  - prefer 好む
- in- 中に → p.024
  - infer 推論する

中心: **fer** 運ぶ / もたらす

□ **import** 動 輸入する [ɪmpɔ́ːrt]　名 輸入 [ímpɔːrt]

源 im (中に) + port (運ぶ)
import wine *from* France　フランスからワインを輸入する

語根 **port**　運ぶ

- □ **export** 動 輸出する [ɪkspɔ́ːrt]　名 輸出 [ékspɔːrt]
  源 ex (外に) + port (運ぶ)
  export electric appliances *to* China　中国へ電気器具を輸出する

- □ **porter** [pɔ́ːrtər]　名 ポーター、赤帽
  源 port (運ぶ) + er (〜する人)

- □ **portable** [pɔ́ːrtəbl]　形 持ち運べる
  源 port (運ぶ) + able (〜できる)
  get a *portable* table　持ち運びできるテーブルを買う

4 行為・動作

transport 動 輸送する [trænspɔ́ːrt] 名 輸送 [trǽnspɔːrt]
源 trans（向こうに）+ port（運ぶ）
transport cash to the bank　銀行へ現金を輸送する

report [rɪpɔ́ːrt] 名 報告　動 報告する
源 re（後ろに）+ port（運ぶ）　▶ 運び帰る
draw up a detailed *report*　詳しい報告書を作成する

support [səpɔ́ːrt] 動 支持する、養う　名 支持
源 sup（下で）+ port（運ぶ）
enough income to *support* a family　家族を養うのに十分な収入

プラスα

□ portfolio（書類かばん）　□ rapport（ふれあい）　□ sport（スポーツ）

---

digest 動 消化する [daɪdʒést]　名 要約 [dáɪdʒest]

源 di（離れて）+ gest（運ぶ）　▶ 分けて運ぶ→分解する
Oily food doesn't *digest* well.　脂っこい料理は消化が悪い。

語根 gest　運ぶ

-gestで終わる動詞の名詞形は-gestionとなります。

congestion [kəndʒéstʃən] 名 渋滞
源 con（共に）+ gest（運ぶ）+ ion（～すること）
▶ 共に運んで混み合う
get caught in traffic *congestion*　交通渋滞に巻き込まれる
▶ congested 形 混雑した

suggest [səgdʒést] 動 提案する
源 sug（下に）+ gest（運ぶ）
suggest a compromise plan　妥協案を提案する
▶ suggestive 形 示唆に富む

プラスα

- □ gesture (身ぶり)　□ register (登録する)

□ **emit** [imít] 動 放出する

源 e (外に) + mit (送る)

The torch *emits* a strong light.　その懐中電灯は強い光を発する。

語根 mit　送る

> -mitで終わる語の名詞形は -mission または -mittance となります。

- □ **emission** [imíʃən]　名 排出、排気
  源 e (外に) + mis (送る) + sion (〜すること)
  control carbon dioxide *emissions*　二酸化炭素の排出を抑える

- □ **admit** [ədmít]　動 認める
  源 ad (〜に) + mit (送る)　▶ 〜に送る (ことを認める)
  He *admitted* his mistake.　彼は自分のミスを認めた。

- □ **admission** [ədmíʃən]　名 入場許可、入場料
  源 ad (〜に) + mis (送る) + sion (〜すること)
  Admission free.　入場無料 (掲示)

- □ **commit** [kəmít]　動 委任する、〈罪などを〉犯す
  源 com (完全に) + mit (送る)　▶ すっかり送って (委ねる)
  commit the sale to an agent　販売を代理店に委託する

- □ **commission** [kəmíʃən]　名 委任、手数料
  源 com (完全に) + mis (送る) + sion (〜すること)
  charge a ten percent *commission*　10%の手数料を請求する

- □ **committee** [kəmíti]　名 委員会
  源 com (完全に) + mit (送る) + ee (〜される人)
  organize an election *committee*　選挙委員会を組織する

- □ **omit** [əmít]　動 省く

> 源 o（反対の）+ mit（送る） ▶ 別の所へ送る→無視する
> I'll *omit* the details.　詳細は省きます。

□ permit [pərmít]　動 許す、許可する

> 源 per（〜を通して）+ mit（送る） ▶ 〜を通して送る（ことを許す）
> if the weather *permits*　もし天候が許せば

□ remit [rɪmít]　動 送金する

> 源 re（後ろに）+ mit（送る）
> I'll *remit* the balance immediately.　残金をすぐに送金します。

□ submit [səbmít]　動 服従させる、提出する

> 源 sub（下に）+ mit（送る） ▶ （人を）下に送る
> *submit* a report to the boss　上司に報告書を提出する

□ transmit [trænzmít]　動 運ぶ、伝える

> 源 trans（向こうに）+ mit（送る）
> *transmit* a message correctly　伝言を正確に伝える

□ intermittent [ìntərmítnt]　形 断続的な

> 源 inter（間に）+ mit（送る）+ ent（〜な）
> cloudy with *intermittent* rain　曇りときどき雨

■ 語源ネットワーク

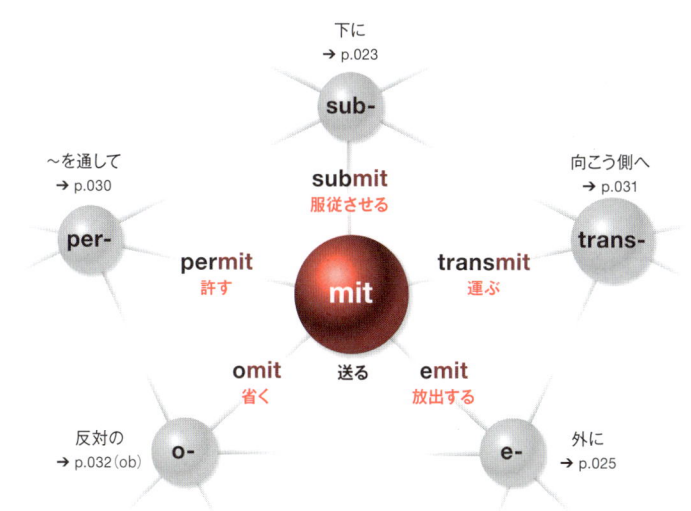

下に → p.023
sub-
submit 服従させる

〜を通して → p.030
per-
permit 許す

向こう側へ → p.031
trans-
transmit 運ぶ

mit 送る

omit 省く

emit 放出する

反対の → p.032 (ob)
o-

外に → p.025
e-

131

message [mésɪdʒ] 名 伝言

源 mess (送る) + age (〜するもの)

May I take a *message*? 伝言を承りましょうか。

▶ messenger 名 使者

語根 miss、mess、mise 送る

mission [míʃən] 名 使命、使節

源 miss (送る) + ion (〜すること)

I completed my *mission*. 私は任務を完遂した。

dismiss [dɪsmís] 動 解雇する

源 dis (離れて) + miss (送る) ▶ 離れた所へ送る

He was *dismissed* from his post. 彼は職を解雇された。

promise [práməs] 名 約束 動 約束する

源 pro (前に) + mise (送る) ▶ 前もって送る

Keep your *promise*. 約束を守りなさい。

compromise [kámprəmàɪz] 名 妥協 動 妥協する

源 com (共に) + pro (前に) + mise (送る) ▶ 共に約束する

I had to *compromise* with him. 彼と妥協せざるを得なかった。

missile [mísl] 名 ミサイル

源 miss (送る) + ile (〜する能力)

▶ 送ることができるもの→飛び道具

compress [kəmprés] 動 圧縮する

源 com (共に) + press (押す)

The report has to be *compressed*. 報告は圧縮する必要がある。

語根 press 押す

4 行為・動作

> pressは「押す」という意味の語根で、そのままpress（押す）という動詞に使われています。-pressで終わる語を名詞形にすると、多くは-pressionとなります。

□ depress [dɪprés]　動 落胆させる
源 de（下に）+ press（押す）
The result *depressed* me.　その結果に私は落胆した。

□ depression [dɪpréʃən]　名 不景気、憂うつ
源 de（下に）+ press（押す）+ ion（～すること）
They survived the *depression*.　彼らは不況を切り抜けた。

□ express [ɪksprés]　動 表現する　形 急行の
源 ex（外に）+ press（押す）　▶（中にある考えを）外に押し出す
Express your opinion clearly.　意見をはっきり表現しなさい。
▸ expression　名 表現

□ impress [ɪmprés]　動 感銘を与える
源 im（上に）+ press（押す）　▶（心の）上に押しつける
The picture *impressed* me.　その絵は私に感銘を与えた。
▸ impression　名 印象

□ pressing [présɪŋ]　形 緊急の
源 press（押す）
meet a *pressing* need　差し迫った必要を満たす

□ pressure [préʃər]　名 圧力
源 press（押す）+ ure（～するもの）
high blood *pressure*　高血圧

プラスα

□ suppress（抑圧する）　□ oppress（しいたげる）
□ impressionism（印象派）

第2章　語根

■ 語源ネットワーク

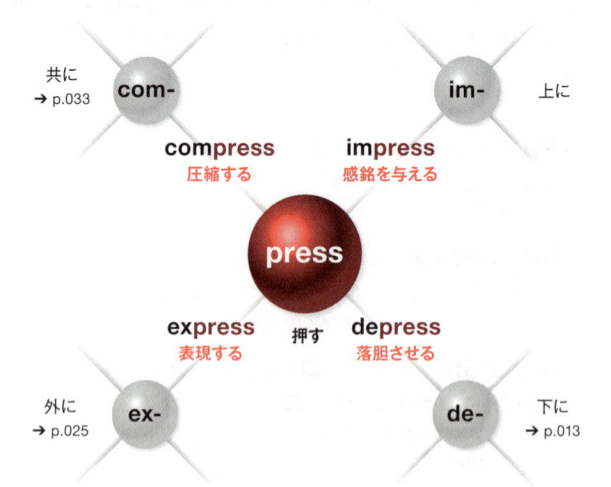

共に → p.033　**com-** → **compress** 圧縮する
上に　**im-** → **impress** 感銘を与える
press 押す
外に → p.025　**ex-** → **express** 表現する
下に → p.013　**de-** → **depress** 落胆させる

attract [ətrǽkt] 動 魅了する

源 at (〜へ) + tract (引く) ▶ 引きつける
I was *attracted* by her voice.　私は彼女の声に魅了された。

語根 **trac、tract、trail、train、treat、tire　引く**

trac、tractは「引く」の意味の語根で、-tractで終わる動詞の名詞形は、しばしば-tractionとなります。trail、train、treat、tireなどの異形もあり、train (列車) も「引っ張る」の意味から生まれた語です。

tractor [trǽktər]　名 トラクター、牽引車
源 tract (引く) + or (〜するもの)

contract　名 契約 [kάntrækt]　動 契約する [kəntrǽkt]
源 con (共に) + tract (引く) ▶ 共に引き合って (取引する)
make a contract with them　彼らと契約を結ぶ

4 行為・動作

- □ **contractor** [kάntræktər]　名 請負業者、土建業者
  - 源 con (共に) + tract (引く) + or (〜するもの)
  - hire a local *contractor*　地元の土建業者を雇う

- □ **distract** [dɪstrǽkt]　動 〈注意を〉散らす、気晴らしさせる
  - 源 dis (離れて) + tract (引く)　▶ 引き離す
  - My attention was *distracted* by the noise.　騒音で気が散った。

- □ **extract**　動 抽出する [ɪkstrǽkt]　名 抽出物、引用 [ékstrækt]
  - 源 ex (外へ) + tract (引く)
  - *extract* an example from a book　本から例を抽出する
  - ▶ 日本語の「エキス (抽出物)」はこの語に由来します。

- □ **abstract** [ǽbstrækt]　形 抽象的な
  - 源 abs (離れて) + tract (引く)　▶ (具体から) 引き出す
  - appreciate *abstract* art　抽象美術を鑑賞する

- □ **trace** [tréɪs]　動 追跡する　名 形跡、痕跡
  - 源 trac (引く)
  - *trace* the history of music　音楽の歴史をたどる

- □ **track** [trǽk]　名 軌道、進路
  - 源 trac (引く)
  - get one's business on *track*　事業を軌道に乗せる

- □ **trail** [tréɪl]　動 引きずる　名 小道、跡
  - 源 trail (引く)
  - Her dress *trailed* behind her.　彼女はドレスを引きずって歩いた。
  - ▶ trailer　名 トレーラー、運搬車両

- □ **retreat** [rɪtríːt]　動 後退する　名 後退
  - 源 re (後ろに) + treat (引く)
  - He *retreated* into his room.　彼は部屋に引っこんだ。

- □ **retire** [rɪtάɪər]　動 引退する、定年退職する
  - 源 re (後ろに) + tire (引く)　▶ 引き下がる
  - He *retired* at the age of 65.　彼は65歳で引退した。

プラスα

- □ **subtract** (引き算する、控除する)
- □ **portrait** (肖像画)
- □ **treat** (扱う)

第 2 章　語根

■ 語源ネットワーク

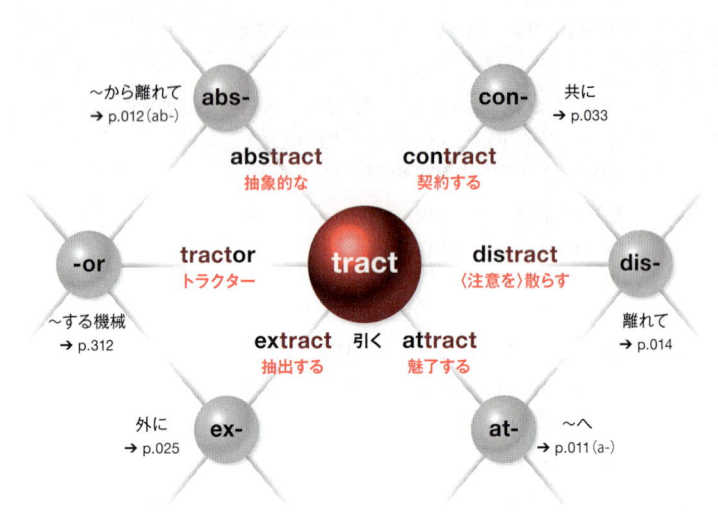

- abs- 〜から離れて → p.012 (ab-)
- con- 共に → p.033
- -or 〜する機械 → p.312
- dis- 離れて → p.014
- ex- 外に → p.025
- at- 〜へ → p.011 (a-)

tract 引く

- abstract 抽象的な
- contract 契約する
- tractor トラクター
- distract 〈注意を〉散らす
- extract 抽出する
- attract 魅了する

□ debate [dɪbéɪt] 名 討論　動 討論する

源 de（下に）+ bat（打つ、たたく）▶ 打ち倒す
We had a heated *debate*.　我々は激論を交わした。

語根 bat、beat　打つ、たたく

野球のバット（bat）からもわかるとおり、bat は「打つ、たたく」という意味の語根です。beat（打つ）も同じ語源の語です。

- □ **bat** [bǽt]　名 バット
  - 源 bat（打つ）

- □ **rebate** [ríːbeɪt]　名 割り戻し
  - 源 re（再び）+ bat（打つ）
  - get a ten percent *rebate*　10%の割り戻しを受ける
  - ▶日本語の「リベート、袖の下」に当たる語は kickback。

136

- □ **battle** [bǽtl]　名 戦い
  - 源 bat (打つ) + le (〜すること)
- □ **combat** [kámbæt]　名 戦闘
  - 源 com (共に) + bat (打つ)
- □ **battery** [bǽtəri]　名 電池
  - 源 bat (打つ) + ery (〜するもの)　▶ 砲列、砲台
- □ **beat** [bíːt]　動 打つ、打ち負かす
  - 源 beat (打つ)
  - I can't *beat* him in tennis.　テニスでは彼に勝てない。

□ **defend** [dɪfénd] 動 守る

源 de (離れて) + fend (打つ)　▶ 打ち倒す→ (敵から) 守る

defend one's country against terrorism　国をテロから守る

語根 fend　打つ

車の泥よけをフェンダー (fender) と言いますが、ここには「打つ」の意味を表すfendという語根が含まれています。

- □ **offend** [əfénd]　動 怒らせる
  - 源 of (〜に対して) + fend (打つ)　▶ 〜に対して殴る
  - I was *offended* by his rudeness.　私は彼の無作法に立腹した。
  - ▶ スポーツでは守備側をディフェンス (defense)、攻撃側をオフェンス (offense) と言いますが、動詞のoffendは「攻撃する」の意味ではない点に注意。

プラスα

□ fence (塀)　□ fencing (フェンシング)

conflict [kánflɪkt] 名 衝突、葛藤

源 con (共に) + flict (打つ) ▶ ぶつかり合う

handle a *conflict* of opinion　意見の対立を処理する

語根 **flict　打つ**

afflict [əflíkt]　動 苦しめる
源 af (〜へ) + flict (打つ)
She is *afflicted* with hay fever.　彼女は花粉症で苦しんでいる。

inflict [ɪnflíkt]　動 〈負担を〉負わせる
源 in (上に) + flict (打つ)
inflict punishment *on* a boy　少年に罰を与える

inject [ɪndʒékt] 動 注射する、注入する

源 in (中に) + ject (投げる)

be *injected* with a vaccine　ワクチンを注射される
▶ injection　名 注射 (shot)、注入

語根 **ject　投げる**

-jectで終わる動詞の名詞形は-jectionとなります。

object　動 反対する [əbdʒékt]　名 物体、目的 [ábdʒɪkt]
源 ob (反対) + ject (投げる)
object to a proposal　提案に反対する
▶ objection　名 反対、objective　名 目標

reject [rɪdʒékt]　動 拒絶する
源 re (再び) + ject (投げる) ▶ 投げ返す
reject a reform plan　改革案を拒絶する
▶ rejection　名 拒絶

□ subject [sʌ́bdʒekt]　名 主題、話題、教科

源 sub (下に) + ject (投げる)　▶ 下に投げられて (対象になったもの)
Let's change the *subject*.　話題を変えよう。

プラス α

□ adjective (形容詞)　□ eject (追い出す)　□ jet plane (ジェット機)

jet planeのjet (噴射 (の)) も「投げる」という語根から生まれたものです。

□ capture [kǽptʃər]　動 捕らえる

源 cap (つかむ) + ure (〜すること)
The ad *captured* people's attention.　その広告は人々の注意を引いた。

語根 cap　取る、つかむ

「取る、つかむ」という意味の語根は数多くあり、その1つがcapです。

□ captivate [kǽptəvèɪt]　動 魅了する

源 cap (取る、つかむ) + ate (〜にする)
His song *captivated* the audience.　彼の歌は聴衆を魅了した。
▶ captive　名 捕虜、形 捕獲 [魅了] された

□ capable [kéɪpəbl]　形 能力がある

源 cap (取る、つかむ) + able (〜できる)
be *capable* of teaching English　英語を教える能力がある

□ capacity [kəpǽsəti]　名 能力、収容力

源 cap (広々とした) + ity (〜こと)
the seating *capacity* of a theater　劇場の収容能力

□ caption [kǽpʃən]　名 キャプション

源 cap (取る、つかむ) + tion (〜すること)

プラスα

- ☐ capsule (カプセル) ☐ chase (追跡する)
- ☐ purchase (購入 (する))

receive [rɪsíːv] 動 受け取る

源 re (後ろに) + ceiv (取る) ▶ 取り戻す

receive an invitation to a ceremony　式の招待状を受け取る

語根 ceiv、cept　取る、つかむ

> ceiv、ceptも「取る、つかむ」の意味の語根です。動詞は-ceiveの語尾を持ち、それに対応する名詞は-cept、-ceptionの形になります。

☐ conceive [kənsíːv]　動 思いつく、想像する

源 con (共に) + ceiv (取り入れる) ▶ (心に) 受け入れる

conceive a bold plan　大胆な計画を思い描く

☐ deceive [dɪsíːv]　動 だます

源 de (離れて) + ceiv (つかむ) ▶ (真実から) 離れてつかむ

deceive him *into* buying land　彼をだまして土地を買わせる

▶ deception　名 だますこと

☐ perceive [pərsíːv]　動 気づく、理解する

源 per (完全に) + ceiv (つかむ)

perceive a change in his attitude　彼の態度の変化に気づく

▶ perception　名 知覚

☐ concept [kánsept]　名 概念

源 con (共に) + cept (取り入れる)

develop a new *concept*　新しい概念を生みだす

☐ reception [rɪsépʃən]　名 接待、歓迎会

源 re (後ろに) + cept (取る) + ion (～すること)

hold a *reception* for them　彼らの歓迎会を催す

4 行為・動作

□ receipt [rɪsíːt] 名 領収書
- 源 re (後ろに) + ceipt (取る)
- I forgot to get a *receipt*.　領収書をもらい忘れた。

□ accept [əksépt] 動 受け入れる
- 源 ac (〜へ) + cept (取る)
- I don't *accept* what he said.　彼の言ったことは受け入れない。

□ except [ɪksépt] 前 〜を除いて
- 源 ex (外に) + cept (取る)　▶ 外に取り出す
- I'm free *except* Friday.　金曜日以外は空いています。

□ exception [ɪksépʃən] 名 例外
- 源 ex (外に) + cept (取る) + ion (〜すること)　▶ 外に取り出すこと
- an *exception* to the rule　その規則の例外

□ intercept [ìntərsépt] 動 横取りする、妨げる
- 源 inter (間に) + cept (取る)
- *intercept* him at the station　彼を駅でとどめる

■ 語源ネットワーク

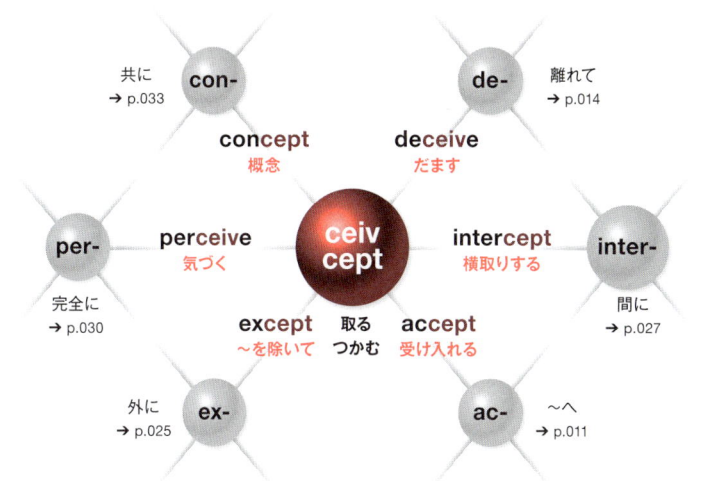

- con- 共に → p.033
- concept 概念
- de- 離れて → p.014
- deceive だます
- per- 完全に → p.030
- perceive 気づく
- ceiv / cept 取る / つかむ
- intercept 横取りする
- inter- 間に → p.027
- ex- 外に → p.025
- except 〜を除いて
- accept 受け入れる
- ac- 〜へ → p.011

141

プラスα

- □ anticipate (期待する) 〈cipate＝取る〉
- □ occupy (占める) 〈cup＝取る〉　□ occupation (職業)
- □ recipe (調理法)　□ participate (参加する)

□ assume [əs(j)úːm] 動 仮定する

源 as (～へ) + sum (取る)

Let's *assume* that he is innocent.　彼が無実だと仮定してみよう。
▶ assumption 名 仮定

語根 sum　取る

sumも「取る」の意味の語根で、さまざまな接頭辞と結びついて動詞を作ります。-sumeで終わる動詞の名詞形は-sumptionとなります。

□ consume [kəns(j)úːm]　動 消費する

源 com (完全に) + sum (取る)
consume a lot of gas　多くのガソリンを消費する
▶ consumption 名 消費、consumer 名 消費者

□ presume [prɪz(j)úːm]　動 推定する

源 pre (前に) + sum (取る) ▶ 前もって取る
presume them to be alive　彼らが生きていると推定する

□ resume [rɪz(j)úːm]　動 再開する

源 re (再び) + sum (取る)
Bus service was *resumed* soon.　バスの便はすぐに再開された。
▶ 同じつづりの名詞résuméは「レジュメ、履歴書」の意味。こちらは [rézəmèɪ] と読みます。

■ 語源ネットワーク

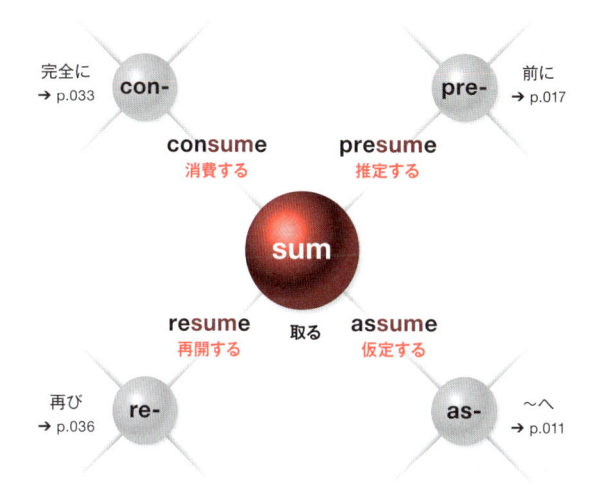

- 完全に con- → p.033
- consume 消費する
- 前に pre- → p.017
- presume 推定する
- sum 取る
- resume 再開する
- assume 仮定する
- 再び re- → p.036
- 〜へ as- → p.011

□ **comprehend** [kàmprɪhénd] 動 理解する

源 com（共に）+ prehend（捕らえる） ▶ 共につかみとって（理解する）
comprehend what happened　何が起きたかを理解する
▶ comprehension 名 理解（力）
聞き取り（ヒアリング）の力はlistening comprehensionです。

語根 prehend、pri、pris　捕らえる

prehendはpre（前）とhend（＝hold保つ）が組み合わされた語根で、「捕らえる」という意味です。pri、prisなどの異形もあります。

□ **comprise** [kəmpráɪz] 動 含む、構成する
源 com（共に）+ pris（捕らえる） ▶ 共に取り入れる
The group *comprises* ten members.　その団体は10人から成る。

□ **enterprise** [éntərpràɪz] 名 事業、企業
源 enter（間に）+ pris（捕らえる） ▶（事業を手の）間につかむ
set up an *enterprise*　企業を設立する

surprise [sərpráɪz]　動 驚かせる　名 驚き

源 sur（上から）+ pris（捕らえる）▶ 不意をつく
The news *surprised* us.　その知らせは我々を驚かせた。

prison [prízn]　名 刑務所

源 pris（捕らえる）
run away from *prison*　脱獄する
▶ imprison　動 刑務所に入れる

プラスα

- [ ] apprehend（懸念する）　　[ ] reprehend（非難する）
- [ ] apprentice（見習い、実習生）　[ ] prey（餌食）

propeller [prəpélər]　名 プロペラ

源 pro（前に）+ pel（押す）+ er（〜する道具）

語根 pel、puls　駆り立てる、押す

飛行機のプロペラ（propeller）は、propel（推進する）という動詞に「〜する道具」の意味を表す -er を加えたものです。

propel [prəpél]　動 推進する

源 pro（前に）+ pel（押す）
be *propelled* by ambition　野心に駆り立てられる

compel [kəmpél]　動 強制する

源 com（完全に）+ pel（押す）▶ 完全に押しつける
Illness *compelled* him to lose his job.　彼は病気で失業した。
▶ compulsory　形 強制的な
「義務教育」は compulsory education と言います。

dispel [dɪspél]　動 払いのける

源 dis（離れて）+ pel（押す）
All doubts were *dispelled*.　全ての疑いが晴れた。

4 行為・動作

□ expel [ɪkspél] 動 追放する
源 ex (外に) + pel (押す)
He was *expelled from* school.　彼は退学になった。

□ pulse [pʌ́ls] 名 脈拍
源 puls (駆り立てる)
The doctor took my *pulse*.　医者は私の脈を取った。

□ impulse [ímpʌls] 名 衝動
源 im (中に) + puls (押す)
Impulse buying is my bad habit.　衝動買いは私の悪癖だ。

□ apply [əpláɪ] 動 適用する

源 ap (〜へ) + ply (重ねる)　▶ 〜に重ねる→当てはめる
apply a rule *to* a case　事例にルールを適用する
▶ application 名 適用、(パソコンの) アプリ

語根 ply、ploy、ploi、pli、plic　折る、重ねる、包む

pl(o)y、pli(c)は「折る、重ねる、包む」などの意味を示す語根です。plyには次の項で述べるように「満たす」の意味もあり、-plyで終わる動詞はどちらかの語源から生まれたものです。

□ imply [ɪmpláɪ] 動 暗示する、含む
源 im (中に) + ply (含む)
His silence *implied* disagreement.　彼の沈黙は不同意を暗示した。
▶ implicit 形 暗示的な。反意語はexplicit (明白な)。

□ reply [rɪpláɪ] 名 返答　動 返答する
源 re (返す) + ply (折る)　▶ 折り返す
make a prompt *reply*　迅速に返事をする

□ comply [kəmpláɪ] 動 従う
源 com (完全に) + ply (満たす)
I *complied with* his request.　私は彼の要望に従った。
▶ compliance 名 法律の順守、コンプライアンス

第2章　語根

- **employ** [ɪmplɔ́ɪ] 　動 雇う
  - 源 em（中に）+ ploy（包む）
  - The manager *employed* her.　経営者は彼女を雇った。

- **exploit** [ɪksplɔ́ɪt] 　動 開発する、搾取する
  - 源 ex（外に）+ ploi（重ねる）　▶ 折り重なったものを開く
  - *exploit* land for agriculture　土地を農業用に開発する

- **complicated** [kɑ́mpləkèɪtɪd] 　形 複雑な
  - 源 com（共に）+ plic（重ねる）+ ated（〜にされた）
  - solve a *complicated* puzzle　複雑なパズルを解く

- **duplicate** [d(j)úːplɪkət] 　形 写しの、複製の　名 写し、複製
  - 源 du（2つの）+ plic（重ねる）+ ate（〜にする）
  - ▶ 2つに折り重なるようにする
  - I have a *duplicate* key.　合鍵を持っています。

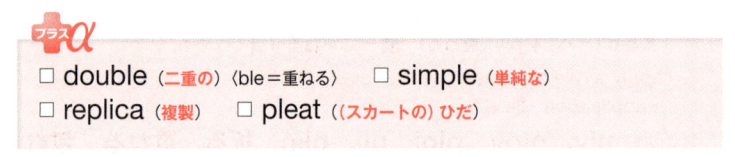

プラスα

- double（二重の）〈ble＝重ねる〉
- simple（単純な）
- replica（複製）
- pleat（（スカートの）ひだ）

■ 語源ネットワーク

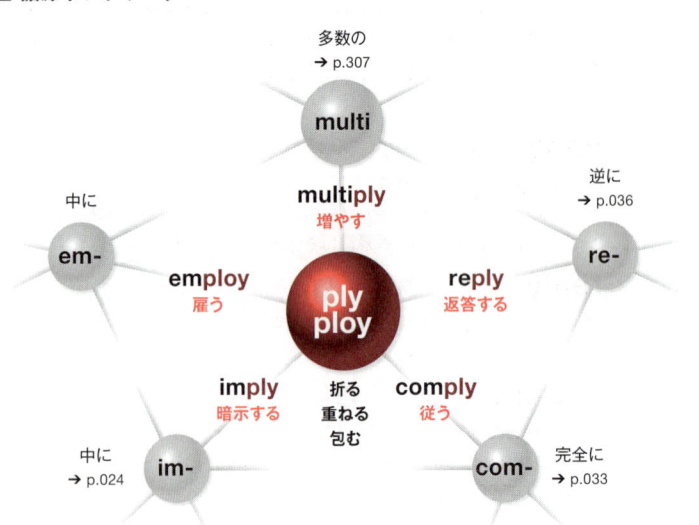

ply / ploy　折る・重ねる・包む

- multi（多数の → p.307）― **multiply** 増やす
- em-（中に）― **employ** 雇う
- im-（中に → p.024）― **imply** 暗示する
- com-（完全に → p.033）― **comply** 従う
- re-（逆に → p.036）― **reply** 返答する

4 行為・動作

□ complete [kəmplíːt]　形 完全な　動 完成する

源 com (完全に) + plet (満たす)
a *complete* record of an event　出来事の完全な記録

語根 **plet、ple、pli、ply　満たす**

□ complement　動 補足する [kámpləmènt]　名 補足物、定員 [kámpləmənt]
源 com (完全に) + ple (満たす) + ment (〜するもの)
complement knowledge with experience　知識を経験で補う
▶ complementary　形 補足的な

□ compliment
名 賛辞 [お世辞] [kámpləmənt]　動 賛辞 [お世辞] を言う [kámpləmènt]
源 com (完全に) + pli (満たす) + ment (〜するもの)
Thank you for *compliments*.　ほめてくれてありがとう。
▶ 形容詞のcomplimentaryは「賛辞の」から転じて「優待の、無料の」の意味でも使います。a complimentary ticketは「(無料) 優待券」です。

□ implement　名 道具 [ímpləmənt]　動 実行する [ímpləmènt]
源 im (中を) + ple (満たす) + ment (〜するもの)
a company selling medical *implements*　医療器具を売る会社

□ supplement [sápləmənt]　名 補充
源 sup (十分に) + ple (満たす) + ment (〜するもの)
need *supplements* of vitamin　ビタミンのサプリメントを必要とする
▶ 日本語で「サプリ (メント)」と言えば、健康補助食品 (food supplement) のこと。

□ plenty [plénti]　名 たくさん
源 ple (満たす) + ty (〜な状態)
a *plenty* of sightseeing spots　たくさんの観光地

□ replenish [ripléniʃ]　動 補充する
源 re (再び) + ple (満たす) + ish (〜する)
replenish a copier with paper　コピー機に紙を補充する

□ accomplish [əkámpliʃ]　動 成し遂げる
源 ac (〜へ) + com (完全に) + pli (満たす) + sh (〜する)
He *accomplished* his mission.　彼は使命を完遂した。

- **supply** [səpláɪ]　動 供給する　名 供給
  - 源 sup（十分に）+ ply（満たす）
  - *supply* the victims *with* food　被災者に食糧を供給する

appoint [əpɔ́ɪnt]　動 任命する

源 ap（～へ）+ point（突き刺す）
I was *appointed* chairperson.　私は議長に任命された。

語根　point、punc　点、先端、突き刺す

pointは「点、先端、突き刺す」という意味の語根です。puncなどの異形もあり、punch（パンチ、殴る）も同語源の語です。

- **disappoint** [dìsəpɔ́ɪnt]　動 失望させる
  - 源 dis（～しない）+ ap（～へ）+ point（突き刺す）
  - ▶ 指名しない→失望させる
  - I was *disappointed* at the movie.　私はその映画に失望した。
- **pinpoint** [pínpɔ̀ɪnt]　動 正確に指摘する
  - 源 pin（ピン）+ point（先端）
  - He *pinpointed* the problem.　彼は問題を正確に指摘した。
- **pointed** [pɔ́ɪntɪd]　形 先のとがった
  - 源 point（先端）
  - She has a *pointed* nose.　彼女の鼻はとがっている。
- **punctual** [pʌ́ŋktʃuəl]　形 時間を守る
  - 源 punc（点）+ al（～な）
  - I was told to be *punctual*.　私は時間を守るように言われた。
- **punch** [pʌ́ntʃ]　動 殴る　名 パンチ
  - 源 punc（突き刺す）

プラスα

□ puncture（パンク）　□ punctuation（句読点）

habit [hǽbət] 名 習慣

源 habit（保つ） ▶ 保っているもの

語根 habit、hibit　保つ、持つ

exhibit [ɪɡzíbɪt]　動 展示する
源 ex（外へ）+ hibit（持つ）
exhibit newly-developed models　新開発のモデルを展示する
▶ exhibition 名 展示

inhibit [ɪnhíbət]　動 抑制する、妨げる
源 in（中に）+ hibit（保つ）
inhibit the functions of the stomach　胃の働きを抑える
▶ inhibition 名 抑制

prohibit [proʊhíbət]　動 禁止する
源 pro（前に）+ hibit（保つ）▶ 保管しておく→引き止める→禁止する
Smoking is *prohibited* here.　ここでは喫煙が禁止されている。
▶ prohibition 名 禁止

inhabit [ɪnhǽbət]　動 住む
源 in（中に）+ habit（保つ）
Many animals *inhabit* the woods.　その森には多くの動物が住む。
▶ inhabitant 名 住人

habitual [həbítʃuəl]　形 習慣的な
源 habit（保つ）+ al（～な）
make a *habitual* excuse　いつもの言い訳をする

プラスα

□ habitat（生息地）　□ cohabit（同棲する）
□ habitable（住むのに適した）

第2章　語根

■ 語源ネットワーク

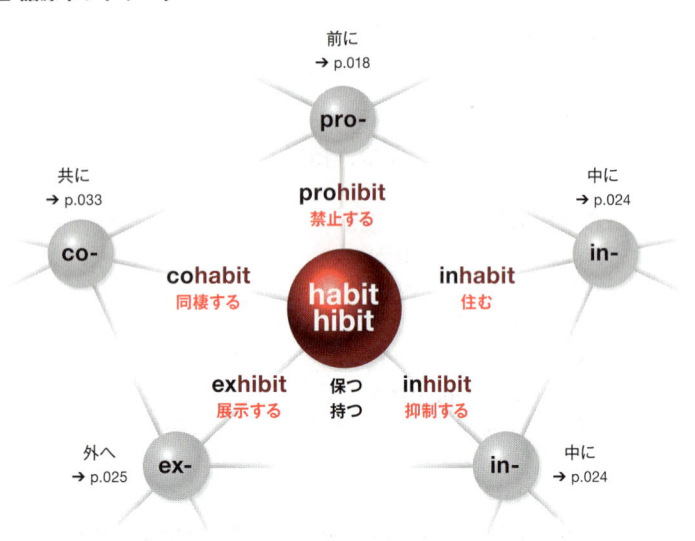

- 前に → p.018 **pro-**
- 共に → p.033 **co-**
- 中に → p.024 **in-**
- 外へ → p.025 **ex-**
- 中に → p.024 **in-**

habit / hibit 保つ、持つ

- prohibit 禁止する
- cohabit 同棲する
- inhabit 住む
- exhibit 展示する
- inhibit 抑制する

☐ **factory** [fǽktəri] 名 工場

源 fact (作る、する) + ory (場所)

The auto *factory* closed down.　その自動車工場は閉鎖した。

語根 **fac、fact、fic、fect、feat**　作る、する

fac(t)は「作る、する」の意味の語根で、fic、fec(t)などの異形があります。例えばfiction (フィクション) は「作りごと」が原義です。

☐ **fact** [fǽkt]　名 事実

源 fact (する)　▶ なされたこと

☐ **faculty** [fǽkəlti]　名 能力、機能

源 fac (作る) + ty (〜するもの)　▶ 作る能力

He has a *faculty* for management.　彼には経営能力がある。

4 行為・動作

□ facility [fəsíləti]　名 施設、容易さ
源 fac (する) + ity (〜するもの)
build a *facility* for elderly people　高齢者向けの施設を作る
▶ facilitate 動 促進する、facile 形 容易な

□ affect [əfékt]　動 影響する
源 af (〜へ) + fect (する)　➡ 〜に働きかける
Heavy drinking *affects* your health.　深酒は体に影響する。

□ affection [əfékʃən]　名 愛情
源 af (〜へ) + fect (する) + ion (こと)
I have a deep *affection* for her.　私は彼女を深く愛している。

□ defect [díːfekt]　名 欠点
源 de (離れて) + fect (する)　➡ (完全な状態から) 遠ざける
point out a fatal *defect*　致命的な欠陥を指摘する

□ effect [ɪfékt]　名 効果
源 ef (完全) + fect (する)　➡ 成しとげられたもの
The drug has an immediate *effect*.　その薬は即効性がある。

□ infect [ɪnfékt]　動 伝染する
源 in (中に) + fect (する)　➡ 中に作用する
a patient *infected with* AIDS　エイズに感染した患者

□ deficient [dɪfíʃənt]　形 不足した
源 de (離れて) + fic (する) + ient (〜な)
He is *deficient in* courage.　彼には勇気が足りない。

□ efficient [ɪfíʃənt]　形 効率的な、有能な
源 ef (完全に) + fic (する) + ient (〜な)　➡ 完全に作り上げられた
This car is fuel-*efficient*.　この車は燃料効率がいい。

□ proficient [prəfíʃənt]　形 熟達した
源 pro (前に) + fic (する) + ient (〜な)　➡ 前進する
She is *proficient in* English.　彼女は英語に熟達している。

□ sufficient [səfíʃənt]　形 十分な
源 suf (下に) + fic (作る) + ient (〜な)
He has a *sufficient* income.　彼には十分な収入がある。

□ fiction [fíkʃən]　名 フィクション
源 fic (作る) + tion (〜するもの)

deficit [défəsɪt]　名 赤字

源 de（離れて）+ fic（する）
The trade *deficit* is growing.　貿易赤字が増大している。

feat [fíːt]　名 偉業、妙技

源 feat（する）
admire him for his brave *feat*　彼の勇敢な偉業を賞賛する

defeat [dɪfíːt]　動 打ち負かす　名 敗北

源 de（離れて）+ feat（する）　▶ 遠ざける
defeat a rival in tennis　テニスでライバルに勝つ

feature [fíːtʃər]　名 特徴

源 feat（作る）+ ure（〜するもの）　▶ 作られたもの
have a distinctive *feature*　顕著な特徴を持つ

プラスα

- confectionery（菓子）
- faction（派閥）
- fashion（流行）
- manufacture（製造する）
- perfect（完全な）
- sacrifice（いけにえ、犠牲）

---

elect [ɪlékt]　動 選ぶ

源 e（外へ）+ lect（選ぶ）　▶ 選び出す
elect her captain of the team　彼女をチームの主将に選ぶ

語根　lect、leg、lig、leag　選ぶ、集める

> lectは「選ぶ、集める」という意味を表す語根で、そこから「読む、話す」などの意味も持つようになりました。leg、lig、leagなどは異形です。

election [ɪlékʃən]　名 選挙

源 e（外に）+ lect（選ぶ）+ ion（〜すること）
The candidate won the *election*.　その候補者は選挙に勝った。

4 行為・動作

- □ **collect** [kəlékt] 動 集める
  - 源 col (共に) + lect (集める)
  - *collect* old coins 古いコインを集める

- □ **select** [səlékt] 動 選ぶ
  - 源 se (離れて) + lect (選ぶ) ▶ 分けて選び出す
  - *select* the best book of the year 年間で最も優れた本を選ぶ

- □ **dialect** [dáɪəlèkt] 名 方言
  - 源 dia (分かれて) + lect (集める)
  - speak in a local *dialect* 現地の方言で話す

- □ **intellect** [íntəlèkt] 名 知性
  - 源 intel (〜の間) + lect (選ぶ) ▶ 〜から選び出す (力)
  - a person with high *intellect* 高い知性の持ち主

- □ **neglect** [nɪglékt] 動 無視する
  - 源 neg (〜しない) + lect (集める) ▶ 集めることを怠る
  - The problem has been *neglected*. その問題は無視されている。
  - ▶ negligible 形 取るにたりない

- □ **recollect** [rèkəlékt] 動 思い出す
  - 源 re (再び) + col (共に) + lect (集める)
  - *recollect* hearing the voice その声を聞いたことを思い出す

- □ **lecture** [léktʃər] 名 講義 動 講義する
  - 源 lect (読む) + ure (〜すること) ▶ 選んだものを読む
  - give a *lecture* to students 学生たちに講義をする

- □ **legend** [lédʒənd] 名 伝説
  - 源 leg (読まれる) + end (〜するもの) ▶ 読まれるべきもの
  - He is a living *legend*. 彼は生きながらにして伝説である。

- □ **eligible** [élədʒəbl] 形 適格の
  - 源 e (外に) + lig (選ぶ) + ble (〜できる) ▶ 選び出されうる
  - be *eligible* for membership 会員になる資格がある

- □ **intelligence** [ɪntélɪdʒəns] 名 知能
  - 源 intel (〜の間) + lig (選ぶ) + ence (〜すること)
  - ▶ 〜から選び出す (力)
  - a method to measure *intelligence* 知能を測定する方法

☐ **colleague** [káliːg] 名 同僚
源 col (共に) + leag (集める) ▶ 共に集める人
I asked my *colleagues* for help.　私は同僚に助けを求めた。

プラスα

☐ college (大学)　☐ diligent (勤勉な)　☐ elegant (上品な)
☐ lesson (レッスン)

■ 語源ネットワーク

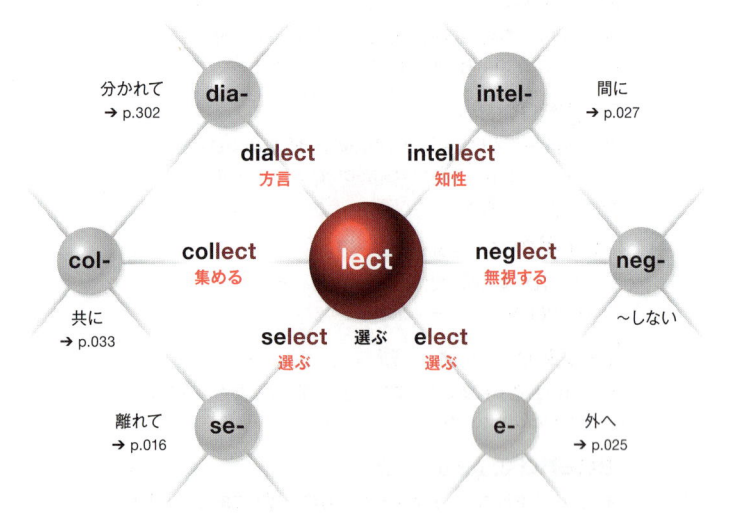

- dia- 分かれて → p.302 : **dia**lect 方言
- intel- 間に → p.027 : **intel**lect 知性
- col- 共に → p.033 : **col**lect 集める
- neg- ～しない : **neg**lect 無視する
- se- 離れて → p.016 : **se**lect 選ぶ
- e- 外へ → p.025 : **e**lect 選ぶ

中心: **lect** 選ぶ

☐ **option** [ápʃən] 名 選択(肢)

源 opt (選ぶ) + ion (〜すること)
You have broad *options*.　あなたには幅広い選択肢がある。
▶ optional 形 任意の

語根 **opt** 選ぶ

4 行為・動作

optは「選ぶ」という意味の語根で、そのままopt（選ぶ）という動詞としても使います。その名詞形がoption（選択）です。

□ **opt** [ápt]　動 選ぶ
　源 opt（選ぶ）

□ **adopt** [ədápt]　動 採用する
　源 ad（〜へ）+ opt（選ぶ）
　adopt the merit system　能力主義を採用する

□ **concern** [kənsə́ːrn]　動 関係する　名 関係、関心

　源 con（共に）+ cern（区別する）
　The problem *concerns* us all.　その問題は我々全員に関係する。

語根 cern、cri、crit　ふるい分ける、区別する

cernは「ふるい分ける、区別する」という意味の語根で、criなどの異形があります。

□ **discern** [disə́ːrn]　動 見分ける
　源 dis（離れて）+ cern（区別する）
　discern good and evil　善悪を見分ける

□ **crisis** [kráisis]　名 危機
　源 cri（区別する）+ sis（〜するもの）▶ 決定的な事態
　face a food *crisis*　食糧危機に直面する

□ **criterion** [kraitíəriən]　名 （判断の）基準
　源 crit +（区別する）+ erion〔名詞を作る語尾〕
　criterion for hiring part-timers　パート従業員を雇う基準
　▶ 複数形はcriteria

□ **criticize** [krítəsàiz]　動 批判する
　源 crit +（区別する）+ ic〔形容詞を作る語尾〕+ ize（〜する）
　criticize him *for* his carelessness　彼の不注意を批判する

第2章　語根

□ **discriminate** [dɪskrímənèɪt]　動 差別する
源 dis (離れて) + cri (区別する) + ate (〜する)
discriminate against foreigners　外国人を差別する

プラスα

□ **discreet** (分別のある)　　□ **hypocrisy** (偽善)

□ **contribute** [kəntríbjuːt]　動 貢献する、寄付する

源 con (共に) + tribut (授ける)
contribute to the community chest　共同募金に寄付する

語根 **tribut**　授ける、分配する

> tributは「授ける、分配する」を意味する語根です。音楽で「トリビュート・アルバム」という言葉がありますが、このtributeは「貢ぎ物、感謝の言葉」の意味です。

□ **attribute** [ətríbjuːt]　動 〈原因を〉帰する
源 at (〜へ) + tribut (授ける)
attribute a disease *to* stress　病気の原因をストレスと考える

□ **distribute** [dɪstríbjuːt]　動 分配する
源 dis (離れて) + tribut (分配する)
distribute fliers *to* passers-by　通行人にちらしを配る

□ **tribute** [tríbjuːt]　名 賛辞、記念品
源 tribut (授ける)
deliver a *tribute* to supporters　支持者に賛辞を送る

□ **introduce** [ìntrəd(j)úːs]　動 紹介する、導入する

源 intro (中に) + duc (導く)

introduce a new system　新しいシステムを導入する
▶ introduction　名 紹介、導入

語根 duc、duct　導く

duc(t) は「導く」という意味の語根です。排気などの管を「ダクト」と言いますが、これは英語のduct（導管）という語からきたものです。この語根は、-duceで終わるさまざまな動詞を作ります。-duceで終わる動詞の名詞形は-duction となります。

conduct　名 行い [kándʌkt]　動 指揮する [kəndʌ́kt]
源 con (共に) + duct (導く)
Watch your *conduct*.　行動に気をつけなさい。

deduce [dɪd(j)úːs]　動 推定する、演繹する
源 de (下に) + duc (導く)
deduce the age of a fossil　化石の年代を推定する

induce [ɪnd(j)úːs]　動 引き起こす、帰納する
源 in (中に) + duc (導く)
This drug *induces* sleep.　この薬は眠気を引き起こす。

produce [prəd(j)úːs]　動 生産する、製造する
源 pro (前に) + duc (導く)
produce a documentary　ドキュメンタリーを製作する
▶ production　名 産物、製品

product [prɑ́dəkt]　名 産物、製品
源 pro (前に) + duct (導いたもの)
a shop selling marine *products*　海産物を売る店

reduce [rɪd(j)úːs]　動 減らす
源 re (後に) + duc (導く)
reduce the price by ten percent　値段を10%割り引く
▶ reduction　名 減少

educate [édʒəkèɪt]　動 教育する
源 e (外に) + duc (導く) + ate (〜する)　▶ (能力を) 外へ導き出す
She was *educated* in the U.S.　彼女は米国で教育を受けた。

プラスα

□ **seduce**（誘惑する）　□ **abduct**（誘拐する）

■ 語源ネットワーク

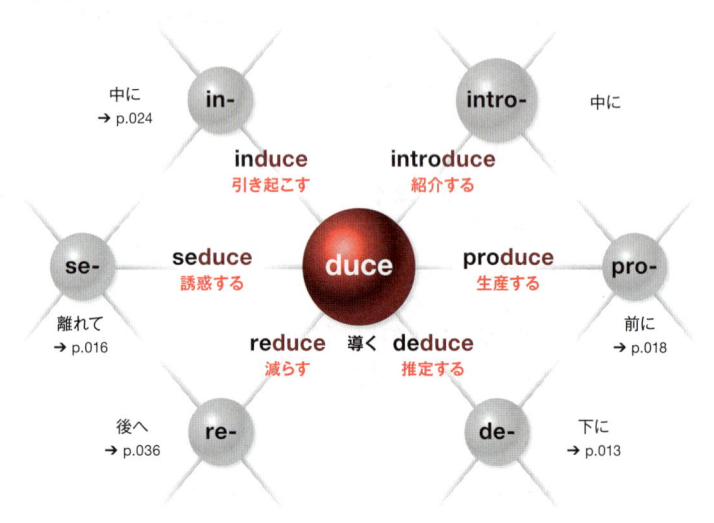

- **in-** 中に → p.024
  - **induce** 引き起こす
- **intro-** 中に
  - **introduce** 紹介する
- **se-** 離れて → p.016
  - **seduce** 誘惑する
- **duce** 導く
- **pro-** 前に → p.018
  - **produce** 生産する
- **re-** 後へ → p.036
  - **reduce** 減らす
- **de-** 下に → p.013
  - **deduce** 推定する

□ **prepare** [prɪpéər] 動 準備する

源 pre（前に）+ pare（準備する）

prepare for an examination　試験の準備をする

語根 **par、pair**　準備する

> par、pairは「準備する」という意味の語根です。例えばseparate（離れた）は「離して（se）準備する（par）」という意味がもとになっています。

□ **pare** [péər] 動 皮をむく

源 par（準備する）

pare an apple with a knife　ナイフでリンゴの皮をむく

☐ repair [rɪpéər] 動 修理する 名 修理

源 re(再び) + pair(準備する)

repair a broken roof　壊れた屋根を修理する

☐ apparatus [æpərǽtəs] 名 器具

源 ap(〜に) + par(準備する) + tus(〜するもの)
▶ 準備されたもの

install a cooling *apparatus*　冷却装置を取り付ける

☐ abuse 名 悪用、虐待 [əbjúːs]
動 悪用する、虐待する [əbjúːz]

源 ab(〜から離れて) + us(使う)　▶(本来の用途)から離れて使う

Child *abuse* is a social problem.　児童虐待は社会問題だ。

語根 us、ut　使う

us、utは「使う」の意味の語根で、use(使う)などの語に含まれています。

☐ usage [júːsɪdʒ] 名 使用(法)、語法

源 us(使う) + age(〜すること)

a book on English *usage*　英語の語法に関する本

☐ utensil [ju(ː)ténsl] 名 器具、家庭用品

源 ut(使う) + sil(もの)

deal in kitchen *utensils*　台所用品を商う

☐ utility [juːtíləti] 名 有用(なもの)

源 ut(使う) + ty(〜するもの)

payment for *utilities*　公共料金の支払い

▶ 複数形のutilitiesには「有用なもの」から転じて「電気、ガス、水道」の意味があります。

☐ utilize [júːtəlàɪz] 動 利用する

源 ut(使う) + ize(〜化する)

utilize natural resources　天然資源を利用する

- □ **usual** [júːʒuəl] 形 普通の、ふだんの
  - 源 us（使う）+ al（〜な） ▶ （ふだん）使っている

stewardess [st(j)úːərdəs] 名 スチュワーデス

源 ste（家、屋敷）+ ward（見守る）+ ess（〜する人（女性））

語根 war、ward　見張る、見守る／guard　守る

最近では飛行機の客室乗務員を表す一般的な語は flight [cabin] attendant ですが、stewardess は steward（旅客係）に女性名詞を作る -ess という語尾がついたものです。steward の war(d) は「見張る、見守る」の意味の語根で、guard（守る）と同語源です。

- □ **guard** [gáːrd]　動 守る、警戒する　名 守衛
  - 源 guard（守る）
  - *guard against* fires　火事が起きないよう警戒する
  - ▶ guardian　名 保護者

- □ **guarantee** [gæ̀rəntíː]　名 保証　動 保証する
  - 源 guaran（守る）+ ee（〜されたもの）
  - enclose a letter of *guarantee*　保証書を同封する

- □ **regard** [rɪgáːrd]　動 考える、見る
  - 源 re（後ろ）+ gard（守る）　▶ 振り返って見守る
  - *regard* a proposal *as* best　提案を最善と考える

- □ **aware** [əwéər]　形 気づいて
  - 源 a（〜に）+ war（見守る）　▶ 〜に用心深い
  - He isn't *aware of* the danger.　彼は危険に気づいていない。

- □ **warn** [wɔ́ːrn]　動 警告する
  - 源 war（見守る）
  - *warn* him *against* overwork　働きすぎないよう彼に警告する

4 行為・動作

- **warrant** [wɔ́ːrənt]　動 保証する　名 保証(書)
  - 源 war (見守る) + ant (〜するもの)
  - *warrant* that the information is true　その情報が真実だと保証する

- **award** [əwɔ́ːrd]　動 授与する　名 賞
  - 源 a (〜を) + war (見守る)　▶ 見守って(判定する)
  - win an Academy *Award*　アカデミー賞を取る

- **reward** [rɪwɔ́ːrd]　名 報酬　動 報酬を与える
  - 源 re (後ろを) + war (守る)
  - get a *reward* for labor　労働に対する報酬を得る

---

merger [mə́ːrdʒər]　名 合併、吸収

源 merg ((水に入って) 溶け込む)

語根 merg　水中に潜る、飛び込む

企業の吸収合併をM&Aと言いますが、これはmerger and acquisitionの頭文字をとったものです。merger (合併) はmerge (合併する) の名詞形ですが、mergという語根の本来の意味は「水中に潜る、飛び込む」で、mergeは「(水に入って) 溶け込む」が原義です。

- **merge** [mə́ːrdʒ]　動 合併する
  - 源 merg ((水に入って) 溶け込む)
  - The firm was *merged* into a major company.
  - その会社は大企業に合併された。

- **emerge** [ɪmə́ːrdʒ]　動 出現する
  - 源 e (外へ) + merg (水中に潜る)　▶ (水中から) 浮かび上がる
  - The sun *emerged* over the horizon.　水平線に太陽が現れた。

- **submerge** [səbmə́ːrdʒ]　動 水没する[させる]
  - 源 sub (下) + merg (水中に潜る)
  - be *submerged* under the sea　海中に沈んでいる

5 心理・感情

意味	語根	例		
心	cord psycho ment	cordial psychology mention	形 名 動	心からの 心理学 言及する
感覚	sens	sensible	形	分別がある
愛	am phil	amateur philosophy	名 名	アマチュア 哲学
恐怖症	phob	acrophobia	名	高所恐怖症
驚かす	terr	terror	名	恐怖
驚き	mir	miracle	名	奇跡
震える	trem	tremble	動	震える
十分な	sat	satisfy	動	満足させる
喜ぶ	plea	please	動	喜ばせる
嘆く	plor	deplore	動	嘆き悲しむ
苦しむ	pass	passion	名	情熱
乱す	turb	disturb	動	混乱させる
信じる	cred	credit	名	信用(販売)
希望	spair	despair	名動	絶望(する)
意志	vol	volunteer	名	ボランティア
感謝する	grat	gratitude	名	感謝

☐ cordial [kɔ́ːrdʒəl] 形 心からの

源 cord (心) + al (〜な)

get a *cordial* reception　心からの歓迎を受ける

語根 **cor、cord、cour、cardio**　心臓、心

5 心理・感情

- **accord** [əkɔ́ːrd] 名 一致 動 一致する
  - 源 ac (〜へ) + cord (心) ▶ 心を〜に (合わせる)
  - Our opinions are *in accord*.　私たちの意見は一致している。
  - ▶ 楽器のアコーディオン (accordion) も同語源。

- **discord** [dískɔːrd] 名 不和
  - 源 dis (離れて) + cord (心) ▶ 心が分かれた
  - They are *in discord with* each other.　彼らは互いに不仲だ。

- **record** 名 記録 [rékərd] 動 記録する [rɪkɔ́ːrd]
  - 源 re (再び) + cord (心) ▶ 心に戻り (思い出す)
  - He has a criminal *record*.　彼には犯罪歴がある。

- **core** [kɔ́ːr] 名 核心、芯
  - 源 cor (心)
  - remove the *core* of an apple　リンゴの芯を取り除く

- **courage** [kə́ːrɪdʒ] 名 勇気
  - 源 cour (心) + age (状態) ▶ 心の (強さ)
  - She called up her *courage*.　彼女は勇気を奮い起こした。

- **cardiogram** [káːrdioʊɡræ̀m] 名 心電図
  - 源 cardio (心臓) + gram (図)

psychology [saɪkɑ́lədʒi] 名 心理学

源 psycho (心) + logy (学問)

major in *psychology* at college　大学で心理学を専攻する

語根 **psycho**　心

> 「サイコ (Psycho)」はヒッチコック監督の名作映画ですが、名詞のpsychoはpsychopath (精神病患者) の意味です。語根としては「心」の意味を表します。

- **psychoanalysis** [sàɪkoʊənǽləsɪs] 名 精神分析
  - 源 psycho (心) + analysis (分析)
  - a specialist on *psychoanalysis*　精神分析の専門家

第2章　語根

mention [ménʃən] 動 言及する

源 ment（心）+ ion（〜するもの） ▶ 心に触れる
as *mentioned* above　上で述べたとおり

語根 ment、mind　心、記憶

mentはmindと同じ意味を持ち、「心、記憶」を表します。そこから「思う、言う」という意味に関するさまざまな語が生まれました。

mental [méntl] 形 精神的な
源 ment（心）+ al（〜な）
suffer from a *mental* disease　精神病を患う
▶ mentality 名 知能、知力

memento [məméntoʊ] 名 思い出の品
源 ment（記憶）
as a *memento* of my grandmother　祖母の形見として

comment [káment] 名 注釈 動 注釈をつける
源 com（共に）+ ment（心） ▶ 共に心にかける→意見する
make a frank *comment*　率直な意見を述べる
▶ commentator 名 ニュース解説者

dementia [dɪménʃə] 名 認知症、痴呆
源 de（離れて）+ ment（心）

remind [rɪmáɪnd] 動 思い出させる
源 re（再び）+ mind（思う）
That *reminds* me.　それで思い出した。

プラスα

□ reminiscence（思い出）

5 心理・感情

☐ sensible [sénsəbl] 形 分別がある

源 sens（感じる）+ ible（〜できる） ▶ 感じ取れる
The decision is politically *sensible*. その決定は政治的に妥当だ。

語根 sens、sent　感じる、感覚

- ☐ **sense** [séns]　動 感じる　名 感覚、意味
  - 源 sens（感覚）
  - lack a *sense* of responsibility　責任感を欠いている
  - ▶ sensor　名 センサー、感知装置

- ☐ **sensitive** [sénsətɪv]　形 敏感な
  - 源 sens（感覚）+ ive（〜な）
  - be *sensitive* to criticism　批判に対して敏感だ

- ☐ **sensation** [senséɪʃən]　名 感覚、大評判
  - 源 sens（感覚）+ tion（〜すること）
  - The book caused a *sensation*.　その本は大評判となった。

- ☐ **sentence** [séntəns]　動 判決を下す　名 文、判決
  - 源 sent（感じる）+ ence（〜こと） ▶ 感じたことを（述べる）
  - He was *sentenced* to death.　彼は死刑判決を受けた。

- ☐ **assent** [əsént]　動 同意する　名 同意
  - 源 as（〜を）+ sent（感じる）
  - His wife *assented* to his decision.　妻は彼の決心に同意した。

- ☐ **consent** [kənsént]　動 同意する　名 同意
  - 源 con（共に）+ sent（感じる）
  - They *consented* to his proposal.　彼らは彼の提案に同意した。
  - ▶「（電気の）コンセント」に当たる語はoutlet。

- ☐ **resent** [rɪzént]　動 憤慨する、恨む
  - 源 re（再び）+ sent（感じる） ▶ 再び感じて（怒りが沸く）
  - I *resented* being ignored.　私は無視されたことに憤慨した。

プラスα

☐ nonsense（無意味なこと）　☐ sentimental（感傷的な）
☐ scent（香り）　☐ consensus（合意）

第 2 章　語根

amateur [ǽmətʃùər] 名 アマチュア / 形 アマチュアの

源 am（愛、友人）+ teur（〜する人）▶ 愛する者、愛好家

play tennis as an *amateur*　アマチュアとしてテニスをする

語根 **am**　愛、友人

> フランス語で「アムール（amour）」は「愛」の意味ですが、語根のamは「愛、友人」の意味を表します。人名のAmy（エイミー）も、「最愛の」という意味のフランス語に由来します。

enemy [énəmi] 名 敵

源 en（〜でない）+ emy（友人）

They were attacked by the *enemy*.　彼らは敵に攻撃された。

プラスα

- amiable（愛想のよい）
- amicable（友好的な）
- amenity（快適さ）
- amorous（好色な）

philosophy [fəlásəfi] 名 哲学

源 phil（〜を愛する）+ sophy（知識）

have a *philosophy* of life　人生哲学を持つ

語根 **phil**　〜を愛する

> philはギリシャ語で「〜を愛する」という意味です。bibliophile（愛書家）はbiblio（本）+ phil（愛する）が語源です。

プラスα

- bibliophile（愛書家）
- philanthropy（博愛、慈善）
- cinephile（映画ファン）
- philharmonic（音楽愛好の、交響楽団）

5 心理・感情

> **mini知識**
>
> 日本語で「マニアックな人」などと言いますが、英語の **maniac** は日本語の「マニア」に当たります。例えば「映画マニア」は a movie maniac と言います。これに対して mania は「(病的な)~狂」という意味の名詞を作る接尾辞で、例えば **megalomania** は「誇大妄想(狂)」です。bibliophile も度が過ぎると **bibliomania**(猟書狂)になります。

> **mini知識**
>
> **p(a)edophile** は「子供+好きな人→ロリコン」。単に p(a)edo [píːdou] とも言います。「ロリコン(ロリータ・コンプレックス)」はロシア出身の小説家ウラジミール・ナボコフの小説「ロリータ(Lolita)」に由来する日本語ですが、最近は英語でも Loli(con) と言う場合があります。

> **mini知識**
>
> ギリシャ語の sophy(知識)からは sophist(ソフィスト)という言葉ができました。もともとは「賢人、学者」の意味でしたが、「詭弁家」という悪い意味で使われるようになり、そこから生まれた語が **sophisticate**(洗練させる)〈原義は「詭弁でごまかす」〉です。

□ **acrophobia** [æ̀krəfóubiə] 名 高所恐怖症

源 acro(頂点、高い所) + phobia(~嫌い)

語根 **phob** ~恐怖症、~嫌い

phil の反対の意味を表す語根が phob で、ギリシャ語で「恐怖症、~嫌い」の意味です。また phobe は「~嫌いな人」の意味を表します。

プラスα

- □ cyberphobia(コンピュータ恐怖症)
- □ bibliophobe(本嫌いな人)
- □ xenophobe(外国(人)嫌いの人)

terror [térər] 名 恐怖

源 terr (恐怖) + or (〜こと)

語根 terr 驚かす／hor 恐怖、嫌悪

terrorは「恐怖」の意味ですが、「驚かす」の意味のterrという語根から生まれた語です。一方、horは「恐怖、嫌悪」という意味です。この語根を含む代表的な語が、「ホラー映画」のhorror (恐怖) です。

terrible [térəbl] 形 ひどく悪い、恐るべき

源 terr (驚かす) + ible (〜すべき)
The restaurant was *terrible*.　そのレストランはひどかった。
▶ terrify 動 ぞっとさせる

terrorist [térərɪst] 名 テロリスト

源 terr (驚かす) + ist (〜する人)
invite a *terrorist* attack　テロ攻撃を誘発する
▶ terrorism 名 テロ行為

terrific [tərífɪk] 形 すごい、すばらしい

源 terr (驚かす) + fic (〜な)
have a *terrific* time　すばらしい時を過ごす

deter [dɪtə́:r] 動 思いとどまらせる

源 de (離れて) + ter (驚かす)　▶ 驚くようなことから離す
deter him *from* going there　彼にそこへ行くのをやめさせる
▶ deterrence 名 引き留め、(戦争) 抑止

horror [hɔ́:rər] 名 恐怖

源 hor (恐怖) + or (〜こと)
I don't like *horror* movies.　ホラー映画は好きではない。
▶ horrible 形 恐ろしい

5 心理・感情

miracle [mírəkl] 名 奇跡

源 mir (驚く) + cle (こと、もの)
Their survival was a *miracle*. 彼らの生存は奇跡だった。

語根 **mir、mar** 驚く、感嘆する

admire [ədmáɪər] 動 賞賛する
源 ad (〜に) + mir (感嘆する)
admire her *for* her honesty 彼女の正直さを賞賛する
▶ admirable 形 賞賛すべき

marvel [márvl] 動 驚く
源 mar (驚く)
I *marveled at* his courage. 私は彼の勇気に驚いた。
▶ marvelous 形 驚くべき、すばらしい

mirage [mərάːʒ] 名 蜃気楼
源 mir (驚く) + age (〜するもの) ▶ 驚いて (見る) もの

mirror [mírər] 名 鏡
源 mir (驚く) + or (〜するもの) ▶ 驚いて (見る) もの

tremble [trémbl] 動 震える

源 trem ((恐ろしさに) 震える)
open a letter with *trembling* hands 震える手で手紙を開く

語根 **trem** (恐ろしさに) 震える

tremendous [trɪméndəs] 形 ものすごい
源 trem ((恐ろしさに) 震える) + ous (〜に満ちた) ▶ 震えに満ちた
a *tremendous* number of mistakes ものすごい数の誤り

tremor [trémər] 名 地震の震動、揺れ
源 trem ((恐ろしさに) 震える) + or (〜するもの)

satisfy [sǽtəsfàɪ] 動 満足させる

源 sat（十分な）+ fy（〜にする）
I was *satisfied with* the result.　私はその結果に満足した。
▶ satisfactory　形 満足のいく、十分な

語根 **sat　十分な**

saturate [sǽtʃərèɪt]　動 飽和させる
源 sat（十分な）+ rate（〜させる）
The market is *saturated with* products made in China.
市場は中国製の商品であふれている。

satire [sǽtaɪər]　名 風刺
源 sat（十分な）▶ 満腹の、飽きた
a *satire on* today's politics　今日の政治に対する風刺

please [plíːz] 動 喜ばせる

源 plea（喜ぶ）
I was *pleased with* the result.　私はその結果に喜んだ。

語根 **plea、plac、plais　喜ぶ**

> 「喜ぶ」の意味を表す語根には、plea、plac、plaisなどがあります。またjoyも「喜び」を表し、joy（喜び）、enjoy（楽しむ）、rejoice（喜ぶ）などの語が同じ語源の単語です。

plead [plíːd]　動 嘆願する
源 plea（喜ぶ）

complacent [kəmpléɪsnt]　形 自己満足の
源 com（共に）+ plac（喜ぶ）+ ent（〜の）

placid [plǽsɪd]　形 穏やかな
源 plac（喜ぶ）+ id（〜な）

deplore [dɪplɔ́:r] 動 激しく非難する

源 de (離れて) + plor (嘆く)
deplore animal abuse　動物虐待を強く非難する

語根 **plor**　叫ぶ、嘆く

explore [eksplɔ́:r]　動 調査する、探検する
源 ex (外に) + plore (叫ぶ)　▶ 叫んで (動物を) 追い出す
explore a deserted island　無人島を探検する

implore [implɔ́:r]　動 懇願する
源 im (中に) + plore (嘆く)　▶ 嘆いて (頼み) 込む
I *implored* him to forgive me.　私は彼に許しを請うた。

passion [pǽʃən] 名 情熱

源 pass (苦しむ) + ion (〜すること)　▶ 苦しむような (強い感情)
He has a *passion* for music.　彼は音楽に凝っている。
▶ passionate 形 情熱的な

語根 **pass、pati、path**　苦しむ、強い感情

pass、pati、pathは「苦しむ」という意味の語根で、そこから「強い感情」も意味するようになりました。例えばpathos (哀感) は日本語でも「ペーソス」と言います。

passive [pǽsɪv]　形 受け身の、消極的な
源 pass (苦しむ) + ive (〜な)
Change your *passive* attitude.　受け身の態度を変えなさい。
▶ 反意語はactive (積極的な)。文法用語の「受動態」はpassive voice、「能動態」はactive voiceと言います。

patient [péɪʃənt] 形 がまん強い 名 患者

源 pati (苦しむ) + ent (〜な)
Be *patient* with others.　他人に対して寛容になりなさい。
▶ patience 名 忍耐
　反意語はimpatient（短気な、じれったい）。

sympathize [símpəθàɪz] 動 同情 [共感] する

源 sym (共に) + path (苦しむ) + ize (〜する)
I *sympathize* with your view.　あなたの意見に共感します。
▶ sympathy 名 同情、共感。反意語はantipathy（反感）〈anti＝反対〉。

プラスα

□ compassion（同情）　□ pathetic（哀れな）

---

disturb [dɪstə́ːrb] 動 混乱させる

源 dis (離れて) + turb (乱す、混乱させる)
I was *disturbed* by his calls.　私は彼の電話に迷惑した。

語根 turb、troub　乱す、混乱させる

trouble [trʌ́bl] 名 苦労、トラブル

源 troub (乱す) + le (〜もの)
have *trouble* finding a hotel　ホテルを見つけるのに苦労する

turbulence [tə́ːrbjələns] 名 乱気流、騒乱

源 turb (乱す) + ence (〜するもの)
get sick because of *turbulence*　乱気流で気分が悪くなる
▶ turbulent 形 〈風雨などが〉荒れ狂う

---

credit [krédɪt] 名 信用（販売）

源 cred (信じる)
I'll pay on *credit*.　クレジットで払います。

語根 cred　信じる／faith、feder、fid　信用

> credは「信じる」の意味の語根です。credit（信用（販売））は「クレジット」という日本語としても定着しています。また、faith（信用、信仰）に見られるように、faith、feder、fidなどの語根も「信用」の意味を持ちます。

□ incredible [ɪnkrédəbl]　形 信じられない
源 in（～ない）+ cred（信じる）+ ible（～できる）
His story is *incredible*.　彼の話は信じがたい。

□ confident [kάnfədənt]　形 自信がある
源 con（全く）+ fid（信用）+ ent（～な）
She is *confident of* herself.　彼女は自分に自信を持っている。

□ confidential [kὰnfədénʃəl]　形 秘密の
源 con（全く）+ fid（信用）+ ential（～の）
This information is strictly *confidential*.　この情報は極秘だ。
▶ confidence 名 確信、自信、confide 動 打ち明ける
▶ 手紙に Confidential とあれば「親展」の意味。

□ faithful [féɪθfl]　形 忠実な
源 faith（信用）+ ful（～に満ちた）
He is *faithful to* his word.　彼は約束を忠実に守る。

□ federal [fédərəl]　形 連邦の
源 feder（信用）+ al（～の）
the *Federal* Government　(米国の)連邦政府

プラスα
□ confederation（連合、連邦）　□ fidelity（忠誠）

mini知識
電子工学用語の **hi-fi**（ハイファイ）は「忠実度が高い」の意味で、high fidelity を短縮した語です。また、Fido [fáidou] は飼い犬によく見られる名前ですが、「忠実な」という意味のラテン語がもとになっています。日本語に直すと「忠犬くん」という感じです。

despair [dɪspéər] 名 絶望 動 絶望する

源 de（～ない）+ spair（希望する）
I was overcome by *despair*.　私は絶望感に圧倒された。

語根 **spair、sper**　希望する

desperate [déspərət]　形 必死の
源 de（～ない）+ sper（希望する）+ ate（～の）
He made a *desperate* effort.　彼は必死の努力をした。

prosper [práspər]　動 繁栄する
源 pro（前に）+ sper（希望する）
She *prospers* as a lawyer.　彼女は弁護士として繁盛している。

---

volunteer [vὰləntíər] 名 ボランティア

源 vol（欲する）+ eer（～する人）
work as a *volunteer*　ボランティアとして働く

語根 **vol**　意志、欲する、願う

> volは「意志（will）」の意味で、「欲する、願う」などの意味も表します。volunteer（ボランティア）は「自分の意志で行う人」という意味がもとになっています。

voluntary [váləntèri]　形 自発的な
源 vol（欲する）+ ary（～な）
gain their *voluntary* cooperation　彼らの自発的な協力を得る

---

gratitude [grǽtət(j)ùːd] 名 感謝

源 grat（感謝する）+ tude（～する状態）

He expressed his *gratitude*. 彼は感謝の意を表した。

語根 grat、gree　感謝する、喜ばせる、楽しい

「ありがとう」は、イタリア語ではGrazie!（グラッチェ）、スペイン語ではGracias!（グラシアス）と言います。英語でも語根のgrat、greeが「感謝する、喜ばせる、楽しい」などの意味を表します。

- □ **grateful** [gréɪtfl]　形 感謝して
  - 源 grat（感謝する）+ ful（十分な）
  - I am *grateful for* your help.　お手伝いに感謝します。

- □ **gratuity** [grət(j)úːəti]　名 チップ
  - 源 grat（感謝する）+ ity（〜するもの）
  - We don't accept *gratuities*.　チップは受け取っていません。

- □ **congratulate** [kəngrǽtʃəlèɪt]　動 祝福する
  - 源 con（共に）+ grat（喜ぶ）+ ate（〜する）
  - *congratulate* him *on* his promotion　彼の昇進を祝う

- □ **agree** [əgríː]　動 同意する
  - 源 a（〜へ）+ gree（喜ぶ）▶ 喜びを与える→同意する
  - I *agree with* you.　あなたに賛成です。

mini知識

女性の名前のGraceは、**grace**（上品、気品）という名詞を使ったものです。この語に含まれるgracという語根も、gratと同じ意味を表します。**graceful**は「優美な」という意味の形容詞、**disgrace**は「不名誉」です。

プラスα

- □ gratify（喜ばす）
- □ gracious（優しい）

6 言葉・文字

意味	語根	例	
言葉	verb	proverb	名 ことわざ
	log	catalog	名 カタログ
学問	logy	ecology	名 生態学
書く	scrib	describe	動 記述する
描かれたもの	graph	photograph	名 写真
本	biblio	bibliography	名 書誌
紙	cart	chart	名 図表
文字	liter	literature	名 文学
名前	nomin	nominate	動 指名する
	nounc	announce	動 発表する
呼び出す	cit	recital	名 リサイタル
叫ぶ	claim	exclaim	動 叫ぶ
言う	dic	dictation	名 書き取り
話す	fam	famous	形 有名な
	parl	parlor	名 談話室
告げる	fess	professor	名 教授
答える	spons	response	名 返答

proverb [právərb] 名 ことわざ

源 **pro**（前で）+ **verb**（言葉） ▶ みんなの前で［公に］言われた言葉

as the *proverb* goes　ことわざにある通り

語根 **verb** 言葉

> verbはラテン語で「言葉」を意味する語根で、今日の英語ではverbを「動詞」の意味で使います。形容詞のverbalの方には「言葉の」の意味が残っており、verbal communication（口頭でのコミュニケーション）のように使います。

6 言葉・文字

- □ **verb** [və́ːrb] 名 動詞
  - 源 verb（言葉）
- □ **verbal** [və́ːrbl] 形 言葉の
  - 源 verb（言葉）+ al（〜の）

□ **catalog(ue)** [kǽtəlɔ̀ːg] 名 カタログ

源 cata（完全な）+ log（言葉）▶ 完全に語るもの

語根 **log** 言葉

- □ **dialog(ue)** [dáɪəlɔ̀ːg] 名 対話
  - 源 dia（2つの）+ log（言葉）
  - a *dialogue* between a teacher and a student 先生と生徒の会話
- □ **logic** [ládʒɪk] 名 論理（学）
  - 源 log（言葉）+ ic（学問）
  - I can't follow your *logic*. 君の論理にはついていけない。
  - ▶ logical 形 論理的な
- □ **apologize** [əpálədʒàɪz] 動 謝罪する
  - 源 apo（離れて）+ log（言葉）+ ize（〜する）
  - ▶ 罪から離れるための言葉
  - *Apologize to* her *for* your fault. 君の過ちを彼女に詫びなさい。

プラスα

- □ monolog(ue)（独白）
- □ prolog(ue)（前書き、前口上）〈pro＝前〉
- □ epilog(ue)（終章、結末）
- □ analogy（類似）
- □ mythology（神話）

mini知識

詩・絵・音楽・映画などの「名作集」をアンソロジー（**anthology**）と言いますが、anthoは「花」を意味する語根で、もともとは「花のように美しい言葉を集めたもの」という意味でした。

177

mini知識

logという単語は「丸太」の意味で、ここから派生した語もあります。船の速力を測る板（chip log）から、logは「記録」の意味でも使うようになりました。logbookは「航海日誌、業務日誌」です。コンピュータ上の記録も「ログ」と言います。**blog**（ブログ）はweblogの略で、「ウェブ[インターネット]上の記録」が原義です。

ecology [ɪkálədʒi] 名 生態学、環境論

源 eco（生態）+ logy（学問）

protect the global *ecology* 地球の生態系を守る

語根 logy 学問

-logyで終わる語はしばしば学問名を表しますが、これらの語のlogも本来は「言葉」の意味です。

ideology [àɪdiálədʒi] 名 観念論、イデオロギー

源 ideo（思想）+ logy（学問）

I have no political *ideology*. 私は政治的イデオロギーを持たない。

プラスα

- anthropology（人類学）〈anthrop＝人間〉
- biology（生物学）
- archaeology（考古学）
- geology（地質学）
- psychology（心理学）
- sociology（社会学）
- zoology（動物学）
- etymology（語源学）
- cosmology（宇宙論）
- meteorology（気象学）
- methodology（方法論）
- terminology（専門用語）
- theology（神学）

etymologyのetymoは「本当の（true）」の意味で、「言葉の本当の姿に関する学問」ということです。

□ **describe** [dɪskráɪb] 動 記述する

源 de (下に) + scrib (書く) ▶ 下に書きつける
describe an accident closely　事故の模様を詳しく説明する
▶ description 名 記述、描写

語根 scrib、script　書く

scribは「書く」という意味の語根で、-scribeで終わるいくつかの動詞を作ります。これらの名詞形は-scriptionとなります。

□ **ascribe** [əskráɪb]　動〈原因を〉帰する
源 a (〜へ) + scrib (書く)
ascribe a failure *to* others　失敗を他人のせいにする

□ **prescribe** [prɪskráɪb]　動 規定する、〈薬を〉処方する
源 pre (前に) + scrib (書く) ▶ 前もって書いておく
prescribe medicine for a patient　患者に薬を処方する
▶ prescription 名 処方箋

□ **subscribe** [səbskráɪb]　動 署名する、予約購読する
源 sub (下に) + scrib (書く) ▶ (文書の) 下に (名前を) 書く
subscribe to an English magazine　英語の雑誌を講読する

□ **script** [skrípt]　名 手書き、台本
源 script (書くこと)
make up a *script* of a presentation　プレゼンの台本を作る

□ **transcript** [trǽnskrɪpt]　名〈録音の〉書き起こし、成績証明書
源 trans (〜の向こうに) + script (書く)
issue a grade *transcript*　成績証明書を発行する
▶ transcribe 動 書き写す

プラスα

□ **inscribe** (記入する)　□ **manuscript** (原稿)〈manu＝手〉

scriptureは「書かれたもの」ですが、the Scripturesと言えば「聖書 (Bible)」のこと。

mini知識

prescribe（規定する）の原義は「前に（pre）書く（scrib）」ですが、**postscript**は「後ろに（post）書く（script）」で「（手紙の）追伸」の意味になります。これを短くしたものがP.S.です。

■ 語源ネットワーク

- manu 手 → p.206
- manuscript 原稿
- pre- 前に → p.017
- prescribe 規定する
- trans- 向こう側へ → p.031
- transcript 書き起こし
- scribe
- subscribe 署名する
- sub- 下に → p.023
- describe 書く 記述する
- ascribe 帰する
- de- 下に → p.013
- a- 〜に → p.011

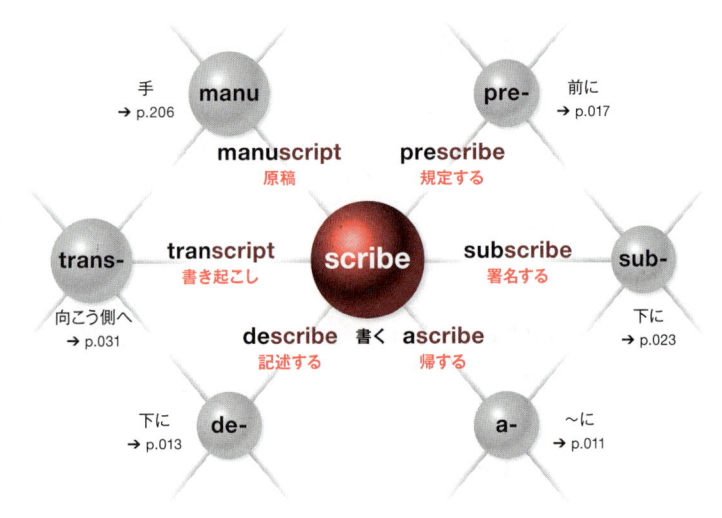

photograph [fóutəgræf] 名 （1枚の）写真

源 photo（光）+ graph（描かれたもの）

take *photographs* [*photos*] of the sea　海の写真を撮る
▶ photographer 名 写真家、カメラマン

語根 **graph、gram** 書かれた[描かれた]もの

> graph、gramは「書かれた［描かれた］もの」という意味の語根です。graphyは「書く術」の意味です。autobiography（自伝）は「自己の（auto）生命（bio）を書く術（graphy）」ということです。pornography（ポルノグラフィ）は日本語では「ポルノ」と言いますが、原義は「娼婦について書く術」です。

□ **photography** [fətágrəfi]　名 写真（術）
源 photo（光）+ graphy（描く術）
study *photography*　写真の勉強をする

□ **graph** [grǽf]　名 グラフ、図表
源 graph（描かれたもの）
a *graph* showing birthrates　出生率を示すグラフ

□ **graphics** [grǽfiks]　名 製図法、グラフィックス
源 graph（描かれたもの）+ ics（〜法）
study computer *graphics*　コンピュータ・グラフィックスを学ぶ

□ **telegraph** [téləgrǽf]　名 電報
源 tele（遠く）+ graph（書かれたもの）
send a message *by telegraph*　電報で伝言を送る

□ **calligraphy** [kəlígrəfi]　名 書道
源 calli（美しい）+ graphy（書く術）

プラスα

□ biography（伝記）
□ choreography（(踊りの)振り付け）〈choreo＝舞踏〉
□ cryptograph（暗号）〈crypt＝秘密の〉　□ epigraph（碑文）〈epi＝上〉
□ holograph（自筆の(文)）〈holo＝完全な〉
□ lithograph（石版画、リトグラフ）〈litho＝石〉
□ radiograph（放射線写真）　□ stereograph（立体写真）
□ stenography（速記(術)）〈steno＝狭い、近い〉

第2章　語根

プラスα

- anemograph (自記風速計)
- mammograph (乳房撮影写真)
- phonograph (蓄音機)
- seismograph (地震計)
- sonograph (音波検査器)
- tacograph (速度記録器)
- thermograph (自記温度計)

このように、graphは「〜を記録する機器」という意味の複合語を作ることもできます。電車などの集電装置を「パンタグラフ (pantograph)」と言いますが、pantoは「全部 (all)」の意味です。

mini知識

日本語で「グラマー（な女性）」と言えば豊満な肉体を意味しますが、これに当たる英語の **glamorous** という形容詞は「魅力的な」の意味で、必ずしも肉体的魅力の意味ではありません。名詞の **glamour** (魅力) はもともと「魔術」の意味でした。一方、「文法」の意味のグラマーは **grammar** とつづります。この語には gram という語根が含まれており、もとは「書く技術」という意味でした。

bibliography [bìbliágrəfi] 名 書誌、参考文献一覧

源 biblio (本) + graphy (書式)

語根 **biblio** 本

Bible (聖書) は「本」を意味するギリシャ語に由来する語です。Bibleからはbiblioという「本」を意味する語根が生まれました。

- **bibliophile** [bíbliəfàil] 名 愛書家
  源 biblio (本) + phil (愛する)

6 言葉・文字

□ chart [tʃάːrt] 名 図表

源 chart（文書類）

語根 cart、chart　文書類

「カルタ」はオランダ語に由来する言葉で、英語のcard（紙）に当たります。語根のcart、chartはラテン語のcharta（1枚のパピルス紙）から「筆記用具→文書類」と意味が広がりました。「たばこを1カートンください」などと言う時のcartonは「紙製の箱」という意味です。

□ carton [káːrtn]　名 紙製の箱
源 cart（紙）

□ literature [lítərətʃər] 名 文学

源 liter（文字）+ ure（～すること）▶ 読み書きできること

語根 liter　文字

letterの原義は「（アルファベットの）文字」ですが、「手紙、文学」の意味でも使われるようになりました。letterに関連する語根の1つがliterです。

□ literacy [lítərəsi]　名 識字能力、（特定分野の）知識
源 liter（文字）+ acy（～であること）
acquire computer *literacy*　コンピュータの知識を得る

□ literal [lítərəl]　形 文字通りの、文字の
源 liter（文字）+ al（～の）
the *literal* meaning of the word　その語の文字通りの意味
▶ literally　副 文字通り

□ literate [lítərət]　形 読み書きができる
源 liter（文字）+ ate（～する）

183

nominate [námənèɪt] 動 指名する、推薦する

源 nomin (名前) + ate (作る)
nominate a film *for* the Oscar　映画をアカデミー賞に推薦する

語根> nomin、nonym　名前

日本語でも「映画賞にノミネートされる」のように言いますが、nominate (指名する) は name (名前) と関係のある語です。

nominal [námənl]　形 名目だけの
源 nomin (名前) + al (〜の)
at *nominal* fees　名目だけの [わずかな] 料金で

anonymous [ənánəməs]　形 匿名の
源 a (無、非) + nonym (名前) + ous (〜の)
receive an *anonymous* letter　匿名の手紙を受け取る

プラスα

- □ synonym (同意語)　□ antonym (反意語)
- □ pseudonym (偽名、ペンネーム)

---

mini知識

denominate は「命名する」の意味で (de- =下)、その名詞形 **denomination** は「(貨幣などの) 単位名」を意味します。日本語では「デノミ (ネーション)」を「通貨切り下げ」の意味で使いますが、英語の denomination にはその意味はありません。

---

announce [ənáʊns] 動 発表する

源 an (〜へ) + nounc ((名前を) 口に出す)
announce the results of an examination　試験の結果を発表する
▶ announcement 名 発表、announcer 名 アナウンサー

語根 noun、nounc、nunc （名前を）口に出す

nounはもともと「名前（name）」の意味で、「名詞」はnounと言います。「代名詞」はpronounです〈pro＝代わり〉。nounc、nuncなども同様に「名前」を意味し、「（名前を）口に出す」という意味を含む-nounceで終わるいくつかの動詞があります。

□ denounce [dɪnáʊns]　動 非難する
源 de（下に）+ nounc（（名前を）口に出す）
denounce a politician bitterly　政治家を激しく糾弾する

□ pronounce [prənáʊns]　動 発音する
源 pro（前に）+ nounc（（名前を）口に出す）
pronounce a French word　フランス語の単語を発音する
▸ pronunciation　名 発音

□ renounce [rɪnáʊns]　動 放棄する
源 re（逆に）+ nounc（（名前を）口に出す）▶ もとに戻せと言う
He *renounced* his right to royalties.　彼は印税の権利を放棄した。
▸ renunciation　名 放棄

mini知識
「レナウン」というアパレル企業がありますが、この社名は英語の**renown**（名声）に関連しています。この語にもnownという語根が含まれており、「再び（re）名前（nown）を言う」という意味がもとになっています。

□ recital [rɪsáɪtl]　名 リサイタル

源 re（再び）+ cit（呼び出す）+ al（～すること）

語根 cit　呼び出す

□ cite [sáɪt]　動 引用する
源 cit（呼び出す）
This example is *cited* frequently.　この例はよく引用される。

第2章　語根

- □ **recite** [rɪsáɪt] 動 暗唱する、朗読する
  - 源 re (再び) + cit (呼び出す)
  - *recite* a Chinese poem　漢詩を暗唱する
- □ **excite** [ɪksáɪt] 動 興奮させる
  - 源 ex (外に) + cit (呼び出す)
  - The thought of the trip *excited* him.　旅行のことを考えると彼はわくわくした。

プラスα

□ solicitor（勧誘員 [アメリカ英語]、弁護士 [イギリス英語]）

原義は「完全に (soli) 呼び出す (cit) 人 (or)」です。

□ **exclaim** [ɪkskléɪm] 動 叫ぶ、感嘆の声を上げる

源 ex (外へ) + claim (大声で叫ぶ)

He *exclaimed*, "Congratulations!"　「おめでとう」と彼は叫んだ。
▶ exclamation 名 叫び、感嘆
「感嘆符 (!)」は exclamation mark です。

語根▷ **clam、claim**　大声で叫ぶ

- □ **claim** [kléɪm] 動 要求する、主張する
  - 源 claim (大声で叫ぶ)
  - *claim* damages for piracy　著作権侵害の損害賠償を請求する
- □ **reclaim** [rɪkléɪm] 動 埋め立てる
  - 源 re (戻す) + claim (呼ぶ)　▷ 呼び出す
  - *reclaim* land from the sea　海を干拓する
  - ▶ reclamation 名 埋め立て、干拓

プラスα

□ acclaim（喝采する）　□ proclaim（宣言する）

6 言葉・文字

> **mini知識**
>
> 日本語の「クレーム」はclaimから来た言葉ですが、「クレーム」に当たる一般的な英語はcomplaint（苦情）、「クレームをつける」はcomplain（苦情を言う）です。また、「クレーマー」はcomplainerと言います。claimerは「（権利の）要求者、原告」の意味で、claimantとも言います。紛らわしい語にclamorがありますが、これは「叫び声、怒号、抗議」の意味です。

■ 語源ネットワーク

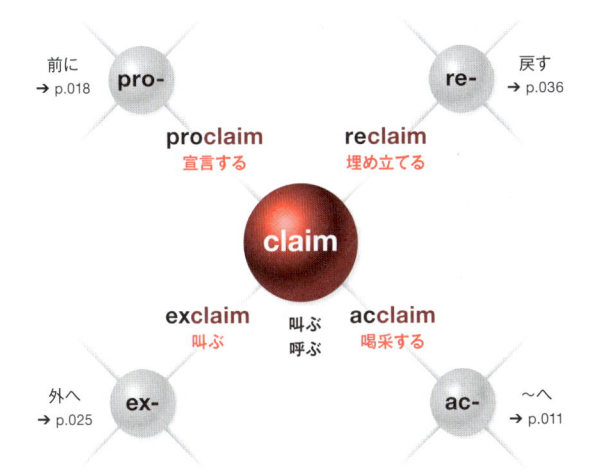

- pro- 前に → p.018
  - proclaim 宣言する
- re- 戻す → p.036
  - reclaim 埋め立てる
- ex- 外へ → p.025
  - exclaim 叫ぶ
- ac- 〜へ → p.011
  - acclaim 喝采する

claim 叫ぶ／呼ぶ

□ dictation [dɪktéɪʃən] 名 書き取り

源 dict（言う）+ ation（〜すること）

語根 dic、dict　言う、指図する

第2章　語根

> dic(t)は「言う、指図する」の意味を表します。口述筆記（試験）をディクテーション（dictation）と言いますが、これはdictate（口述して書き取らせる）という動詞の名詞形です。dictionary（辞書）も「言うこと[言葉]を示す本」という意味がもとになった語です。

- □ **dictate** [díkteɪt]　動 口述する、命令する
  - 源 dict（言う、指図する）+ ate（〜する）
  - *dictate* over the telephone　電話で口述する
  - ▶ dictator　名 独裁者

- □ **addict** [ədíkt]　動 中毒にする
  - 源 ad（〜に）+ dict（言う、指図する）
  - He is *addicted to* gambling.　彼はギャンブル中毒だ。
  - ▶ addiction　名 中毒

- □ **predict** [prɪdíkt]　動 予言する、予知する
  - 源 pre（前に）+ dict（言う）
  - *predict* an earthquake accurately　地震を正確に予知する

- □ **dedicate** [dédəkèɪt]　動 捧げる
  - 源 de（離れて）+ dic（言う）+ ate（〜する）▶ 手放すと言う
  - She *dedicated* her life *to* education.　彼女は教育に一生を捧げた。

- □ **indicate** [índəkèɪt]　動 指示する、示す
  - 源 in（〜に対して）+ dic（指図する）+ ate（〜する）
  - *indicate* the source of information　情報源を示す
  - ▶ indication　名 指示

プラスα

□ **indict**（起訴する）　□ **verdict**（評決）　□ **vindicate**（弁護する）
□ **dictum**（格言）

6 言葉・文字

■ 語源ネットワーク

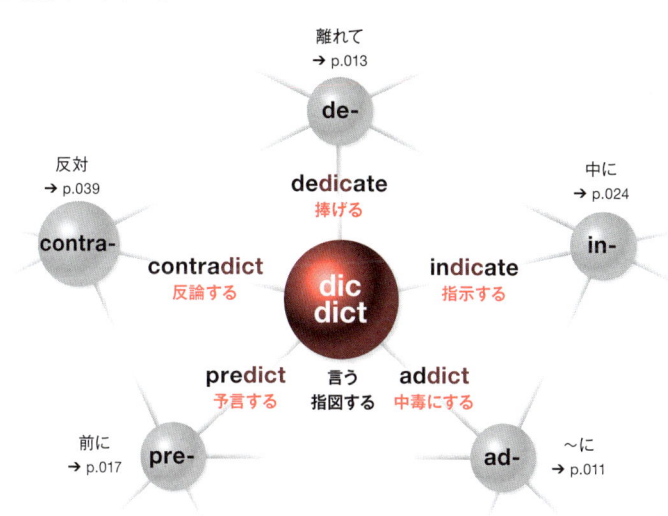

- de- 離れて → p.013
- contra- 反対 → p.039
- in- 中に → p.024
- pre- 前に → p.017
- ad- ～に → p.011

dic / dict 言う、指図する

- dedicate 捧げる
- contradict 反論する
- indicate 指示する
- predict 予言する
- addict 中毒にする

□ famous [féɪməs] 形 有名な

源 fam（話す）+ ous（～な）

語根 **fan、fam、fat　話す**

儀式などで演奏される短く派手な音楽をファンファーレ（fanfare）と言いますが、この語には「話す」という意味のfanという語根が含まれています。fam、fatも同じ意味を表し、例えばfamous（有名な）は「話題になる」が原義です。

□ fame [féɪm] 名 名声

源 fam（話す）

win *fame* as a photographer　カメラマンとして名声を得る

defame [dıféım] 動 中傷する

源 de (離す) + fam (話す) ▶ 名声から離す
The article *defamed* an actor.　記事はある俳優を中傷した。

infamous [ínfəməs] 形 悪名の高い

源 in (～ない) + fam (話す) + ous (～な)
an *infamous* religious group　悪名の高い宗教団体

infancy [ínfənsi] 名 幼年期

源 in (～ない) + fan (話す) + cy (～であること) ▶ 話さない時期
I spent my *infancy* in the U.S.　私は幼少期を米国で過ごした。

fate [féıt] 名 運命

源 fat (話す) ▶ お告げ
meet a tragic *fate*　悲劇的な運命にあう

fatal [féıtl] 形 致命的な

源 fat (話す) + al (～な) ▶ お告げ→運命
get a *fatal* blow　致命的な一撃を食らう

---

parlor [pá:rlər] 名 談話室

源 parl (話す) + or (～するもの)

語根 **parl**　話す

「美容院」を英語で言うとbeauty parlorです。parlorは今日では「店」の意味で使い、日本語でも「フルーツパーラー」などと言いますが、本来は「談話室、応接室」の意味でした。この語には「話す」を意味するparlという語根が含まれています。

Parliament [pá:rləmənt] 名 英国議会

源 parl (話す) + ment (場所)

professor [prəfésər] 名 教授

源 pro（前で）+ fess（述べる）+ or（〜する人）
an assistant *professor* at a university　大学の准教授

語根 fess　述べる、告げる

fessは「述べる、告げる」を表します。professは「前で（pro）告げる（fess）→公言する、告白する」で、そこから「公称の、専門の」という意味のいくつかの語が生まれました。professor（教授）もその1つです。

profess [prəfés]　動 公言する、告白する
源 pro（前で）+ fess（告げる）
He *professed* that he would resign.　彼は辞任すると公言した。

profession [prəféʃən]　名 職業
源 pro（前に）+ fess（述べる）+ ion（〜するもの）
What is his *profession*?　彼の職業は何ですか。
▶ professional　形 プロの（pro）

confess [kənfés]　動 告白する
源 con（完全に）+ fess（告げる）
She *confessed* her fault.　彼女は自分の過ちを告白した。

response [rɪspáns] 名 返答

源 re（逆に）+ spons（答える、応じる）

語根 spons、spond　答える、応じる

メールなどの返事を「レス」と言いますが、これに相当する英語はresponse（応答、返事）です。この語に含まれるsponsという語根は「答える、応じる」の意味で、spondも同じ意味です。

responsible [rɪspá:nsəbl] 形 責任がある

源 re (逆に) + spons (応じる) + ible (〜できる)
The CEO is *responsible for* the loss.　CEOに損失の責任がある。
▶ responsibility 名 責任

respond [rɪspánd] 動 応答する

源 re (逆に) + spond (応じる)
respond to an e-mail　メールに返事を出す

correspond [kɔ̀:rəspánd] 動 一致する、文通する

源 cor (共に) + re (逆に) + spond (応じる)
His answer *corresponded with* mine.　彼の答えは私と一致した。
▶ correspondence 名 通信、correspondent 名 通信員

sponsor [spánsər]
動 保証人 [スポンサー] になる　名 保証人、スポンサー

源 spons (応じる) + or (〜する人)　▶ 名付け親
sponsor a TV program　テレビ番組のスポンサーになる

プラスα

□ despond (落胆する)　□ spouse (配偶者)

7 人体・人間

意味	語根		例	
頭	cap	capital	名	首都
顔	face	surface	名	表面
見る	spect	inspect	動	点検する
	spec	special	形	特別な
	scope	telescope	名	望遠鏡
	vis	advise	動	忠告する
聞く	aud	audition	名	オーディション
口	ora	oral	形	口頭の
声	voc	vocal	形	声の
息	anim	animation	名	アニメーション
	spir	spirit	名	精神
歯	dent	indent	名	字下げ
手	manu	manual	名	マニュアル
腕	brace	bracelet	名	ブレスレット
足	ped	pedal	名	ペダル
人間	anthrop	anthropology	名	人類学
母	mater	maternity	名	母性
父	pater	patriot	名	愛国者
養う	nur	nurse	名	看護師

☐ capital [kǽpətəl] 名 首都 形 大文字の

源 capit（頭）+ tal〔名詞・形容詞を作る語尾〕

Tokyo is the *capital* of Japan.　東京は日本の首都だ。
▸ capital letter（大文字）　cf. small letter（小文字）
capitalには「資本」の意味もあります。capitalismは「資本主義」です。

語根 **cap、capit、chief、chieve** 頭

> capは「頭」の意味の語根で、cap（帽子）、captain（キャプテン、長）などの語は「頭」に関係しています。

□ **cape** [kéɪp]　名 岬
- 源 cap（頭）

□ **chief** [tʃíːf]　名 長、主任　形 主要な
- 源 chief（頭）
- the *chief* of the accounting section　経理課の主任

□ **achieve** [ətʃíːv]　動 達成する
- 源 a（〜へ）+ chieve（頭）
- He managed to *achieve* his goal.　彼はうまく目標を達成した。

□ **surface** [sə́ːrfəs]　名 表面

源 sur（上）+ face（顔）
observe the *surface* of the moon　月の表面を観察する

語根 **face**　顔、表面、外観

> faceの本来の意味は「たいまつ」でしたが、「顔、表面、外観」の意味も表すようになりました。

プラスα

□ façade（（建物の）正面）　□ deface（外観を損なう）　□ facet（面）
□ interface（境界、意思疎通）　□ reface（（建物の）表面を新しくする）

□ **inspect** [ɪnspékt]　動 点検する

源 in（中を）+ spect（見る）
inspect products closely　製品を綿密に検査する

語根 **spec、spect、spise**　見る

7 人体・人間

□ aspect [ǽspekt]　名 (局)面、様相
源 a (〜へ) + spect (見る) ▶ (ある側面を) 見る
the whole *aspect* of the situation　状況の全体的な様相

□ expect [ɪkspékt]　動 予期する
源 ex (外を) + (s)pect (見る) ▶ 何かを求め外を見る
I *expect* him to come on time.　彼は時間通りに来ると思う。

□ perspective [pərspéktɪv]　名 大局観、眺め
源 per (〜を通して) + spect (見る) + ive (〜であること)
have a clear *perspective*　明確な見通しを持つ

□ prospect [práspekt]　名 見込み
源 pro (前を) + spect (見る)
have a good *prospect* of success　成功の見込みが十分にある

□ respect [rɪspékt]　動 尊敬する　名 尊敬
源 re (後ろを) + spect (見る) ▶ 後ろを振り返って見る
We *respect* our teacher.　私たちは先生を尊敬している。

□ suspect [səspékt]　動 〜ではないかと疑う
源 su (下から) + spect (見る) ▶ 疑いを持つ
I *suspect* that he is guilty.　彼は有罪ではないかと思う。

□ spectacle [spéktəkl]　名 壮観、スペクタクル
源 spect (見る) + cle (もの)
a wonderful *spectacle* of a waterfall　滝のすばらしい光景
▶ spectacular　形 壮観の、見事な

□ spectator [spékteɪtər]　名 観客
源 spect (見る) + or (人)
All the *spectators* yelled.　観客は全員大声を上げた。

□ speculate [spékjəlèɪt]　動 熟考する、投機する
源 spec (見る) + ate (〜する)
speculate in real estate　不動産に投機する

□ specimen [spésəmən]　名 見本
源 spec (見る) + men (結果)
collect botanical *specimens*　植物標本を集める

□ despise [dɪspáɪz]　動 軽蔑する
源 de (下に) + spise (見る)
I *despise* liars.　私はうそつきを軽蔑する。

第2章　語根

プラスα

- spectrum（スペクトル、分布範囲）
- spy（スパイ）
- espionage（スパイ活動）
- auspice（前兆、吉祥）
- conspicuous（目立った）

これらも「見る」の意味に関連する語です。

■ 語源ネットワーク

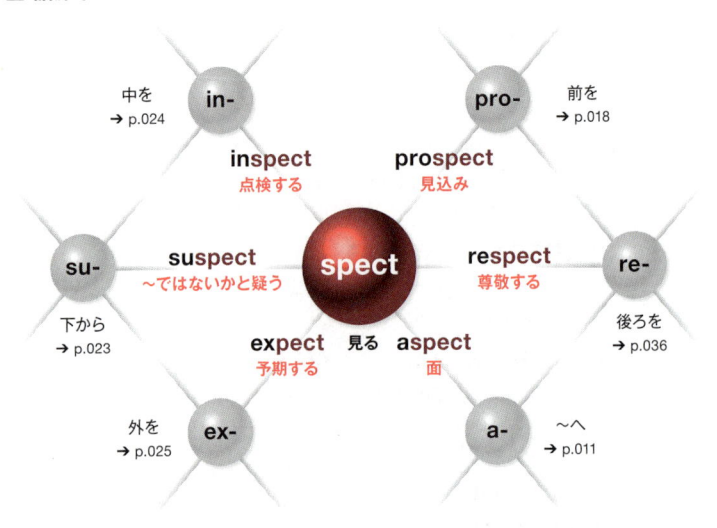

spect 見る

- in-（中を →p.024） + spect → **inspect** 点検する
- pro-（前を →p.018） + spect → **prospect** 見込み
- su-（下から →p.023） + spect → **suspect** 〜ではないかと疑う
- re-（後ろを →p.036） + spect → **respect** 尊敬する
- ex-（外を →p.025） + spect → **expect** 予期する
- a-（〜へ →p.011） + spect → **aspect** 面

□ special [spéʃəl] 形 特別な

源 spec（特別）+ al（〜な）

a *special* kind of software　特殊な種類のソフト

語根 **spec**　種類、特別

> 「見る」の意味から発展して、specは「種類」「特別」などの意味も持つようになりました。次のような語はその例です。

especially [ɪspéʃəli]　副 特に
源 e（外に）+ spec（特別）+ ally（〜に）
an *especially* difficult question　特に難しい問題

specific [spəsífɪk]　形 具体的な、特定の
源 spec（特別）+ fic（〜な）
Could you be more *specific*?　もっと具体的に言っていただけますか。

species [spíːʃiːz]　名 (生物の) 種
源 spec（種類）
an endangered *species*　絶滅に瀕している種

telescope [téləskòup]　名 望遠鏡

源 tele（遠く）+ scope（見る）
watch the moon through a *telescope*　望遠鏡で月を見る

語根 scope、skepti　見る、観察する

> scopeは「見る、観察する」の意味の語根で、「見る器具」を表すのにも使います。

scope [skóup]　名 視野、範囲
源 scope（見る）
broaden the *scope* of an investigation　調査の範囲を広げる

horoscope [hɔ́ːrəskòup]　名 十二宮図、占星図
源 horo（時間）+ scope（見る）
cast a *horoscope*　星占いをする

skeptical [sképtɪkl]　形 疑い深い
源 skepti（見る）+ al（〜な）
I'm *skeptical of* his explanation.　彼の説明が疑わしい。

プラスα

- □ microscope (顕微鏡) 〈micro＝小さい〉
- □ periscope (潜望鏡) 〈peri＝周囲の〉
- □ stethoscope (聴診器) 〈stetho＝胸〉
- □ gastroscope (胃カメラ) 〈gastro＝胃〉
- □ endoscope (内視鏡)　□ radioscope (X線測定器)
- □ kaleidoscope (万華鏡) 〈kaleido＝美しい形〉
- □ microscopy (顕微鏡観察)

-scopyは「～検査、～観察」の意味を表します。

プラスα

- □ optical (目の、光学の)　□ optician (眼鏡屋)

optは「目」を表す語根です。「光ファイバー」はoptical fiberと言います。

□ advise [ədváɪz] 動 忠告する

源 ad (～へ) + vise (見る) ▶ (相手の立場に立って) 見る

advise him to stop smoking　彼に禁煙するよう忠告する

▶ advice 名 忠告

語根 vis、vid、view、vy　見る

vis、vid、view、vyなども「見る」の意味を表します。例えばインターネットのプロバイダー (provider) は「(サービスを) 供給する者」がもとの意味ですが、動詞のprovideは「前に (pro) 見る (vid)」がもとになって「備える→供給する」という意味になりました。

□ devise [dɪváɪz]　動 考案する

源 de (離れて) + vis (見る) ▶ 見分ける→工夫する

devise an effective method　効果的な方法を考案する

▶ device 名 装置

7 人体・人間

- □ **revise** [rɪváɪz] 動 改訂する、修正する
  - 源 re（再び）+ vis（見る）
  - *revise* an estimate upward 見積りを上方修正する
  - ▶ revision 名 改訂

- □ **supervise** [súːpərvàɪz] 動 監視する
  - 源 super（上から）+ vis（見る）
  - *supervise* a swimming pool プールの監視をする
  - ▶ supervisor 名 監督者

- □ **review** [rɪvjúː] 動 再検討する、復習する 名 批評
  - 源 re（再び）+ view（見る）
  - *review* today's lessons 今日の授業の復習をする

- □ **vision** [víʒən] 名 視覚、見通し
  - 源 vis（見る）+ ion（～すること）
  - My *vision* deteriorated. 視力が悪化した。

- □ **visual** [víʒuəl] 形 視覚の
  - 源 vis（見る）+ al（～の）
  - add a *visual* effect 視覚効果を加える

- □ **visible** [vízəbl] 形 見える
  - 源 vis（見る）+ ible（～できる）
  - The star is *visible* to the naked eye. その星は肉眼で見える。

- □ **evident** [évədənt] 形 明白な
  - 源 e（外に）+ vid（見える）+ ent（～な）
  - point out an *evident* mistake 明白な誤りを指摘する
  - ▶ evidence 名 証拠

- □ **envy** [énvi] 動 うらやむ
  - 源 en（上に）+ vy（見る）
  - I *envy* you *for* your good luck. 君の幸運がうらやましい。

- □ **provide** [prəváɪd] 動 供給する
  - 源 pro（前に）+ vid（見る）
  - *provide* amusement *for* people 人々に娯楽を提供する

プラスα

- □ overview（概観、総覧）　□ visit（訪問する）　□ vista（展望、予測）
- □ television（テレビ）

第2章　語根

■ 語源ネットワーク

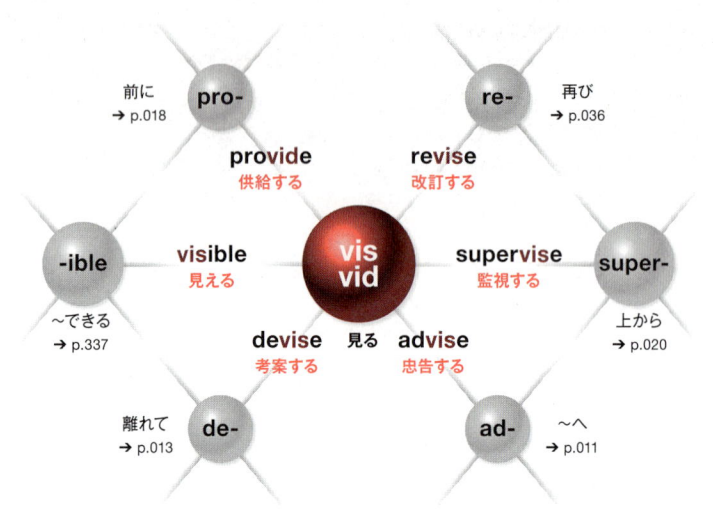

- pro- 前に → p.018
- re- 再び → p.036
- -ible ～できる → p.337
- super- 上から → p.020
- de- 離れて → p.013
- ad- ～へ → p.011

中心: **vis / vid** 見る

- **pro**vide 供給する
- **re**vise 改訂する
- **vis**ible 見える
- super**vise** 監視する
- de**vise** 考案する
- ad**vise** 忠告する

□ audition [ɔːdíʃən] 名 オーディション

源 aud（聞く）＋ tion（～すること）

apply for an *audition*　オーディションに応募する

語根 **aud**　聞く／接辞 **audio-**　音の、聴覚の

> audは「聞く」の意味の語根です。また、audioには「音響機器」の意味もありますが、「音の、聴覚の」の意味の接頭辞としても使われます。「AV機器」のAVはaudiovisual（視聴覚の）で、「視聴覚教育」はaudiovisual educationと言います。

□ audit [ɔ́ːdət]　動 会計検査をする　名 会計検査

源 aud（聞く）

have the accounts *audited*　会計検査を受ける

▶ 昔の会計検査は聞き取りで行われていたことに由来します。

7 人体・人間

- **audience** [ɔ́ːdiəns] 名 聴衆
  - 源 aud（聞く）+ ience（〜なもの）
  - There was a large *audience*.　大勢の聴衆がいた。

- **audible** [ɔ́ːdəbl] 形 聞こえる
  - 源 aud（聞く）+ ible（〜できる）
  - His voice was barely *audible*.　彼の声はかろうじて聞こえた。

- **auditorium** [ɔ̀ːdətɔ́ːriəm] 名 講堂
  - 源 aud（聞く）+ orium（〜する場所）▶ 聞く場所
  - The *auditorium* was full.　講堂は満員だった。

- **audiometer** [ɔ̀ːdiámətər] 名 聴力計
  - 源 audio（聴覚の）+ meter（計器）

- **audiophile** [ɔ́ːdioʊfàɪl] 名 オーディオマニア
  - 源 audio（音の）+ phile（愛する）

- **audiovisual** [ɔ̀ːdioʊvíʒuəl] 形 視聴覚の
  - 源 audio（音の）+ visual（見る）

プラスα

- **rhinoceros**（略して rhino）（サイ）

rhino は「鼻」を意味する語根です。

---

oral [ɔ́ːrəl] 形 口頭の

源 or（口、話す）+ al（〜の）

語根 or、ora　口、話す

or(a) は「口、話す」の意味の語根です。oral communication は「口頭のコミュニケーション」。

- **oration** [əréɪʃən] 名 演説
  - 源 ora（話す）+ tion（〜すること）

- □ **oracle** [ɔ́ːrəkl]　名 神託、神のお告げ
  - 源 ora (話す) + cle (もの)　▶ (神の) 言葉
- □ **adore** [ədɔ́ːr]　動 崇拝する
  - 源 ad (〜へ) + or (話す)　▶ 〜に祈る

□ **vocal** [vóukl]　形 声の

源 voc (声) + al (〜の)

語根 voc、vok、voic、vouch、vow　声

音楽バンドの「ボーカル」(歌い手)は、vocal (声の、声楽の)からきた言葉で、vocは「声」の意味を表す語根です。

- □ **advocate**　名 提唱者 [ǽdvəkət]　動 弁護する [ǽdvəkèit]
  - 源 ad (〜へ) + voc (声) + ate (〜する)　▶ 声に出して助けを求める
  - nuclear power *advocates*　原発推進論者たち
- □ **invoke** [invóuk]　動 呼び起こす、発動する
  - 源 in (内へ) + vok (声)
  - *invoke* the right to self-defense　自衛権を発動する
- □ **provoke** [prəvóuk]　動 怒らせる、引き起こす
  - 源 pro (前に) + vok (声)　▶ 相手の前で叫ぶ
  - *provoke* a fierce dispute　激しい論争を引き起こす
- □ **revoke** [rivóuk]　動 取り消す
  - 源 re (逆に) + vok (声)　▶ 逆の (意見を) 呼びかける
  - I had my driver's license *revoked*.　運転免許を取り消された。
- □ **voice** [vɔ́is]　名 声
  - 源 voic (声)
  - speak in a low *voice*　小声で話す
- □ **vocabulary** [voukǽbjəlèri]　名 語彙
  - 源 voc (声) + ary (〜するもの)
  - Increase your *vocabulary*.　語彙を増やしなさい。

7 人体・人間

- □ **voucher** [váutʃər]　名 クーポン（券）
  - 源 vouch（声）+ er（〜するもの）
  - collect travel *vouchers*　旅行クーポン券を集める
- □ **equivocal** [ɪkwívəkl]　形 あいまいな
  - 源 equi（等しい）+ voc（声）+ al（〜な）　▶ まぎらわしい
- □ **vowel** [váʊəl]　名 母音
  - 源 vow（声）
- □ **vocation** [voʊkéɪʃən]　名 職業、天職
  - 源 voc（声）+ tion（〜すること）　▶（神に）呼び出されること

mini知識

「ボカロ（VOCALOID）」というソフトが人気を集めていますが、これはvocal（声の）に「〜に似た」の意味を表す-oidを加えた造語です。同様の語に**android**（アンドロイド、人造人間）があります。こちらはandr(o)（人の、男性の）＋oid（〜に似た）です。androにphobia（恐怖症）を加えると、**androphobia**（男性恐怖症）という語ができます。

□ **animation** [ænəméɪʃən] 名 アニメーション

源 anim（息、生気）+ ion（〜にするもの）　▶ 生命を与えられたもの

語根 anim　息、生気

animは「息、生気」という意味の語根です。animateは「生命を与える、活発にする」の意味の動詞で、ここから「動画にする」の意味が生まれました。animation（アニメーション）はその名詞形です。またanimism（アニミズム）は、自然物に命（霊魂）が宿るとする信仰のこと。animal（動物）も「息をするもの」という意味から生まれた語です。

- □ **animate** [ǽnəmèɪt]　動 生命を与える、活発にする
  - 源 anim（生気）+ ate（〜にする）

第2章　語根

□ **animism** [ǽnəmìzm]　名 アニミズム
源 anim（生気）+ ism（慣行）

spirit [spírət] 名 精神、気分

源 spir（息）▶ 生気を与える
value the frontier *spirit*　開拓者精神を重視する
▸ spiritual　形 精神の

語根 spir、pir　息、呼吸

(s)pirも「息、呼吸」の意味の語根です。spiritの原義は「息をする」で、そこから「生気を与える→元気、精神」の意味になりました。

□ **aspire** [əspáɪər]　動 熱望する
源 a（〜へ）+ spir（息）▶ 〜へ向かって息を吐く
aspire to get married　結婚を熱望する
▸ aspiration　名 熱望、あこがれ

□ **expire** [ɪkspáɪər]　動〈契約・保証などの〉期限が切れる
源 ex（外へ）+ pir（呼吸）▶ 呼吸が終わる
My passport has *expired*.　パスポートの期限が切れた。
▸ expiration　名 満期

□ **inspire** [ɪnspáɪər]　動〈感情などを〉喚起する、奮い立たせる
源 in（中に）+ spir（息）▶ 息を吹き込む
His success *inspired* me.　彼の成功に私は奮い立った。
▸ inspiration　名 創造的刺激、インスピレーション

□ **respire** [rɪspáɪər]　動 呼吸する
源 re（再び）+ spir（呼吸）
respire through the nose　鼻で呼吸する
▸ respiratory　形 呼吸の

7 人体・人間

mini知識

perspireは「汗をかく」。per（～を通して）＋ spire（呼吸する）で「皮膚を通して呼吸する」が原義です。その名詞形が**perspiration**（汗）。Genius is one percent *inspiration* and ninety-nine percent *perspiration*.（天才は１％のひらめきと99％の汗［努力］である）というエジソンの有名な言葉があります。「汗」を表す一般的な語はsweatですが、ここではinspirationとperspirationとが韻を踏んでいるわけです。

☐ indent [índent] 名 字下げ

源 in（中に）＋ dent（歯）

語根 dent 歯

dentはラテン語に由来する「歯」を意味する語根です。indent（字下げ）は行の最初にスペースを開けて文字の頭を右に寄せることですが、（のこぎりの）歯のようなギザギザができることから出た語です。

- ☐ **dentist** [déntəst] 名 歯科医
  源 dent（歯）＋ ist（～する人）
- ☐ **dental** [déntl] 形 歯の
  源 dent（歯）＋ al（～の）
- ☐ **denture** [déntʃər] 名 入れ歯
  源 dent（歯）＋ ure（～するもの）

mini知識

dandelion（タンポポ）はフランス語のdent de lion、つまり「ライオンの歯」に由来します（de ＝ of）。タンポポの葉の形がライオンの歯のようにギザギザであることから名づけられたものです。

manual [mǽnjuəl] 名 マニュアル、手引書

源 manu (手) + al (〜の)

語根 man、manu　手

man(u) は「手」、manual は「手の」という意味を表します。例えば「手作業、肉体労働」は manual labor と言います。

manuscript [mǽnjəskrìpt]　名 手書き、原稿
源 manu (手) + script (書く)
write a *manuscript*　原稿を書く

manage [mǽnɪdʒ]　動 管理する、経営する
源 man (手) + age (扱う)　▶ 手であやつる
manage a company　会社を経営する

manipulate [mənípjəlèɪt]　動 操作する
源 manipul (一握り) + ate (〜する)
manipulate a tool easily　道具を容易に使いこなす

maneuver [mənúːvər]　動 操縦する、巧みに操る
源 man (手) + euver (働く)
maneuver public opinion　世論を操る

manufacture [mæ̀njəfǽktʃər]　動 製造する　名 製造業
源 manu (手) + fact (作る) + ure (〜するもの)
manufacture cars　自動車を製造する

▶「〜する人」の意味を表す -(e)r をつけた manufacturer は「製造業者」。car *manufacturer* は「自動車メーカー」です。

---

mini知識

「マニキュア液」にあたるものは英語で nail polish と言い、英語の **manicure** は、「手の (mani) +手入れ (cure)」ということ。マナー (**manner**) も「手に関係がある」という意味に由来します。

7 人体・人間

> **mini知識**
>
> **chiropractic**（カイロプラクティック）のchiroも「手」の意味です。**acupuncture**
> は「鍼治療」（acu＝針、puncture＝刺すこと）。そこから**acupressure**（指圧）
> という語も生まれました（pressure＝押すこと）。

□ **bracelet** [bréɪslət] 名 ブレスレット

源 brace（腕）+ et（小型の）

語根 **brace** 腕

braceはフランス語に由来する「腕」を意味する語根です。「小型の」
を意味する接尾辞-etと結びついて、bracelet（ブレスレット、腕輪）
という語ができました。embrace（抱擁する）なども同語源です。「小
型の」の意味の-et(te)は、islet（小島）、tablet（はぎ取り式メモ、錠剤）、
leaflet（ちらし）、cigarette（紙巻きたばこ）などに使われています。

□ **embrace** [ɪmbréɪs] 動 抱擁する
源 em（～の中に）+ brace（腕）

□ **pedal** [pédl] 名 ペダル

源 ped（足）+ al（～の）

語根 **ped** 足

pedは「足」の意味です。自転車などのペダル（pedal）はもともと「足
の」という意味の形容詞で、足で踏んで動かす装置をペダルと言うよ
うになりました。

第2章　語根

□ **pedestrian** [pədéstriən]　名 歩行者
- 源 ped（足）+ ian（〜の人）▶ 歩く人
- The truck hit a *pedestrian*.　トラックは歩行者をはねた。

□ **expedite** [ékspədàɪt]　動 早める、急送する
- 源 ex（外へ）+ ped（足）▶ 足を解放して（早める）
- Can you *expedite* the shipment?　出荷を早められますか。

□ **expedition** [èkspədíʃən]　名 探検、遠征
- 源 ex（外へ）+ ped（足）+ tion（〜すること）
- join an overseas *expedition*　海外遠征に参加する

□ **impede** [ɪmpíːd]　動 妨害する、遅らせる
- 源 im（中に）+ ped（足）
- Our trip was *impeded* by a storm.　旅行は嵐に邪魔をされた。
- ▸ impediment　名 妨害、障害

プラスα

- □ pedicure（足の手入れ）　□ peddler（行商人）
- □ pedometer（万歩計）　□ pedigree（血統書）
- □ centipede（ムカデ）　□ millipede（ヤスデ）
- □ biped（二足動物）　□ quadruped（四足動物）

手の手入れをmanicureと言うのに対して、足の手入れはpedicureです。
pedigreeの語源は「鶴の足」で、系図の線の形を鶴の足に見立てたものです。

mini知識

podも「足」の意味で、テトラポッド（**tetrapod**）などに使われています。

□ **anthropology** [æ̀nθrəpálədʒi]　名 人類学

- 源 anthrop（人間）+ logy（学問）
- 語根 **anthrop**　人間

7 人体・人間

プラスα

□ androgen (男性ホルモン)　□ gynecology (婦人科学)

androは「男性」、gynは「女性」を意味する語根です。

□ **maternity** [mətə́ːrnəti] 名 母性

源 mater (母) + ity (性質)

語根 **mater、matri、metro**　母

妊婦服を「マタニティー・ドレス」と言いますが、maternityはもともと「母であること、母性」の意味で、「母」を意味するmaterというラテン語に由来する語根が含まれています。matri、metroも「母」の意味です。

- □ **maternal** [mətə́ːrnl]　形 母(方)の
  源 mater (母) + al (〜の)

- □ **alma mater** [ǽlmə mɑ́ːtər]　名 母校
  源 alma (愛する) + mater (母)

- □ **matrimony** [mǽtrɪmòuni]　名 結婚生活
  源 matri (母) + mony (〜のこと) ▶ 母になること

- □ **matrix** [méɪtrɪks]　名 母体、基盤、行列〔数学用語〕
  源 matri (母)

- □ **metropolis** [mətrɑ́pəlɪs]　名 中心都市
  源 metro (母) + polis (都市)

patriot [péɪtriət] 名 愛国者

源 patri（父）+ ot（人） ▶ 父の地の人

語根 **pater、patr、patri、patro　父**

> maternal（母の）に対する語がpaternal（父（方）の）です。paterは「父」の意味の語根で、「父性」はpaternity。patr、patri、patroも「父」の意味を持ちます。また、pattern（手本、型、模型）も「父のように模範となるもの」という意味がもとになっています。

- **paternal** [pətə́ːrnl]　形 父（方）の
  源 pater（父）+ al（〜の）
- **paternity** [pətə́ːrnəti]　名 父性
  源 pater（父）+ ity（〜であること）
- **patriotism** [péɪtriətìzm]　名 愛国心
  源 patri（父）+ ism（〜主義）
- **patron** [péɪtrən]　名 後援者
  源 patro（父） ▶ 父のように保護する人
- **pattern** [pǽtərn]　名 手本、型、模型
  源 patter（父）

nurse [nə́ːrs] 名 看護師

源 nur（養う）

語根 **nur、nutr、nour　食物を与える、養う**

7 人体・人間

> nur、nutr、nourは「食物を与える、養う」を意味する語根です。nurseは古い英語では「乳母 (wet nurse)、保母」の意味を持ち、動詞のnurseは現代でも「授乳する」の意味で使います。nurseryは「育児室、保育園」、Mother Gooseと呼ばれるイギリスの伝承童謡はnursery rhymeと言います (rhyme＝韻文、詩)。

- □ **nursery** [nə́ːrsəri]　名 育児室、保育園
  - 源 nur (養う) + ery (〜する場所)

- □ **nutrition** [n(j)u(ː)tríʃən]　名 栄養
  - 源 nutr (食物を与える) + tion (〜すること)

- □ **nourish** [nə́ːrɪʃ]　動 栄養を与える、養う
  - 源 nour (食物を与える) + ish (〜する)
  - ▶ nourishment　名 栄養

プラスα

- □ nurture (育てる)　□ malnutrition (栄養失調)

8 生物・自然

意味	語根	例	
生命	bio viv	biology survive	名 生物学 動 生き残る
動物	zo	zodiac	名 黄道帯
馬	cabal	cab	名 タクシー
馬に乗る	rid	ride	動 乗る
鳥	avi	aviation	名 航空学
花	flour	florish	動 繁栄する
種	semin	seminar	名 ゼミ、研究会
空気	aero	aerobics	名 エアロビクス
風	vent	vent	名 通気孔
光	lumin	illumination	名 照明
輝く	cand	candle	名 ろうそく
光線	radio	radio	名 ラジオ
星	astro stella	astronaut constellation	名 宇宙飛行士 名 星座
太陽	sol	parasol	名 日傘
熱	thermo	thermometer	名 温度計
音	phon	symphony	名 交響楽
水	aqua hydro	aquarium hydrogen	名 水族館 名 水素
流れる	flu	fluid	名 流動体
液体	liqu	liquid	名 液体
海	mer	mermaid	名 人魚
島	is	isolate	動 孤立させる
波	und	undulate	動 波打つ
丘、山	mount	amount	名 総計
岸、川	riv	rival	名 ライバル
ぶどう酒	vin	vinegar	名 酢
肉	carni	carnival	名 謝肉祭
塩	sal	salary	名 給料

biology [baɪálədʒi] 名 生物学

源 bio (生命) + logy (学問)

the progress of environmental *biology*　環境生物学の進歩

語根 bio　生命

bioは「生命」を表す語根です。biotechnology (バイオテクノロジー、生物工学) のように、カタカナとして日本語に取り入れられているものもあります。また、自然との調和を重視した食生活を「マクロビ (オティックス) (macrobiotics)」と言いますが、これはmacro (大きい) とbiotic (生命の) を組み合わせた語です。

- **biochemistry** [bàɪəkémətri]　名 生化学
  源 bio (生命) + chemistry (化学)

- **biodiversity** [bàɪədəvə́ːrsəti]　名 生物の多様性
  源 bio (生命) + diversity (多様性)

- **bioenergy** [bàɪəénərdʒi]　名 生物燃料から得られるエネルギー
  源 bio (生命) + energy (エネルギー)

- **biohazard** [bàɪəhǽzərd]　名 生物学的災害
  源 bio (生命) + hazard (危険)

- **biotechnology** [bàɪəteknálədʒi]
  名 バイオテクノロジー、生物工学
  源 bio (生命) + technology (テクノロジー)

- **biography** [baɪágrəfi]　名 伝記
  源 bio (生命) + graphy (記述法)
  read a *biography* of Lincoln　リンカーンの伝記を読む

survive [sərváɪv] 動 生き残る

源 sur (越えて) + viv (生命)

Nobody *survived* the crash.　その墜落の生存者はいなかった。
▶ survival 名 生存、生き延びること、survivor 名 生存者

語根 **viv、vit　生命**

□ **revive** [rɪváɪv]　動 回復させる、生き返る
　源 **re**（再び）+ **viv**（生命）
　measures to *revive* the economy　経済を復興させる方策
　▶ 歌謡曲などが再流行することを「リバイバル」と言いますが、これに相当する英語はreviveの名詞形revival（再生）です。

□ **vivid** [vívɪd]　形 生き生きとした、鮮やかな
　源 **viv**（生命）+ **id**（〜している）
　have a *vivid* memory of the scene　その光景を鮮明に覚えている

□ **vital** [váɪtl]　形 生命の、不可欠の
　源 **vit**（生命）+ **al**（〜な）
　play a *vital* role in the drama　そのドラマで不可欠の役を演じる

□ **vitamin** [váɪtəmɪn]　名 ビタミン
　源 **vit**（生命）+ **amin**（アミン（化学物質））　▶ 生命に必要なアミン
　a vegetable rich in *vitamin* A　ビタミンAが豊富な野菜

□ **zodiac** [zóʊdiæ̀k]　名 黄道帯、十二宮図

源 **zo**（動物）

語根 **zo　動物**

> zodiac（黄道帯、十二宮図）とは、黄道（太陽の軌道）に沿って広がる、太陽、月、主な惑星が移動する想像上の球帯のこと。これを12等分して1つずつの星座（sign of the zodiac）を配したものが占星術に使われました。zodiacの語源は「動物の印」で、十二星座の多くは「おひつじ」「獅子」などの動物です。zoはギリシャ語に由来する「動物」の意味を表す語根で、zoo（動物園）などにも使われています。

□ **zoology** [zoʊálədʒi]　名 動物学
　源 **zo**（動物）+ **logy**（学問）

8 生物・自然

mini知識

星占いの星座名をまとめて見ておきましょう。

Aries	おひつじ座	Libra	てんびん座
Taurus	おうし座	Scorpio	さそり座
Gemini	ふたご座	Sagittarius	いて座
Cancer	かに座	Capricorn	やぎ座
Leo	しし座	Aquarius	みずがめ座
Virgo	おとめ座	Pisces	うお座

これらの多くはラテン語が起源です。例えば「うお座」は Pisces [páɪsiːz] ですが、「魚」はフランス語では poisson（ポワゾン）、イタリア語では pesce（ペッシェ）、スペイン語では pescado（ペスカド）と言います。このようにラテン系の言語には形の似た語が多くあります。

□ cab [kǽb] 名 タクシー

源 cab(al)（馬）

語根 **cabal、chival** 馬

今日では cab は taxi の意味で使われるのが一般的ですが、車がなかった時代の cab は「馬車」の意味でした。cab は cabriolet（折りたたみ式ほろ馬車）の短縮形で、「馬」を意味する語根 cabal から作られたものです。chival は異形です。また hipp も「馬」を表す語根で、hippopotamus（カバ）に含まれています。

□ **chivalry** [ʃívlri] 名 騎士道、礼節

源 chival（馬）

第2章　語根

□ ride [ráɪd] 動 乗る

源 rid（馬に乗る）

語根 rid　馬に乗る

ridという語根は「馬に乗る」の意味を持ち、今日ではrideは「(馬・乗り物などに)乗る」の意味で使います。road（道路）やraid（襲撃[急襲]（する））も同じ語源を持ち、もともとは「乗馬」という意味でした。

□ raid [réɪd]　動 襲撃[急襲]する　名 襲撃、急襲

源 raid（乗馬）

□ aviation [èɪviéɪʃən] 名 航空学

源 avi（鳥）+ tion（〜すること）

語根 avi　鳥

aviは「鳥」という意味の語根です。さらに「飛行、航空」の意味を持つようになり、aviation（航空学）などの語が生まれました。avianは「鳥(類)の」の意味の形容詞で、「鳥インフルエンザ」はavian [bird] fluと言います。

□ avian [éɪviən]　形 鳥（類）の

源 avi（鳥）+ an（〜の）

mini知識

動物を表すその他の語根の1つにsaurがあります。これは「トカゲ（lizard）」の意味で、**dinosaur**（恐竜）の原義は「恐ろしい（dino）トカゲ（saur）」です。

8 生物・自然

□ **flourish** [fláːrɪʃ] 動 繁栄する

源 flour（食事の花、（食物の）最上の部分）+ ish（～のような）

語根 **flour　食事の花、（食物の）最上の部分／antho　花**

flower（花）から意味が広がり、「食事の花、（食物の）最上の部分」を意味するflourという語根が生まれました。
anthoも「花」を表す語根です。anthology（名詩選、選集）は「花（のように美しい作品）を摘み取ったもの」という意味です。またchrysanthemum（菊）の原義は「金の花」です（chrys＝金の）。

□ **flour** [fláʊər]　名 小麦粉
　源 flour（（食物の）最上の部分）

□ **anthology** [ænθάlədʒi]　名 名詩選、選集
　源 antho（花）+ logy（～集）

□ **seminar** [sémənɑ̀ːr] 名 ゼミ、研究会

源 semin（種をまく）

語根 **se、semin　種（をまく）／germ　種、芽**

seed（種）と同語源の語です。se、seminは「種（をまく）」の意味の語根で、seminaryは「苗床」から転じて「神学校」の意味になりました。semen（精液）も同語源の語です。また、season（季節）ももとは「種まきの時期」の意味でした。なお、germも「種、芽」を意味する語根です。

□ **seed** [síːd]　名 種
　源 se（種）

- □ **seminary** [sémənèri] 名 神学校
  - 源 semin (種をまく) + ary (場所)
- □ **germ** [dʒə́ːrm] 名 細菌、病原菌
  - 源 germ (種、芽)
- □ **germinate** [dʒə́ːrmənèɪt] 動 発芽する
  - 源 germ (種、芽) + ate (〜する)

□ **aerobics** [eəróʊbɪks] 名 エアロビクス

源 aero (空気) + ics (活動)

語根 **aer、aero、ar　空気**

aer(o) は「空気」を意味する語根です。aerobics (エアロビクス) は aerobic exercises (有酸素運動) から生まれた言葉です。air (空気) なども同語源です。
空気に関連する語根には、「蒸気」を意味する vapor もあります。

- □ **aerial** [éəriəl] 形 空気の、空中の
  - 源 aer (空気) + al (〜の)
- □ **aeroplane** [éərəplèɪn] 名 飛行機
  - 源 aero (空気) + plane (飛行機)
- □ **aerobatics** [èərəbǽtɪks] 名 曲芸飛行
  - 源 aero (空気) + batics (曲芸)
- □ **soar** [sɔ́ːr] 名 舞い上がる
  - 源 s (外へ) + ar (空気)
  - The company's stock price *soared* [skyrocketed].
  - その会社の株価は急上昇した。
- □ **vapor** [véɪpər] 名 蒸気
  - 源 vapor (蒸気)
- □ **evaporate** [ɪvǽpərèɪt] 動 蒸発する
  - 源 e (外へ) + vapor (蒸気) + ate (〜する)

☐ vent [vént] 名 通気孔 動〈煙などを〉排出する

源 vent（風）

語根 **vent** 風

原発事故のニュースで「ベント」という言葉が頻繁に出てきましたが、ventは「通気孔、〈煙などを〉排出する」という意味の語です。語根のventには「風」の意味があり、通気孔はventholeとも言います。

☐ venthole [vénthòʊl] 名 通気孔
源 vent（風）+ hole（穴）

☐ ventilate [véntəlèɪt] 動 換気する
源 vent（風）+ ate（〜する）
The room isn't well *ventilated*.　この部屋は風通しがよくない。
▶ ventilator 名 換気装置、換気扇

mini知識

anemoも「風」を意味する語根です。**anemometer**は「風速計」〈meter＝計器〉。花のアネモネ（**anemone**）の原義は「風の娘」で、windflowerという別名もあります。

☐ illumination [ɪlùːmənéɪʃən] 名 照明

源 il（中に）+ lumin（輝く）+ ation（〜すること）

語根 **luc、lustr、luci、lumin** 光、明かり、輝く

☐ illuminate [ɪlúːmənèɪt] 動 照らす
源 il（中に）+ lumin（輝く）+ ate（〜する）
illuminate a cherry tree with lights　桜の木をライトで照らす

第2章　語根

□ **illustrate** [íləstrèɪt]　**動** 例証する、図解する

源 il（中に）+ lustr（輝く）+ ate（〜する）　▶ 光を当てて明らかにする

illustrate a theory by facts　理論を事実で例証する

プラスα

- □ lucid（明快な）　□ luminous（光を発する）
- □ luminescence（蛍光）　□ luster（光沢）
- □ translucent（半透明の）

mini知識

fluorescent lightは「蛍光灯」ですが、**fluorescent**はfluoro（蛍光の）+ escent（光り始めた）が語源です。fluoroはもともと「フッ素」の意味で、地球温暖化の原因として問題になったフロンガスはchlorofluorocarbon、略して**CFC**と言います。

mini知識

photoも「光」の意味の語根で、photograph（写真）などに使われています。**photosynthesis**は「光合成」です。**synthesis**は「統合、合成」の意味で、音を合成する機械が**synthesizer**（シンセサイザー）です。またコピー機はもともと**photocopier**（写真複写機）で、単に**copier**（またはcopying machine）と言います。

□ **candle** [kǽndl]　**名** ろうそく

源 cand（輝く、白い）

語根　**cand**　輝く、白い

candは「輝く、白い」という意味の語根で、身近な例にcandle（ろうそく）があります。candidate（候補者）もこの語根を持っています。これは、古代ローマでは公職の候補者は白衣を着ていたことに由来します。

8 生物・自然

- □ **candidate** [kǽndədèɪt] 名 候補者
  - 源 cand（白い）+ ate（職、任務）
  - Five *candidates* ran for the election.　5人が選挙に立候補した。
- □ **candid** [kǽndɪd] 形 率直な
  - 源 cand（白い）+ id（〜の）　▶ 白くて悪意のない

□ **radio** [réɪdioʊ] 名 ラジオ

源 radio（光線、光の束）

語根 radi、radio　光線、光の束

radio（ラジオ）はradiotelegraph（無線電信機）の略称で、radioには「電波の、無線の」の意味があります。radioは本来「光線、光の束」の意味で、放射状に広がるものを表すのに使われるようになりました。この語根から生まれた語には、radius（半径）、radium（ラジウム）や、「ラジアルタイヤ」のradial（放射状の）などがあります。

- □ **ray** [réɪ] 名 光線
  - 源 ray（光線）
- □ **radius** [réɪdiəs] 名 半径
  - 源 radi（光線）
- □ **radium** [réɪdiəm] 名 ラジウム
  - 源 radi（光線）
  - ▶ 放射線を出すことから「放射」を意味するラテン語のradiusに由来。
- □ **radial** [réɪdiəl] 形 放射状の
  - 源 radi（光線）+ al（〜の）
- □ **radiate** [réɪdièɪt] 動 〈光や熱を〉放射する
  - 源 radi（光線）+ ate（〜する）
- □ **radiator** [réɪdièɪtər] 名 放熱器、（車の）ラジエーター
  - 源 radi（光線）+ ator（〜するもの）

- □ **radioactive** [rèɪdioʊǽktɪv]　形 放射性の、放射能を持つ
  - 源 radio（光線）+ active（〜の能力を持った）
- □ **radioactivity** [rèɪdioʊæktívəti]　名 放射能
  - 源 radio（光線）+ activi（〜の能力を持った）+ ty（〜するもの）

□ astronaut [ǽstrənɔ̀ːt]　名 宇宙飛行士

源 astro（星）+ naut（水夫）
I want to be an *astronaut*.　宇宙飛行士になりたい。

語根 **astro、aster　星**

> astro、asterは「星」を意味する語根で、star（星）と同語源です。「＊」の記号は「アステリスク（asterisk）」つまり「星印」ということ。

- □ **astrology** [əstrάlədʒi]　名 占星術
  - 源 astro（星）+ logy（学問）
  - I'm not interested in *astrology*.　占星術には興味がない。
- □ **disaster** [dɪzǽstər]　名 災害
  - 源 dis（離れて）+ aster（星）　▶（幸運の）星から離れている
  - suffer a devastating *disaster*　壊滅的な災害にあう

mini知識

日本発のテレビアニメ「鉄腕アトム」がアメリカで放映された時、Astro Boy（宇宙少年）というタイトルがつけられました。

□ constellation [kὰnstəléɪʃən]　名 星座

源 con（共に）+ stella（星）+ tion（〜するもの）　▶ 共に集まった星

語根 **stella、sider　星**

8 生物・自然

> stella、siderは「星（star）」の意味の語根です。ちなみにstarの形容詞形はstellar（星の）。女性の名前のStellaも「星」を意味するラテン語に由来します。

- □ **consider** [kənsídər]　**動 考慮する**
  - 源 con（共に）+ sider（星）　▶ 星をよく調べる
  - *consider* all possibilities　あらゆる可能性を考慮する
- □ **stellar** [stélər]　**形 星の**
  - 源 stella（星）　▶ 星の群れ

□ **parasol** [pérəsɔ̀ːl]　名 日傘

源 para（防護）+ sol（太陽）　▶ 太陽をさえぎるもの

語根 **sol　太陽**

> Solはローマの太陽神で、solar（太陽の）などの語源でもあります。parasolは「太陽をさえぎるもの」が原義です。ちなみにumbrは「影（を作る）」の意味の語根で、ここから生まれたのがumbrella（傘）です。一方、Lunaは「月の女神」です。名詞moon（月）と形容詞lunar（月の）の形が全く違うのは、moonがゲルマン語、lunarがラテン語に由来する言葉だからです。lunatic（狂気の）という形容詞がありますが、これは月夜の晩には人の精神状態が不安定になると言われていたことに由来します。

- □ **solar** [sóʊlər]　**形 太陽の**
  - 源 sol（太陽）+ ar（〜の）
- □ **umbrella** [ʌmbrélə]　**名 傘**
  - 源 umbr（影（を作る））+ ella（小さな）
- □ **lunar** [lúːnər]　**形 月の**
  - 源 luna（月）
- □ **lunatic** [lúːnətɪk]　**形 狂気の**
  - 源 luna（月）+ tic（〜の）

第2章　語根

> **mini知識**
>
> 1990年代に人気を博したバンドLUNA SEAは、インディーズ時代はLUNACYという名前でした。**lunacy**は「狂気」の意味で、lunaticの名詞形です。

thermometer [θərmάmətər] 名 温度計

源 thermo (熱) + meter (計 (器))

語根 **therm、thermo　熱**

thermal [θə́ːrml] 形 熱の

源 therm (熱) + al (〜の)

thermal power generation　火力発電

▶ 水力はhydropower、原子力はnuclear power。

geothermal [dʒìːouθə́ːrml] 形 地熱の

源 geo (地球) + therm (熱) + al (〜の)

put *geothermal* generation to practical use　地熱発電を実用化する

▶ geoは「地球、土地」の意味。geographyは「地質学」。

> **mini知識**
>
> 「サーモスタット、自動温度調節器 (**thermostat**)」は「熱をstatic (静的な状態) にする器具」ということ。また、原子力発電用語の「プルサーマル」は、「プルトニウム (plutonium) を熱 (thermal) 中性子炉に利用する」という意味から作られた和製英語です。

symphony [símfəni] 名 交響楽

源 sym (共に) + phon (音)

語根 **phon　音／son　音**

phonは「音」を表す語根で、telephone（電話）〈tele＝遠く〉、megaphone（メガホン、拡声器）〈mega＝大きい〉などの語を作ります。また、xylophone（木琴）〈xylo＝木〉は日本語では「シロホン」と言いますが、英語の発音は[záɪləfòʊn]です。
「音」を表す語根には、son（＝sound）もあります。

□ **earphone** [íərfòʊn]　名 イヤホン
  源 ear（耳）+ phon（音）

□ **microphone** [máɪkrəfòʊn]　名 マイク
  源 micro（小さい）+ phon（音）

□ **xylophone** [záɪləfòʊn]　名 木琴
  源 xylo（木）+ phon（音）

□ **sonic** [sánɪk]　形 音の
  源 son（音）+ ic（〜の）

□ **supersonic** [sùːpərsánɪk]　形 超音速の
  源 super（超える）+ son（音）+ ic（〜の）

□ **resonate** [rézənèɪt]　動 反響する、共鳴する
  源 re（再び）+ son（音）+ ate（〜する）

□ **aquarium** [əkwéəriəm]　名 水族館、水槽

源 aqua（水）+ (a)rium（〜に関する場所）

語根 **aqua**　水

aquaは「水」、ariumは「〜に関する場所」を意味します。潜水具のAqua-lung（アクアラング〈商標名〉）は、aquaとlung（肺）を組み合わせた語です。また、アクエリアス（Aquarius）というスポーツ飲料は、星座の「水がめ座」の意味です。

- □ **aqua**culture [ǽkwəkʌ̀ltʃər]　名 水産養殖
  - 源 aqua (水) + culture (耕作、栽培)
- □ **aqua**farm [ǽkwəfɑ̀ːrm]　名 養魚場
  - 源 aqua (水) + farm (飼育場)
- □ **planet**arium [plæ̀nətéəriəm]　名 プラネタリウム
  - 源 planet (惑星) + arium (〜に関する場所)

> **mini知識**
>
> **sanatorium** は「保養所」。「健康に関する場所」の意味で、**sanitary**(衛生的な)などと同語源です。日本語のサナトリウム(海や山にある結核療養所)とは意味が違います。

プラスα

□ flame (炎)　□ inflame (感情を刺激する)　□ perfume (香水)

flam は「火」を意味する語根、fum は「煙」の意味です。

□ **hydro**gen [háɪdrədʒən]　名 水素

源 hydro (水) + gen (生じたもの)　▶ 水を生み出すもの

語根 hydr、hydro　水

> hydr(o) は「水」を表すギリシャ語に由来する語根で、hydrogen は「水素」です (「酸素」は oxygen)。また「ハイドロプレーニング現象」とは、雨などでぬれた路面を車で走行中に、タイヤと地面の間に薄い膜ができて操縦不能になる状態を表します。この hydroplane とは、もともと「水上 (飛行) 機」のことです。

- □ **carbo**hydrate [kɑ̀ːrbouháɪdreɪt]　名 炭水化物
  - 源 carbo (炭素) + hydrate (水和物)

- □ **hydrant** [háɪdrənt] 名 消火栓
  - 源 hydr (水) + ant (〜するもの)
- □ **hydroplane** [háɪdroʊplèɪn] 名 水上 (飛行) 機
  - 源 hydro (水) + plane (飛行機)

□ **fluid** [flúːɪd] 名 流動体、水分 形 流動性の

- 源 flu (流れる) + id (〜状態の)
- Take a lot of *fluid* in summer.　夏には多くの水分を取りなさい。

語根 flu、flo　流れる

- □ **fluctuate** [flʌ́ktʃuèɪt] 動 変動する
  - 源 flu (流れる) + ate (〜にする)
  - Stock prices *fluctuated* sharply.　株価が激しく変動した。
- □ **fluent** [flúːənt] 形 流ちょうな
  - 源 flu (流れる) + ent (〜な)
  - He is *fluent* in Korean.　彼は韓国語を流暢に話す。
- □ **flood** [flʌ́d] 名 洪水
  - 源 flo (流れる)
  - The *flood* has destroyed this town.　洪水はこの町を破壊した。

□ **liquid** [líkwɪd] 名 液体 形 液体の

- 源 liqu (液体) + id (〜の)
- a transparent *liquid*　透明な液体

語根 liqu　液体

> liquは「液体」の意味の語根で、liquor（アルコール飲料）などに使われています。甘いお酒のリキュール（liqueur）はフランス語からの借用語です。

- □ **liquidate** [líkwɪdèɪt]　**動**〈負債などを〉清算する
  - 源 liqu（液体）+ ate（〜する）
  - *liquidate* a debt　負債を清算する
- □ **liquor** [líkər]　**名** アルコール飲料
  - 源 liqu（液体）

□ **mermaid** [mə́ːrmeɪd]　名 人魚

源 mer（海）+ maid（乙女）

語根 mer、mar　海

> mer、marは「海」を意味するラテン語に由来する語根です。MLBでイチロー選手が長く在籍したシアトル・マリナーズ（the Seattle Mariners）のmarinerとは「水夫、船員」の意味で、「海」を意味するmarという語根が含まれています。

- □ **marine** [məríːn]　**形** 海の
  - 源 mar（海）+ ine（〜の）
  - protect *marine* life from extinction　海洋生物を絶滅から守る
  - ▶ submarine　**名** 潜水艦（原義は海（marine）の下（sub））
- □ **mariner** [mǽrənər]　**名** 水夫、船員
  - 源 mar（海）+ ine（〜の）+ r（人）

プラスα

□ maritime（海の、海事の）　　□ marsh（沼地）

8 生物・自然

isolate [áɪsəlèɪt] 動 孤立させる

源 is (島) + late (〜にする) ▶ 島にする
isolate a patient *from* others　患者を他の者から隔離する

語根 is、insul　島

is、insul は「島」を意味する語根で、island (島) は is に land (陸地) を加えたものです。

- ### insular [ínsələr]　形 島の
  源 insul (島) + ar (〜の)
- ### peninsula [pənínsələ]　名 半島
  源 pen (ほとんど) + insul (島) + ar (〜の)

undulate [ʌ́ndʒəlèɪt] 動 波打つ

源 und (波打つ) + late (〜にする)

語根 und、ound　波打つ、あふれる

ゴルフの芝生の起伏を「アンジュレーション (undulation)」と言いますが、これは undulate (うねる、波打つ) という動詞の名詞形です。und、ound は「波打つ、あふれる」の意味の語根です。

- ### inundate [ínʌndèɪt]　動 氾濫する、あふれさせる
  源 in (上に) + und (波) + ate (〜にする) ▶ 上に波が来る
  a resort *inundated with* tourists　観光客があふれるリゾート地
- ### abundant [əbʌ́ndənt]　形 豊富な
  源 ab (離れて) + und (波) + ant (〜な) ▶ 波が流れ出るほどの
  a country *abundant in* natural resources　天然資源に富む国

abound [əbáʊnd] 動 富む

源 ab(離れて) + ound(波) ▶ 波が流れ出る
This river *abounds in* salmon.　この川にはサケが多い。

amount [əmáʊnt]
動 総計が〜になる
名 総計、量

源 a(〜へ) + mount(丘、山) ▶ 山の方へ
The expenses *amounted to* 50,000 yen.　費用は5万円に達した。

語根 **mount** 丘、山

mountは「丘、山」の意味で、amountは「山の方へ」〈a＝〜へ〉から「総計(が〜になる)」の意味になりました。mountain(山)と同語源の語です。

dismount [dɪsmáʊnt] 動 降ろす
源 dis(離れて) + mount(山)

paramount [pǽrəmàʊnt] 形 最高の
源 para(上に) + mount(山)

surmount [sərmáʊnt] 動 打ち勝つ
源 sur(越えて) + mount(山)

rival [ráɪvl] 名 ライバル

源 riv(川) ▶ 川を他人と共同で使う人

語根 **riv** 岸、川

rivはもともとは「岸」の意味ですが、「川岸→川」を意味するようになってriver(川)という語ができました。

■8 生物・自然

□ **arrive** [əráɪv]　動 到着する
源 a (〜へ) + riv (岸)　▶ 岸の方へ行く

□ **vinegar** [vínəgər] 名 酢

源 vin (ぶどう酒) + egar (すっぱい)

語根 **vin　ぶどう酒**

> vin は wine (ぶどう酒)、egar は「すっぱい、苦い」の意味の語根です。つまり vinegar は「すっぱいぶどう酒」ということ。ぶどうなどの「つる」を意味する vine も、wine と関係のある語です。ぶどう園は古くは wineyard (＝ぶどう酒の庭) と言っていましたが、のちに vineyard となりました。また、年代物の極上ワインを vintage wine と言いますが、vintage はもともと「特定の収穫期のぶどう酒」の意味です。egar の方は「(味が) 鋭い」の意味から eager (熱心な) などの語を生みました。

□ **vine** [váin]　名 つる
源 vin (ぶどう酒)

□ **vineyard** [vínjərd]　名 ぶどう園
源 vin (ぶどう酒) + yard (庭)

□ **vintage** [víntɪdʒ]　名 (特定の地域・収穫期の) ぶどう酒
源 vin (ぶどう酒)

□ **eager** [íːgər]　形 熱心な
源 egar ((味が) 鋭い)

□ **carnival** [káːrnəvl] 名 謝肉祭

源 carni (肉) + val (取り上げる)　▶ 肉食の中止
語根 **carni　肉**

日本語で「カーニバル」と言えば派手なお祭り一般を表すイメージですが、carnivalの本来の意味は「謝肉祭」で、カトリック教国で肉食を断つ期間の前に行われるお祭りのことです。carn(i)はラテン語に由来する「肉」の意味の語根で、carnivoreは「肉食動物」です。一方、日本語では一般に香草を「ハーブ」と言いますが、herbは「草」を表す語根でもあります。したがって「草食動物」はherbivoreと言います。またmeat（肉）の原義は「食物」、mate（仲間）は「会食の仲間」がもとになった語で、両者は同じ語源から発しています。meal（食事）は形は似ていますが「定量、定まった時間」を意味するmeという語根がもとになっており、measure（測定する）やmeter（メートル）などと同じ語源の語です。

□ **carnivore** [káːrnəvɔ̀ːr] 名 肉食動物
源 carni（肉）＋ vore（食べる）

□ **herb** [ə́ːrb] 名 草
源 herb（草）

□ **herbivore** [hə́ːrbəvɔ̀ːr] 名 草食動物
源 herb（草）＋ vore（食べる）

□ **salary** [sǽləri] 名 給料

源 sal（塩）＋ ary（〜に関する）

語根 **sal** 塩

salは「塩」を意味する語根で、salt（塩）、saline（塩辛い）、sauce（ソース）、salami（サラミ）、sausage（ソーセージ）などの語源になっています。また、salary（給料）の語源が「塩」に関係していることはよく知られています。古代ローマでは、兵士の給料として塩などの重要な物資を買うための銀貨を与えていたことに由来します。

□ **salt** [sɔ́ːlt] 名 塩
源 sal（塩）

□ **saline** [séɪliːn] 形 塩辛い

源 sal（塩）+ ine（～な）

プラスα

□ salad（サラダ）　□ saucer（受け皿）

9 科学・思考

意味	語根	例	
知る	sci	science	名 科学
考える	put	computer	名 コンピュータ
法則	nomy	astronomy	名 天文学
自然	phys	physics	名 物理学
証明	prov	prove	動 証明する
記憶	memor	memory	名 記憶
数える	count	account	名 預金口座
求める	quest	request	名 動 要求(する)
注意	cur	cure	動 治療する
治す	med	medicine	名 薬
学校	schol	scholar	名 学者
機械	machine	machinery	名 機械類
技術	art techn	artificial technical	形 人工的な 形 技術的な
電気	electr	electricity	名 電気
力	dyna	dynamite	名 ダイナマイト
車	car	carry	動 運ぶ
船	nav	navigate	動 航行する

□ science [sáiəns] 名 科学

源 sci(知る) + ence(〜するもの)

study computer *science*　コンピュータ科学を学ぶ
▶ scientific 形 科学的な、scientist 名 科学者

語根 **sci** 知る

sciは「知る」という意味の語根です。conscious と conscience は
つづり字が紛らわしいので注意しましょう。

9 科学・思考

- □ **conscious** [kάnʃəs]　形 意識して、気づいて
  - 源 con (完全に) + sci (知る) + ous (〜な)
  - be *conscious* of the danger　その危険に気づいている

- □ **conscience** [kάnʃəns]　名 良心
  - 源 con (完全に) + sci (知る) + ence (〜こと)
  - ▶ 全てを知っていること (→ (善悪の区別を) 知っていること)
  - Follow your *conscience*.　あなたの良心に従いなさい。
  - ▸ conscientious　形 良心的な

□ **computer** [kəmpjúːtər]　名 コンピュータ

源 com (共に) + put (考える) + er (〜するもの)

語根 **put** 考える

> computer (コンピュータ) には「考える」という意味のputという語根が含まれています。動詞のcomputeは「共に (com) 考える (put) →計算する」という意味で、computerのもとの意味は「計算機」でした。

- □ **dispute** [dɪspjúːt]　名 論争　動 論争する
  - 源 dis (離れて) + put (考える)　▶ 別々に考える
  - cause a scientific *dispute*　科学的な論争を引き起こす

- □ **deputy** [dépjəti]　名 代理 (人)
  - 源 de (離れて) + put (考える) + y (〜する人)　▶ 別に考える人
  - He chose me as his *deputy*.　彼は自分の代理として私を選んだ。

- □ **reputation** [rèpjətéɪʃən]　名 評判
  - 源 re (再び) + put (考える) + tion (〜すること)
  - The shop has a good *reputation*.　その店は評判がいい。

□ **astronomy** [əstrάnəmi]　名 天文学

源 astro (星) + nomy (法則)

receive a degree in *astronomy*　天文学で学位を受ける
▶ astronomer 名 天文学者、astronomical 形 天文学上の

語根 nom 法／nomy ～の法則、管理

nomは「法」で、語尾の-nomyは「～の法則、管理」という意味を表します。

- □ **economy** [ɪkánəmi]　名 経済
    - 源 eco（家）+ nomy（管理）
    - The *economy* is picking up.　経済は上向きつつある。
- □ **autonomy** [ɔːtánəmi]　名 自治
    - 源 auto（自己）+ nomy（管理）

physics [fízɪks] 名 物理学

源 phys（物理）+ ics（学問）
win a Nobel Prize in *Physics*　ノーベル物理学賞を取る

語根 phys、physio 自然、肉体、物理

phys(io) の原義は「自然」で、「肉体、物理」などの意味に広がりました。

- □ **physical** [fízɪkəl]　形 肉体的な、物理的な
    - 源 phys（肉体）+ ical（～な）
    - ban *physical* punishment　体罰を禁止する
- □ **physician** [fɪzíʃən]　名 内科医
    - 源 phys（肉体）+ ician（～する人）
    - You need to see a *physician*.　内科医に診てもらう必要がある。

プラスα

□ physiology（生理学）　□ physique（体格）
□ metaphysics（形而上学）

9 科学・思考

prove [prúːv] 動 証明する

源 prov (証明する)
I can *prove* you are wrong. 君が間違っていると証明できる。

語根 **prob、prov、proof 証明する**

prob、prov、proofは「証明する」という意味です。provは動詞を作る語根として使われます。

proof [prúːf] 名 証拠
源 proof (証明する)
The argument lacks *proof*. その主張は証拠を欠いている。

proofread [prúːfriːd] 動 校正する
源 proof (証明する) + read (読む)
She is *proofreading* a galley. 彼女はゲラ刷りを校正している。

approve [əprúːv] 動 承認する、同意する
源 ap (〜へ) + prov (証明する) ▶ 〜の(よさを)証明する
I *approve of* the decision. 私はその決定に賛成だ。

improve [ɪmprúːv] 動 改善する
源 im (中に) + prov (証明する)
improve the working conditions 労働条件を改善する

reprove [rɪprúːv] 動 非難する
源 re (反対) + prov (証明する)
reprove him *for* his fault 彼の過ちを非難する

probe [próʊb] 動 精査する 名 精査
源 prob (証明する)
probe causes of an accident 事故の原因を精査する

probably [prάbəbli] 副 たぶん
源 prob (証明する) + ably (〜が可能な)
He will *probably* win the game. 彼はたぶん試合に勝つだろう。
▶ probability 名 ありそうなこと、見込み

memory [méməri] 名 記憶

源 memor（記憶している）+ y（～すること）
She has a good *memory*.　彼女は記憶力がいい。
▶ memorable　形 記憶に残る、印象的な

語根 mem、memo、memor　記憶している

「記憶」はフランス語でをメモワール（mémoire）と言いますが、この語がほぼそのまま英語に取り入れられたmemoir（回想録）という語があります。mem(or)はラテン語に由来する「記憶している」という意味の語根です。

memo [mémoʊ]　名 (社内の)連絡票、回覧状(memorandum)
源 memo（記憶している）

memorial [məmɔ́ːriəl]　形 形見の、追悼の
源 memor（記憶している）+ ial（～の）
attend a *memorial* service　追悼式に出席する

memorize [méməràɪz]　動 記憶する、暗記する
源 memor（記憶している）+ ize（～する）
memorize a long script　長い台本を暗記する

commemorate [kəmémərèɪt]　動 記念する
源 com（共に）+ memor（記憶している）+ ate（～する）
commemorate the success　その成功を記念する
▶ commemorative　形 記念となる

remember [rɪmémbər]　動 覚えている、思い出す
源 re（再び）+ mem（記憶している）
I don't *remember* his name.　彼の名前を覚えていない。

memoir [mémwɑːr]　名 回想録
源 memo（記憶している）

account [əkáʊnt] 名 預金口座、説明

源 ac (〜へ) + count (数える) ▶ 〜に計算して入れる
open an *account* in a bank　銀行に口座を開く

語根 count　数える

countは「数える」の意味を表す語根で、そのままcount (数える) という動詞として使います。counter (カウンター) は、もともと店などで勘定を数える台の意味でした。

- ## count [káʊnt]　動 数える
  源 count (数える)

- ## discount [dískaʊnt]　動 割引する　名 割引
  源 dis (反対に) + count (数える) ▶ 減らす
  get a ten percent *discount*　10％割引してもらう

request [rɪkwést] 動 要求する 名 要求

源 re (再び) + quest (求める)
request a loan from a bank　銀行に融資を頼む

語根 quer、quest、quir　求める、尋ねる

quer、questは「求める、尋ねる」という意味の語根で、question (質問) などに使われています。TVゲームの「ドラゴンクエスト」の「クエスト (quest)」は「探索、冒険の旅」という意味です。また、コンピュータ用語でデータベースの検索を「クエリー (query)」と言いますが、これも「質問、疑問」の意味です。

acquire [əkwáɪər]　動 獲得する
源 ac (〜を) + quir (求める)
The writer *acquired* great fame.　その作家は大きな名声を得た。
▶ acquisition　名 取得

inquire [ɪnkwáɪər]　動 尋ねる、調査する
源 in (中に) + quir (求める)
inquire into an accident closely　事故を詳しく調査する

inquiry [ɪnkwáɪəri]　名 照会、問い合わせ
源 in (中に) + quir (尋ねる) + y (〜すること)
receive an *inquiry* about a product　製品の問い合わせを受ける

require [rɪkwáɪər]　動 要求する、必要とする
源 re (再び) + quir (求める)
This job *requires* patience.　この仕事には忍耐が必要だ。
▶ requirement　名 必要なもの

conquer [káŋkər]　動 征服する
源 con (完全に) + quer (求める)
try to *conquer* cancer　ガンを克服しようと努める
▶ conquest　名 征服

quest [kwést]　名 探索、冒険の旅
源 quest (尋ねる)

query [kwíəri]　名 質問、疑問
源 quer (尋ねる) + y (〜すること)

プラスα

□ exquisite (すばらしい)　□ inquisitive (好奇心の強い)
□ questionnaire (アンケート用紙)

■ 語源ネットワーク

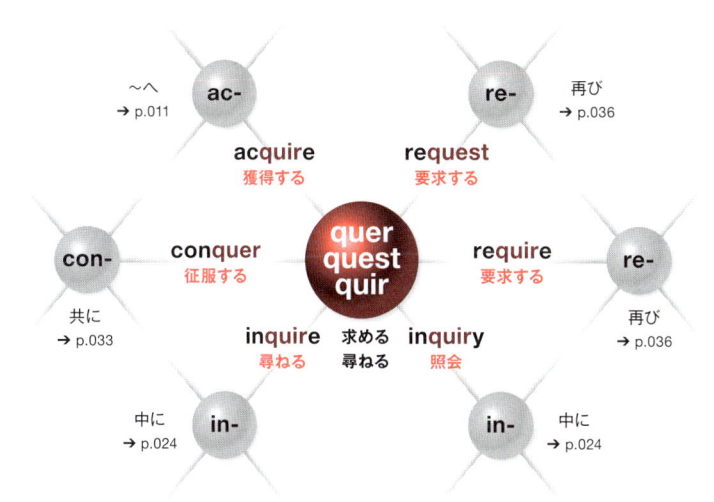

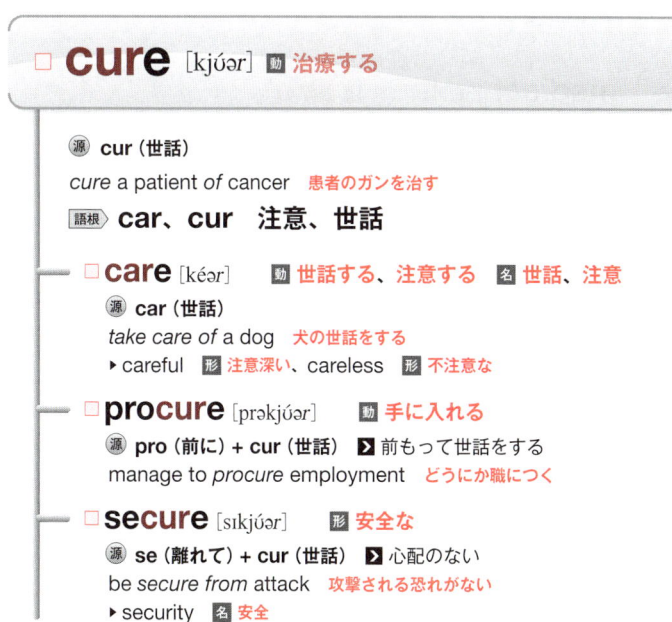

- ac- 〜へ → p.011
  - **acquire** 獲得する
- re- 再び → p.036
  - **request** 要求する
- con- 共に → p.033
  - **conquer** 征服する
- **quer / quest / quir** 求める
- re- 再び → p.036
  - **require** 要求する
- in- 中に → p.024
  - **inquire** 尋ねる
- in- 中に → p.024
  - **inquiry** 照会

□ cure [kjúər] 動 治療する

源 cur (世話)
cure a patient *of* cancer　患者のガンを治す

語根 car、cur　注意、世話

□ care [kéər]　動 世話する、注意する　名 世話、注意
源 car (世話)
take *care* of a dog　犬の世話をする
▶ careful 形 注意深い、careless 形 不注意な

□ procure [prəkjúər]　動 手に入れる
源 pro (前に) + cur (世話)　▶ 前もって世話をする
manage to *procure* employment　どうにか職につく

□ secure [sɪkjúər]　形 安全な
源 se (離れて) + cur (世話)　▶ 心配のない
be *secure from* attack　攻撃される恐れがない
▶ security 名 安全

第2章　語根

- □ **curator** [kjúəreɪtər]　名 学芸員、館長
  - 源 cur (世話) + or (〜する人)　▶ 世話をする人
  - work as a *curator* at a museum　博物館の学芸員として働く
- □ **accurate** [ǽkjərət]　形 正確な
  - 源 ac (〜へ) + cur (注意) + ate (〜する)　▶ 〜に注意が向けられた
  - *accurate* pronunciation of the word　その単語の正確な発音

medicine [médəsn]　名 薬、医学

源 med (治す)　▶ 治す技術

take *medicine* after every meal　毎食後に薬を飲む

▶ medicate　動 薬で治療する、medication　名 投薬治療

語根 **med**　治す

> medは「治す」という意味の語根。medicoは「医者、医学生」の意味の口語表現です。

- □ **medical** [médɪkəl]　形 医学の
  - 源 med (治す) + ical (〜の)
  - give *medical* care to the injured　負傷者に医学的治療を施す
- □ **remedy** [rémədi]　名 治療法
  - 源 re (もとへ) + med (治す) + y (〜すること)
  - apply a folk *remedy* for a cold　かぜの民間療法を使う
- □ **medico** [médɪkòʊ]　名 医者、医学生
  - 源 med (治す)

mini知識

薬を使った治療 (medication) に対して、薬を使わずに病気を治すのが **therapy** (療法) です。**aromatherapy** (アロマテラピー、芳香療法)、**psychotherapy** (心理療法) など、さまざまな種類があります。

9 科学・思考

scholar [skάlər] 名 学者

源 schol (学校) + ar (〜する人) ▶ 学校に関する人
She is a promising *scholar*.　彼女は前途有望な学者だ。

語根 **schol**　余暇、講義、学校

> scholは本来「余暇」の意味でしたが、「講義、学校」の意味でも使うようになりました。school（学校）もその例です。

scholarship [skάlərʃìp]　名 学識、奨学金
源 schol (学校) + ar (〜する人) + ship (〜の資格)
gain an athletic *scholarship*　体育奨学金を得る

プラスα
□ scholastic (学校の)　□ schooling (学校教育)
□ schoolchild (学童)

machinery [məʃíːnəri] 名 機械類

源 machine (装置、機械) + ery (〜全体)
語根 **machine**　装置、機械

> machineは「装置、機械」の意味のギリシャ語に由来し、mechanic（機械工、整備士）なども同語源です。machinery（機械類）に含まれる-eryという接尾辞は「〜全体、〜業」などの意味を表し、この語尾を持つ名詞は抽象名詞になります。したがって「1台の機械」はa machineですが、a machineryとは言えません。以下の表の-ryで終わる名詞も同様です。

243

□ **mechanic** [məkǽnɪk]　名 機械工、整備士
源 mechan（機械）+ ic（〜する人）

普通名詞（数えられる）	抽象名詞（数えられない）
a bribe（1回の賄賂）	bribery（賄賂行為）
a jewel（1つの宝石）	jewelry（宝石類）
a poem（1つの詩）	poetry（詩歌（全体））
a scene（1つの景色）	scenery（景色（全体））
a slave（1人の奴隷）	slavery（奴隷状態）

プラスα

□ fishery（漁業）　□ forestry（林業）　□ robbery（強盗（行為））
□ surgery（外科）　□ embroidery（刺繍（法））

-ery には「〜の製造所」の意味もあり、bakery（パン屋）、winery（ワイン工場）、brewery（ビール工場）などは数えられる名詞です。

□ **artificial** [ɑ̀ːrtəfíʃəl]　形 人工的な

源 art（技術）+ fic（作る）+ al（〜な）
launch an *artificial* satellite　人工衛星を打ち上げる

語根 **art**　技術、芸術、美術

日本語で「アート」と言えば「芸術、美術」の意味ですが、英語の art にはそのほかに「技術」という意味もあります。

artistic [ɑːrtístɪk] 形 芸術的な

源 art (芸術) + tic (〜な)
appreciate *artistic* works 芸術作品を鑑賞する

article [ɑ́ːrtɪkl] 名 品物、記事

源 art (芸術) + cle (小さな)
read a newspaper *article* 新聞記事を読む

プラスα

□ artful (巧妙な) □ artless (無邪気な) □ artifact (人工物)
□ artifice (工夫) □ artisan (職人)

---

technical [téknɪkl] 形 技術的な

源 techn (技術) + cal (〜な)
This manual is too *technical*. このマニュアルは専門的すぎる。
▶ technician 名 専門家、技巧派

語根 techn、tect 技術

technique [tekníːk] 名 技術

源 techn (技術)
master a basic *technique* 基本技術を習得する

technology [teknɑ́lədʒi] 名 科学技術

源 techn (技術) + logy (学問)
thanks to advanced *technology* 進歩した科学技術によって
▶ technological 形 科学技術の、biotechnology 名 バイオテクノロジー

プラスα

□ architect (建築家)

electricity [ɪlèktrísəti] 名 電気

源 electr（電気）+ ity（〜するもの）
Don't waste *electricity*.　電気を無駄遣いしてはいけない。

語根 **electr、electro　電気**

electr(o) はもともとギリシャ語で「輝く」という意味でしたが、「電気」に関係する語を作るのに使われるようになりました。

electric [ɪléktrɪk] 形 電気の
源 electr（電気）+ ic（〜の）
sell *electric* appliances　電気器具を売る

プラスα
- electronics（電気工学）
- electrician（電気技術者）
- electron（電子）
- electrode（電極）

electrodynamics（電気力学）のような複合語を作るのにもelectr(o)は使われます。

---

dynamite [dáɪnəmàɪt] 名 ダイナマイト

源 dynam（力）+ ite（薬品）

語根 **dyna、dynam　力**

建設現場などで使うdynamite（ダイナマイト）を発明したのは、ノーベル賞（Novel Prize）の基金を創設したスウェーデンの発明家ノーベルです。ダイナマイトの命名の由来は「力（dynam）の薬品（ite）」で、dyna(m)は「力」という意味の語根です。dynamo（発電機）、dynasty（王朝）などにもこの語根が使われています。

9 科学・思考

□ dynamic [daɪnǽmɪk]　形 動的な、力強い

源 dynam (力) + ic (〜な)
develop *dynamic* markets　活動的な市場を発達させる
▶ 反意語はstatic (静的な)。

□ carry [kǽri]　動 運ぶ

源 car (車)

語根 car、char　車

car、charは「車」の意味の語根で、carry (運ぶ) もここから来た語です。日本語でもスーパーなどに置いてある買い物用の台車を「カート (cart)」と言いますね。cartも同じ語源の単語です。なお、日本語で「ゴーカート」と言えば遊園地などにあるおもちゃの自動車ですが、英語のgo-cartは乳母車 ((baby) carriage) や歩行器 (baby-walker) の意味もあります。

□ cargo [kάːrgoʊ]　名 積み荷、貨物

源 car (車) ▶ 車に積む荷物
load a ship with *cargo*　船に荷を積む

□ carpenter [kάːrpəntər]　名 大工

源 car (車) ▶ 二輪馬車の大工
I'm a do-it-yourself *carpenter*.　私は日曜大工が趣味だ。

□ carrier [kǽriər]　名 運送業者、保菌者

源 car (車)
a *carrier* looking for drivers　運転手を探している運送会社

□ career [kəríər]　名 経歴、職業

源 car (車) ▶ 車道
start a *career* as a nurse　看護師として仕事につく

□ charge [tʃάːrdʒ]　動 請求する

源 char (車) ▶ 車に荷を積む→負担を負わす
charge a fee for a service　サービスの料金を請求する
▶ discharge 動 降ろす、発射する

247

- □ **carriage** [kǽrɪdʒ]　名 馬車、客車
  - 源 car（車）

navigate [nǽvəgèɪt]　動 航行する、操縦する

源 nav（船）+ gate（操縦する）

navigate around the world　世界一周の航海をする

語根 nav　船

「カーナビ」の「ナビ」はnavigation（航海）に由来し、navは「船」の意味の語根です。また、nautは「水夫、船」の意味で、astronaut（宇宙飛行士）、aquanaut（潜水士）などの語を作ります。

- □ **navigation** [næ̀vəgéɪʃən]　名 航海
  - 源 nav（船）+ gat（操縦する）+ ion（〜すること）
- □ **navy** [néɪvi]　名 海軍
  - 源 nav（船）
  - He used to be an officer in the *navy*.　彼は昔海軍士官だった。
- □ **aquanaut** [ǽkwənɔ̀ːt]　名 潜水士
  - 源 aqua（水）+ naut（水夫）

プラスα

□ nausea（吐き気）　□ noise（騒音）

nauseaの原義は「船酔い」〈naus＝船〉です。noiseも同じ語源の語です。

10 社会・文化

意味	語根	例	
生まれる	nat	nation	名 国家
市民	cit	citizen	名 市民
人々	demo	democracy	名 民主主義
	popul	popular	形 人気がある
仲間	soci	associate	動 交際する
民族	ethn	ethnic	形 民族の
種族	gen	general	形 一般的な
家	dom	domestic	名 家庭の、国内の
都市	polic	police	名 警察
王	reg	regulate	動 規制する
法	leg	legal	形 合法的な
正義	jus	adjust	動 調節する
裁く	jud	prejudice	名 偏見
耕す	cult	culture	名 文化
商品	merc	commerce	名 商業
歌	ody	melody	名 メロディー
描く	pict	picture	名 絵
敵、客	host	hospital	名 病院

nation [néɪʃən] 名 国家、国民

源 nat（生まれる） ▶ 生まれた部族

the United *Nations*　国際連合（直訳すると「結合した国家群」）

語根 **nat**　生まれる

- □ **nature** [néɪtʃər]　名 自然
  - 源 nat (生まれる) + ure (～のもの)　▶ 生まれつきの本性
  - preserve [conserve] *nature*　自然を守る

- □ **national** [næʃənl]　形 国家の、国立の
  - 源 nat (生まれる) + ion (～すること) + al (～の)
  - sing a *national* anthem　国家を歌う

- □ **nationality** [næ̀ʃənǽləti]　名 国籍
  - 源 national (国家の) + ity (～のもの)
  - What's his *nationality*?　彼の国籍はどこですか。

- □ **native** [néɪtɪv]　形 生まれつきの、その土地の
  - 源 nat (生まれる) + ive (～の)
  - He returned to his *native* town.　彼は生まれた町へ戻った。

- □ **innate** [ɪnéɪt]　形 生来の
  - 源 in (中に) + nat (生まれる)　▶ 生まれた時から中にある
  - an *innate* language ability　生まれつきの語学の才能

> **mini知識**
>
> natと同じ意味の語源にnaissがあります。中世ヨーロッパの文芸復興をRenaissance (ルネサンス) と言いますが、これは「再び」の意味のreと「生まれる」の意味のnaissが結びついて「生まれ変わる」という意味になったものです。

□ citizen [sítəzn]　名 市民

源 cit (市民)

grow up to be a good *citizen*　成長してよき市民になる

▶ citizenship　名 市民権

語根 cit、civ　市民

> cit、civは「市民」を意味する語根で、代表例がcity (都市) です。

10 社会・文化

civil [sívl] 形 市民の
源 civ（市民）
protect *civil* life from violence　市民生活を暴力から守る
▶ 米国の「南北戦争」はthe Civil War、つまり「市民の戦争、内戦」です。また、文民統制はcivilian control。civilianは「一般市民の、（武官でなく）文官の」の意味の形容詞です。

civilization [sìvələzéɪʃən] 名 文明
源 civ（市民）+ iza（〜化する）+ tion（〜すること）
remains of a lost *civilization*　滅びた文明の遺跡

mini知識

かつてホンダのシビックという人気車種がありましたが、これは**civic**（都市の）という形容詞を使ったものです。

democracy [dɪmάkrəsi] 名 民主主義

源 demo（人々）+ cracy（支配）

語根 **dem、demo 人々**

dem(o)は「人々」、cracyは「力、支配」を意味する語根です。例えば日本語の「デマ」は、demagoguery（扇動、悪宣伝）から来た言葉です。ちなみに「デモ」はdemonstration（実証、示威運動）に由来し、「人々」とは関係ありません。一方cracyは政治体制を表す言葉に使われます。

democrat [déməkræt] 名 民主主義者
源 demo（人々）+ crat（力を持つ者）

demagogue [déməgὰg] 名 民衆扇動者
源 dem（人々）+ agogue（指導する）

epidemic [èpədémɪk] 名 伝染病　形 伝染病の
源 epi（〜の間）+ dem（人々）+ ic（〜に）　▶ 人々の間に

第2章　語根

- **aristocracy** [ὰrɪstάkrəsi]　名 貴族政治
  - 源 aristo（貴族の）+ cracy（支配）
- **autocracy** [ɔːtάkrəsi]　名 独裁政治
  - 源 auto（自己）+ cracy（支配）
- **bureaucracy** [bjʊərάkrəsi]　名 官僚政治
  - 源 bureau（机）+ cracy（支配）
- **technocrat** [téknəkrὰt]
  - 名 テクノクラート、技術者出身の管理職
  - 源 techno（技術）+ crat（力を持つ者）

---

popular [pάpjələr]　形 人気がある

源 popul（人民、民衆）+ ar（〜の）

The actor is *popular* among women.　その俳優は女性に人気だ。

語根 popul、publ　人民、民衆

> populは「人民、民衆」の意味の語根で、people（人々）とpolular（人気がある）は同じ語源から生まれた語です。さらにpublも「人民」の意味の語根。イギリスで酒場と言えばパブ（pub）ですが、これはpublic houseの略語です。

- **popularity** [pὰpjəlǽrəti]　名 人気
  - 源 popul（人民）+ ar（〜の）+ ity（〜もの）
  - The author is gaining *popularity*.　著者は人気になっている。
- **population** [pὰpjəléɪʃən]　名 人口
  - 源 popul（人民）
  - The aged *population* is increasing.　老齢人口が増えている。
  - ▶ populous　形 人口の多い
- **public** [pʌ́blɪk]　形 公の、公立の
  - 源 publ（人民）+ ic（〜の）
  - go to *public* high school　公立高校へ通う

10 社会・文化

- □ **publicity** [pʌblísəti] 名 評判、宣伝
  源 publ (人民) + ic (〜の) + ity (〜こと)
  The *publicity* boosted the sales.　宣伝が売り上げを伸ばした。

- □ **publish** [pʌ́blɪʃ] 動 出版する、発表する
  源 publ (人民) + ish (〜にする)　▶ 公にする
  publish a weekly magazine　週刊誌を出版する

- □ **republic** [rɪpʌ́blɪk] 名 共和国
  源 re (もの) + publ (人民) + ic (〜の)　▶ 人民のもの

□ **associate** [əsóuʃièɪt] 動 交際する、関係づける

源 as (〜に) + soci (友、仲間) + ate (〜にする)　▶ 仲間にする
associate France *with* wine　フランスからワインを連想する

【語根】 **soci**　友、仲間

> sociは「友、仲間」という意味の語根で、associateは「仲間にする→交際する」がもとの意味です。名詞形のassociationは「交際、協会、団体」の意味で、学校のPTAはParent-Teacher Association (親と教師の連合体) の頭文字をとったものです。

- □ **society** [səsáɪəti] 名 社会、交際
  源 soci (友、仲間) + ety (〜な状態)
  enjoy the *society* of foreigners　外国人との交際を楽しむ

- □ **social** [sóuʃəl] 形 社会の、社交的な
  源 soci (友、仲間) + al (〜の)
  become a serious *social* problem　深刻な社会問題になる
  ▶ socialize 動 交際する、socialism 名 社会主義

ethnic [éθnɪk] 形 民族の

源 ethn (民族) + ic (〜の)

語根 ethn、ethno　民族

民族調の料理を「エスニック料理」と言いますが、ethnic（民族の）という形容詞には「民族」を意味するethn(o) という語根が含まれています。

- **ethnology** [eθnάlədʒi]　名 民族学
  源 ethno (民族の) + logy (学問)
- **ethnocentrism** [èθnoʊséntrɪsm]　名 自民族中心 [優越] 主義
  源 ethno (民族の) + centr (中心) + ism (主義)

general [dʒénərəl] 形 一般的な、総合的な

源 gen (一般的) + al (〜な)

hold a *general* meeting of shareholders　株主総会を開く
▶ generally　副 一般に、generalize　動 概括する

語根 gen、gn　種族、世代、発生する、一般的な

genという語根の原義は「種族、世代」で、そこから「発生する」「一般的な」などの意味の語が生まれました。例えば「ジェネリック医薬品」のgenericとは「（ブランド名を持たず）一般的な名称で売られる→ノーブランドの」という意味です。

- **generate** [dʒénərèɪt]　動 発生させる
  源 gen (発生) + ate (〜する)
  Friction *generates* heat.　摩擦は熱を発生させる。
- **generation** [dʒènəréɪʃən]　名 世代

10 社会・文化

源 gen（発生）+ ation（～するもの）
belong to the baby-boom *generation*　団塊の世代に属する

- **gender** [dʒéndər]　名 性別
  - 源 gen（種類）
  - abolish *gender* discrimination　性差別を撤廃する

- **generous** [dʒénərəs]　形 気前がよい
  - 源 gen（発生）+ ous（～な）▶ 気高い生まれの→寛大な
  - He has a *generous* patron.　彼には気前のいい後援者がいる。

- **genius** [dʒíːnjəs]　名 天才
  - 源 gen（発生）▶ 生まれつき持っている能力
  - He is a *genius* in baseball.　彼は野球の天才だ。

- **genuine** [dʒénjuɪn]　形 本物の
  - 源 gen（種族）▶ 純粋な種の
  - This is a *genuine* diamond.　これは本物のダイヤだ。

- **ingenious** [ɪndʒíːnjəs]　形 独創的な
  - 源 in（中に）+ gen（発生）+ ous（～な）▶ 内に持った
  - come up with an *ingenious* idea　独創的な考えを思いつく

- **pregnant** [prégnənt]　形 妊娠した
  - 源 pre（前の）+ gn（発生）+ ant（～な）▶ 発生前の
  - She is four months *pregnant*.　彼女は妊娠4か月だ。

プラスα

☐ **gentle**（優しい）　☐ **genre**（ジャンル、分野）　☐ **genesis**（起源）
☐ **congenial**（性分に合った）　☐ **engine**（エンジン）

engine も ingenious と関連があり、「独創的な発明」という意味がもとになっています。

プラスα

☐ **hydrogen**（水素）　☐ **oxygen**（酸素）　☐ **nitrogen**（窒素）

この場合、-gen は「生じたもの」の意味の接尾辞です。

domestic [dəméstɪk] 形 家庭の、国内の

源 dom（家）+ tic（〜の）
stimulate the *domestic* consumption　国内消費を刺激する
▶ domesticate　動 飼いならす

語根 dom、domin　家

dom、domin は「家」という意味の語根です。語尾に使われると「〜の領域、集団」という名詞を作ります。コンピュータ用語でネットワークに接続する集団を「ドメイン」と言いますが、このdomainも「家、領域」の意味がもとになっています。

dome [dóʊm] 名 ドーム
源 dom（家）

domain [doʊméɪn] 名 領域、分野
源 dom（家）▶ 家（を支配する者の領域）
Cooking is not a female *domain*.　料理は女性の領域ではない。

dominion [dəmínjən] 名 支配権、領地
源 domin（家）+ ion（〜すること）▶ 家（を支配すること）

kingdom [kíŋdəm] 名 王国
源 king（王）+ dom（領域）

dominant [dámənənt] 形 支配的な
源 domin（家）+ ant（〜な）
a *dominant* feature in his character　彼の性格の顕著な特徴
▶ dominate　動 優位を占める、predominant　形 優越した

domicile [dáməsàɪl] 名 住所
源 domi（家）
My *domicile* by birth is in Tokyo.　私の本籍地は東京にある。

プラスα

- □ boredom (退屈)   □ freedom (自由)
- □ stardom (スターの地位)   □ wisdom (知恵)〈賢い (wis) +状態 (dom)〉

語尾の -dom には「～の状態」という意味もあります。

□ **police** [pəlíːs] 名 警察

源 polic (国家) ▶ 国家 (の治安を守るもの)

語根 polic、polis、polit　都市、国家

- □ **political** [pəlítikl]　形 政治的な
  - 源 polit (国家) + al (～な)
  - deal with a *political* issue　政治問題を扱う
  - ▶ politician　名 政治家
- □ **policy** [pάləsi]　名 政策、方針
  - 源 polic (国家) + y (～のこと)
  - adopt a conservative *policy*　保守的な政策を採用する

mini知識

大英博物館 (ロンドン)、ルーブル美術館 (パリ) と並ぶ世界三大美術館の1つであるニューヨークのメトロポリタン美術館は、**metropolitan** (首都の、大都市圏の) という語に由来します。そのもとになった **metropolis** (首都) の語源は、「母なる (metro) 都市 (polis)」です。metro は mother と同語源の語根で、今日では単に **metro** と言えば「(大都市の) 地下鉄」のことです。また、**cosmopolis** は「国際都市」、**cosmopolitan** は「国際人」。cosmo は「宇宙、世界」の意味の語根で、**cosmos** (宇宙) も同語源です。

regulate [réɡjəlèɪt] 動 規制する

源 **reg**(王) + **ate**(〜する) ▶ 王が(規制)する

Traffic is *regulated* now.　交通は今規制されている。

▶ 反意語はderegulate（規制を撤廃する）、名詞はderegulation（規制の撤廃）、regulatorは「(圧力などの)調整装置」。

語根 **re、reg、roy** 王

ラテン語で「王」をrexと言い、そこから「王」を意味するre(g)、royという語根が生まれました。

regular [réɡjələr] 形 規則的な
源 **reg**(王) + **ar**(〜な)
Regular attendance is required.　規則正しい出席が求められる。

regulation [règjəléɪʃən] 名 規則
源 **reg**(王) + **ation**(〜すること)
Don't break school *regulations*.　校則を破ってはならない。

royal [rɔ́ɪəl] 形 国王の
源 **roy**(王) + **al**(〜の)

royalty [rɔ́ɪəlti] 名 著作権使用料、印税
源 **roy**(王) + **al**(〜の) + **ty**(〜こと) ▶ 王の特権
pay a *royalty* of eight percent　8％の印税を支払う

realm [rélm] 名 王国、領域
源 **re**(王)

10 社会・文化

mini知識

「王」を意味するラテン語のrexは、さまざまな固有名詞などに使われています。例えばサッカーJリーグ・アルビレックス新潟のAlbirexというチーム名は、(新潟に多く飛来する白鳥にちなんで) はくちょう座の二重星アルビレオとrexを組み合わせた造語です。ちなみにalbは「白」を意味する語根で、星のアルビレオが白く見えることから名づけられたものです。**albumen**(卵の白身)、**album**(アルバム)、**albatross**(アホウドリ) なども「白」からの連想で生まれた語です。また、先天的に色素が欠乏した生物を**albino**(アルビノ、白子) と言います。
最強の恐竜として映画「ジュラシック・パーク」などに登場するティラノサウルス・レックス (Tyrannosaurus rex) にも、「王」を意味するrexが使われています。なお、イギリスのロックバンドT. Rexはこの恐竜の名前に由来します。

legal [líːgl] 形 法律の、合法的な

源 leg (法) + al (〜な)
follow *legal* procedures 法的な手続きに従う

語根 **leg、loy** 法

illegal [ɪlíːgl] 形 非合法の
源 il (〜ない) + leg (法) + al (〜な)
I was fined for *illegal* parking. 駐車違反で罰金を課された。

privilege [prívəlɪdʒ] 形 特権
源 privi (個人) + leg (法) ▶ 個人についての法
have the *privilege* of free admission 無料入場の特権を持つ

allegedly [əlédʒdɪdli] 副 報道によれば
源 al (〜へ) + leg (法) + ly (〜によれば) ▶ 法へ向ける
Allegedly he is guilty. 報道によれば彼は有罪だ。
▶ allege 動 主張する

loyal [lɔ́ɪəl] 形 忠実な
源 loy (法) + al (〜な)
He is *loyal to* his principles. 彼は自分の主義に忠実だ。
▶ loyalty 名 忠誠心

プラスα

- [ ] legislate (法律を制定する)　　□ legislation (立法)
- [ ] legitimate (合法の)　　□ legacy (遺産)

---

adjust [ədʒʌ́st] 動 調節する、適合させる

源 ad (〜に) + jus (正義、法)

adjust the room temperature　室温を調節する

語根 jur、jus　正義、法

- [ ] **just** [dʒʌ́st]　形 正しい、公平な
  - 源 jus (正義)
  - ▶ justice 名 正義

- [ ] **justify** [dʒʌ́stəfàɪ]　動 正当化する
  - 源 jus (正義) + fy (〜化する)
  - The end *justifies* the means.　目的は手段を正当化する。

- [ ] **injure** [índʒər]　動 傷つける
  - 源 in (〜ない) + jur (正義)　▶ 正しくない状態にする
  - I *injured* my leg while working.　仕事中に足にけがをした。
  - ▶ injury 名 負傷

- [ ] **juror** [dʒúərər]　名 陪審員
  - 源 jur (法) + or (〜する人)

- [ ] **jury** [dʒúəri]　名 陪審員団
  - 源 jur (法) + y (〜の集団)

プラスα

- [ ] jurist (法学者)　　□ jurisdiction (司法権)

prejudice [prédʒədəs] 名 偏見

源 pre (前に) + jud (裁く) + ice (~すること) ▶ 前もって判断すること
have a *prejudice* against them　彼らに対して偏見を持つ

語根 **jud**　裁く

judge [dʒʌdʒ] 動 判断する　名 判事
源 jud (裁く)
judge people by their achievements　業績で人を判断する
▶ judgment 名 判断

culture [kʌ́ltʃər] 名 文化

源 cult (耕す) + ure (~もの) ▶ 耕した土地
traditional Japanese *culture*　伝統的な日本文化
▶ cultural 形 文化的な

語根 **cult**　耕す

cultivate [kʌ́ltəvèɪt] 動 耕す、栽培する
源 cult (耕す) + ate (~にする)
cultivate vegetables in the field　畑で野菜を栽培する

commerce [kámərs] 名 商業、貿易

源 com (共に) + merc (商品) ▶ 共に商品を扱うこと
expand international *commerce*　国際貿易を拡大する

語根 **merc、merk**　商品、商売する

commercial [kəmə́ːrʃəl]　形 商業の　名 コマーシャル
源 com（共に）+ merc（商品）+ al（〜の）
an examination on *commercial* English　商業英語の試験

merchandise [mə́ːrtʃəndàɪz]　名 商品
源 merc（商品）+ ise（状態）
a wide range of *merchandise*　幅広い品ぞろえの商品

merchant [mə́ːrtʃənt]　名 商人
源 merc（商品）+ ant（〜する人）
buy goods from a retail *merchant*　小売り商から品物を買う

market [máːrkət]　名 市場
源 mark（商品）
put a new product on the *market*　新製品を市場に出す
▶ marketable　形 よく売れる

---

melody [mélədi]　名 メロディー

源 mel（歌）+ ody（歌）

語根 ode、ody、edy　歌、詩

> ode、odyは「歌、詩」の意味の語根で、melody（メロディー）などの語に含まれています（ちなみにmelodrama（メロドラマ）は「歌（melo）の劇（drama）」が原義で、もともとは音楽を散りばめたロマンティックな劇を意味していました）。その異形がedyで、comedyは「com（酒宴）のedy（歌）」が原義です。反意語のtragedy（喜劇）のtragはヤギ（goat）のことで、悲劇の俳優がヤギの皮を着て歌ったことに由来すると言われています。

comedy [kámədi]　名 喜劇
源 com（酒宴）+ edy（歌）

tragedy [trǽdʒədi]　名 悲劇
源 trag（ヤギ）+ edy（歌）

picture [píktʃər] 名 絵

源 pict (描く) + ure (〜もの)

語根 **pict** 色を塗る、描く

- **depict** [dɪpíkt] 動 描写する
  源 de (離れて) + pict (描く)
- **pictograph** [píktəgræf] 名 象形文字
  源 pict (絵) + graph (書かれたもの)

hospital [háspɪtl] 名 病院

源 hospit (客) ▶ 客をもてなす場所

語根 **host、hospit、hot** 敵、客

> hospital (病院) は「もてなしがよい」を意味するラテン語の形容詞に由来し、その名詞形 hospitality (もてなし) は今日でも使われています。host、hospit、hot という語根には「敵」「客」の意味があり、次のような語は同じ語源を持ちます。

- **host** [hóʊst] 名 主人 (役) 動 主催する
  源 host (客) ▶ 客 (をもてなす人)
  a *host* country of the Olympics　オリンピックの開催国
- **hospitable** [háspətəbl] 形 もてなしのよい
  源 hospit (客) + able (〜できる)
  give a *hospitable* welcome to them　彼らを手厚く歓迎する
  ▶ hospitality 名 もてなし
- **hostage** [hástɪdʒ] 名 人質
  源 host (客) + age (状態)
  They took the manager *hostage*.　彼らは経営者を人質にした。

hostile [hástl] 形 敵意のある

源 host（敵）+ ile（～の）
encounter *hostile* criticism　敵意のある批判を受ける
▶ 名詞形はhostility（敵意）。hospitalityとの混同に注意。

プラスα

□ **hotel**（ホテル）　□ **hostel**（(ユース) ホステル）

11 時・場所

意味	語根	例	
時	chron	chronicle	名 年代記
	temp	temporary	形 一時的な
日	dia	diary	名 日記
	journ	journalist	名 ジャーナリスト
年	ann	annual	形 一年の
前	an	ancestor	名 先祖
地球	geo	geography	名 地理学
土地	terra	terrace	名 テラス
場所	loc	location	名 場所
村	vill	village	名 村
畑地	agri	agriculture	名 農業
野原	camp	campaign	名 キャンペーン
洞窟	metal	medal	名 メダル
都市	urb	suburb	名 郊外
庭	court	court	名 コート、法廷
港	port	airport	名 空港
道	vey	convey	動 運ぶ

chronicle [kránɪkl] 名 年代記

源 chron (時) + cle (小さい)

read a *chronicle* of the war 戦記を読む

語根 chron 時

> chronは「時（time）」を表す語根で、水泳競技の「シンクロ（synchronized swimming）」はsynchronize（同調させる）という動詞の過去分詞を使ったものです（syn＝共に）。また、「アナクロ」はanachronism（時代錯誤）からきた言葉で、原義は「間違った（ana）時間への言及」です。

chronic [kránɪk] 形 慢性の
源 chron（時）＋ ic（〜の）
a *chronic* disease 慢性の病気
▶「急性の」はacute。

chronological [krùnəládʒɪkl] 形 年代［日付］順の
源 chron（時）＋ log（言葉）＋ cal（〜の）
arrange articles in *chronological* order 記事を日付順に並べる

anachronism [ənǽkrənìzm] 名 時代錯誤
源 ana（間違った）＋ chron（時）

temporary [témpərèri] 形 一時的な

源 temp（時）＋ ary（〜な）
delete a *temporary* file 一時保存ファイルを削除する
▶ 反意語はpermanent（恒久的な、永久の）。

語根 temp、temper 時

> 「テンポが速い」と日本語でも言いますが、tempo（速さ、調子）は「時」を表すtempという語根を含みます。

tempo [témpoʊ] 名 速さ、調子
源 temp（時）

contemporary [kəntémpərèri] 形 同時代の、現代の
源 con（共に）＋ temp（時）＋ ary（〜の）
visit a *contemporary* art museum 現代美術館を訪ねる

11 時・場所

□ **temperature** [témpərətʃər]　名 温度、体温

源 temper（時）+ at(e)（〜にする）+ ure（もの）　▶ 時を合わせるもの
Take your *temperature*.　熱を測りなさい。

□ **temper** [témpər]　動 調節する、和らげる　名 気分、気質

源 temper（時）　▶ 時を合わせる

プラスα

□ temperate（節度のある）　□ temperament（気質）
□ tempest（大嵐、大混乱）

□ **diary** [dáɪəri]　名 日記

源 dia（日）　▶ 1日の割当量（の記録）
I write in my *diary* every day.　私は毎日日記に書き込む。

語根 **di、dia、da、dai** 日

□ **daily** [déɪli]　形 毎日の

源 dai（日）+ ly（〜の）
use English in *daily* life　日常生活の中で英語を使う

□ **diet** [dáɪət]　名 食事

源 di（日）　▶ 1日の食事

□ **dawn** [dɔ́ːn]　名 夜明け

源 da（日）

プラスα

□ nocturne（ノクターン、夜（想）曲）
□ equinox（彼岸の中日、昼夜平分点）

「夜」を表す語根はnoctです。nocturnalは「夜行性の」。「夜行性動物」はnocturnal animalと言います。

第2章　語根

> **mini知識**
>
> **dial**（ダイヤル）はもともと、1日を示す日時計（**sundial**）の文字盤を意味していました。そこから電話のダイヤルなど目盛りのついた板一般を指すようになりました。

journalist [dʒə́:rnəlɪst] 名 ジャーナリスト

源 journ（日）+ al（〜のもの）+ ist（〜の人）

語根 **journ** 日

journは「日」を意味する語根で、journalは「日誌」の意味から転じて「新聞、雑誌」なども意味するようになりました。その業界で仕事をする人がjournalist（ジャーナリスト）です。

- **journal** [dʒə́:rnl] 名 新聞、雑誌
  源 journ（日）+ al（〜のもの）
- **adjourn** [ədʒə́:rn] 動 延期する、休会する
  源 ad（〜へ）+ journ（日） ▶ 他の日へ延ばす
  The meeting *adjourned* at five. 会議は5時に散会した。
- **journey** [dʒə́:rni] 名 旅行
  源 journ（日）+ ey（〜こと） ▶ 1日の旅行
  Have a good *journey*! よいご旅行を。

annual [ǽnjuəl] 形 一年の

源 ann（年）+ al（〜の）

pay an *annual* visit to the place その場所を年に一度訪ねる

語根 **ann** 年

- □ **anniversary** [æ̀nəvə́ːrsəri]　名 記念日
  - 源 ann（年）+ vers（回る）+ ary（〜するもの）
  - ▶ 毎年巡ってくるもの
  - celebrate their wedding *anniversary*　彼らの結婚記念日を祝う

□ **ancestor** [ǽnsestər]　名 先祖

- 源 an（前）+ ces（行く）+ or（人）　▶ 前を行く者
- The writer is an *ancestor* of his.　その作家は彼の先祖だ。

語根 an、ant　（時間的に）前

- □ **ancient** [éinʃənt]　形 古代の
  - 源 an（前）+ ent（〜の）
  - study *ancient* civilization　古代の文明を研究する
- □ **anticipate** [æntísəpèit]　動 期待する
  - 源 ant（前）+ cipate（取る）　▶ 先取りする
  - *anticipate* a good result　よい結果を期待する
- □ **antique** [æntíːk]　形 古風な　名 古美術品
  - 源 ant（前）
  - buy a pot at an *antique* shop　骨董店で壺を買う
- □ **advance** [ədvǽns]　名 進歩　動 進歩する
  - 源 ad（前）+ an（前）
  - *advances* in nanotechnology　ナノテクノロジーの進歩
- □ **advantage** [ədvǽntidʒ]　名 有利な点
  - 源 ad（前）+ ant（前）+ age（〜であること）
  - have an *advantage* over others　他者よりも優位に立つ

□ **geography** [dʒiágrəfi]　名 地理学

- 源 geo（地球）+ graphy（書く術）

語根 ge、geo　地球、土地

ge(o) は「地球、土地」の意味を表す語根です。geothermalは「地熱の」〈therm(o)＝熱〉で、「地熱発電」はgeothermal generationと言います。

- □ **geology** [dʒiálədʒi]　名 地質学
  源 geo (地球) + logy (学問)
- □ **geometry** [dʒiámətri]　名 幾何学
  源 geo (地球) + metry (測ること)

□ **terrace** [térəs]　名 テラス

源 terra (土地)

語根 terra、terre　土地、地球

「テラス」は日本語では「家屋に接して張り出した平らな部分」のことですが、terraceのもとの意味は「大地」。terraは「土地、地球」を表す語根です。

- □ **subterranean** [sʌ̀btəréɪniən]　形 地下の
  源 sub (下の) + terra (土地) + an (〜の)
- □ **terrain** [təréɪn]　名 地形
  源 terra (土地)
- □ **terrestrial** [təréstriəl]　形 地球の
  源 terre (地球) + al (〜の)
- □ **Mediterranean** [mèdɪtəréɪniən]　名 地中海 (the〜)
  源 medi (中間の) + terra (土地) + an (〜の)

location [loʊkéɪʃən] 名 場所

源 loc（場所）+ ation（〜すること）
I know the *location* of the store.　その店の場所を知っている。

語根 loc、loco　場所

> loc(o) は「場所」を意味する語根です。映画の撮影を「ロケ」と言いますが、これは location（野外撮影地）をもとにした言葉です。〈bear fruit＝実を結ぶ〉のような連語関係を「コロケーション」（collocation）と言いますが、これは col（共に）＋ location（場所）がもとになった語です。

local [lóʊkl] 形 地元の、地方の
源 loc（場所）+ al（〜の）
I'm a *local* government employee.　私は地方公務員です。

locate [lóʊkeɪt] 動 置く
源 loc（場所）+ ate（〜する）▶ ある場所に置く
My office is conveniently *located*.　私の職場は便利な場所にある。
▶ be located に副詞などを組み合わせて「〜の場所にある」という意味を表します。

allocate [æləkèɪt] 動 割り当てる
源 al（〜へ）+ loc（場所）+ ate（〜する）
allocate the property equally　その財産を均等に割り当てる

relocate [rìːlóʊkeɪt] 動 移転させる
源 re（再び）+ loc（場所）+ ate（〜する）
relocate the office to Tokyo　事務所を東京へ移転する

locomotion [lòʊkəmóʊʃən] 名 移動、旅行
源 loco（場所）+ mot（動く）+ ion（〜すること）

locomotive [lòʊkəmóʊtɪv] 名 機関車
源 loco（場所）+ mot（動く）+ ive（〜するもの）

dislocation [dìsloʊkéɪʃən] 名 脱臼
源 dis（離れて）+ loc（場所）+ ation（〜すること）

- □ **collocation** [kàləkéɪʃən] 名 **コロケーション**
  - 源 col (共に) + loc (場所) + ation (〜すること) ▶ 共に置くこと

village [víliʤ] 名 村

源 vill (村) + age (〜の集まり)

語根 vill、vicini　村

> villaは今日では「(大きな) 別荘」の意味でよく使われますが (小別荘はcottage)、もともとは「田舎の邸宅」の意味です。

- □ **villa** [vílə] 名 **(大きな) 別荘**
  - 源 vill (村)
- □ **vicinity** [vɪsínəti] 名 **近所、周辺**
  - 源 vicini (村) + ty (〜であること)
- □ **villain** [vílən] 名 **悪党**
  - 源 vill (村) + in (〜の人)
  - ▶ 農家の使用人、農奴→悪事を働きそうな卑しい人

agriculture [ǽgrɪkʌ̀ltʃər] 名 農業

源 agri (畑地) + culture (耕す)

promote large-scale *agriculture*　**大規模農業を推進する**

語根 agr、agri、agro、acre、acor　畑地、土壌

> agr(i)、agroは「畑地、土壌」の意味です。面積の単位のacre (エーカー) も同語源の語で、acreは「畑」を意味していました。

- □ **agribusiness** [ǽgrɪbìznəs] 名 **農業関連産業**

11 時・場所

- 源 agri（畑地）+ buisiness（商業）
- □ **acre** [éıkər]　名 **エーカー**
  - 源 acre（畑地）
- □ **acorn** [éıkɔːrn]　名 **どんぐり**
  - 源 acor（畑地）

□ **campaign** [kæmpéın]　名 **キャンペーン**

源 camp（野原）+ aign（地域）

語根 **camp　野原**

日本語でキャンペーンと言えば販促活動などの意味ですが、campaignはもともと「（野原で行う）軍事行動」の意味でした。この語はcamp（キャンプ）と関係があります。

- □ **campus** [kǽmpəs]　名 **（大学などの）キャンパス**
  - 源 camp（野原）
- □ **campsite** [kǽmpsàıt]　名 **キャンプ場**
  - 源 camp（野原）+ site（場所）
- □ **encamp** [ınkǽmp]　動 **野営する**
  - 源 en（〜する）+ camp（野原）

□ **medal** [médl]　名 **メダル**

源 medal（金属）

語根 **metal、medal　洞穴、鉱山、鉱物、金属**

metal（金属）とmedal（メダル）は同語源の語です。metalの原義は「洞穴」で、そこから「鉱山、鉱物、金属」と意味が広がりました。

- □ **metal** [métl] 【名】金属
  - 源 metal（金属）

suburb [sə́ːbərb] 【名】郊外

源 sub（下に）+ urb（都市） ▶ 都市の下［近く］にあるもの
live in the *suburbs* of Osaka 大阪の郊外に住む

語根 urb 都市

- □ **urban** [ə́ːrbən] 【形】都会の
  - 源 urb（都市）+ an（〜の）
  - prefer *urban* life to rural life 田舎より都会の生活を好む

court [kɔ́ːrt] 【名】コート、法廷

源 court（（テニスなどの）コート、法廷）

語根 court （テニスなどの）コート、宮廷、法廷

> courtはもともと「農家の庭」の意味で、そこから「（テニスなどの）コート、宮廷、法廷」などの意味に発展しました。またhortも「庭」を意味する語根で、horticulture（園芸（学））は「庭（hort）を耕す（culture）」が語源です。

- □ **courtesy** [kə́ːrtəsi] 【名】礼儀
  - 源 court（宮廷）+ esy（状態） ▶ 宮廷にふさわしい状態
  - Behave with *courtesy*. 礼儀正しくふるまいなさい。
- □ **courteous** [kə́ːrtiəs] 【形】礼儀正しい
  - 源 court（宮廷）+ ous（〜な） ▶ 宮廷にふさわしい

☐ **airport** [éərpɔ̀ːrt] 名 空港

源 air（空の）+ port（港）

語根 **port、porch** 港、門、入り口

> portは「港」です。passportはもともと港への通行証（pass）を意味する言葉でした。portには「門、入り口」の意味もあり、porch（玄関）も同語源です。インターネットでユーザーが最初に入るサイトをポータルサイト（portal site）と言いますが、このportalも「入り口」の意味です。

- ☐ **porch** [pɔ́ːrtʃ] 名 玄関
  源 porch（入り口）
- ☐ **portal** [pɔ́ːrtl] 名 入り口
  源 port（入り口）+ al（〜であること）

☐ **convey** [kənvéɪ] 動 運ぶ

源 con（共に）+ vey（道） ▶ 共に道を（進む）

語根 **vey、vei、vi、voy** 道

> 「回転ずしの店」は、conveyor-belt sushi bar [restaurant]（ベルトコンベア式のすし店）と言います。このconveyorはconvey（運ぶ）という動詞がもとになっています。

- ☐ **via** [váɪə] 前 〜経由で
  源 vi（道）
  fly to Rome *via* Singapore　シンガポール経由でローマへ行く
- ☐ **invoice** [ínvɔɪs] 名 送り状
  源 in（中に）+ voi（道）+ ce（〜するもの） ▶ 道に置く
  check the duplicate of an *invoice*　送り状の控えを確認する

第2章 語根

- □ **obvious** [ábviəs] 形 明白な
  - 源 ob（〜に反対して）+ vi（道）+ ous（〜な）
  - ▶ 道の邪魔になる→目立つ
  - The failure is *obvious* to everyone.　失敗は誰の目にも明白だ。

- □ **previous** [príːviəs] 形 前の
  - 源 pre（前に）+ vi（道）+ ous（〜な）　▶ 道の前（を行く）
  - on the *previous* day of my departure　私の出発の前日に

- □ **trivial** [tríviəl] 形 取るに足りない
  - 源 tri（3つの）+ vi（道）+ al（〜な）
  - ▶ 3つの道（交差点など）→ありふれた
  - Don't worry about *trivial* matters.　ささいな問題で心配するな。

- □ **voyage** [vɔ́ɪdʒ] 名 船旅
  - 源 voy（道）
  - go on a *voyage*　航海に出る

プラスα

□ **convoy**（護送（する））　□ **envoy**（外交使節）　□ **deviate**（それる）

mini知識

フランス語でもvoyageは「（船）旅」の意味で、旅行に出かける人にBon voyage!（ボン・ボヤージュ）と言います。英語のHave a good trip. に当たる言い方です（bon＝good）。また、アメリカが1977年に打ち上げた惑星探査機の「ボイジャー」は、voyager（航海者）にちなんで命名されたものです。

12 抽象概念

意味	語根	例	
順序	ordin	coordinate	動 調整する
最初の	prim archi	prime architecture	形 最高位の 名 建築
終わり	fin termin	final terminal	形 最後の 名 終点
最後の	ultimat	ultimate	形 究極の
閉じる	clud	conclude	動 結論づける
続く	sec dur	consequence durable	名 結果 形 長持ちする
運	hap	happen	動 起こる
起こる	cid	accident	名 事故
存在	esse	absent	形 欠席して
現れる	par	apparent	形 明白な
新しい	nov	novel	名 小説
種類	sort	assort	動 分類する
変化	var	various	形 さまざまな
価値	pric val	praise valid	動 ほめる 形 有効な
よい	bon	bonus	名 ボーナス
悪い	mal	malfunction	名 故障
適する	apt	adapt	動 適応する
否定	neg	negotiate	動 交渉する
自身	auto	automatically	副 自動的に
自由	liber	liberty	名 自由
理由	cus	accuse	動 告発する

coordinate [kouɔ́ːrdənèɪt] 動 調整する

源 co (共に) + ordin (順番) + ate (〜する) ▶ 順番を共に合わせる
coordinate with other groups　他の団体と協調する

語根 ordin　命令、整列、順番

日本語でも服を組み合わせて着ることを「コーディネートする」と言いますが、coordinate（調整する）には「命令、整列、順番」の意味を表すordinという語根が含まれています。

- **order** [ɔ́ːrdər]　名 命令、順序
  - 源 order (命令、順番)
  - in alphabetical *order*　アルファベット順に

- **disorder** [dɪsɔ́ːrdər]　名 混乱、障害
  - 源 dis (離れて) + order (順番)
  - I have a sleeping *disorder*.　私は睡眠障害にかかっている。

- **ordinary** [ɔ́ːrdənèri]　形 普通の
  - 源 ordin (順番) + ary (〜の) ▶ 順序のきまった
  - lead an *ordinary* life　普通の生活を送る

- **subordinate** [səbɔ́ːrdənət]　名 部下　形 下位の
  - 源 sub (下に) + ordin (順番) + ate (〜する)
  - I'm his *subordinate*.　私は彼の部下です。

プラスα

- ordeal (試練)
- ordinance (法令、条例)

---

prime [práɪm] 形 最高位の、主要な

源 prim (第1の)
prime time　（テレビの）ゴールデンタイム

12 抽象概念

語根 pri、prim、prin　第1の

「総理大臣」はprime ministerですが、prime（最高位の、主要な）という形容詞は「第1の」を意味するprimという語根を含んでいます。prのつづり字を持つ語には、「第1の」の意味に関連するものが多くあります。

- □ **primary** [práɪmèri]　**形** 最初の、初等の
  - 源 prim（第1の）+ ary（～の）
  - go to *primary* school　小学校に通う

- □ **primitive** [prímətɪv]　**形** 原始的な
  - 源 prim（第1の）+ tive（～な）
  - in the *primitive* ages　原始時代に

- □ **principal** [prínsəpəl]　**形** 主要な　**名** 校長
  - 源 prin（第1の）+ al（～な）
  - the *principal* river in the area　その地域で最も重要な川

- □ **principle** [prínsəpl]　**名** 原理
  - 源 prin（第1の）+ le〔名詞を作る語尾〕
  - the *principle* of natural selection　自然淘汰の原理

- □ **prior** [práɪər]　**形** 先の
  - 源 pri（第1の）+ or（～の）
  - *prior to* the conference　会議に先立って

- □ **priority** [praɪɔ́ːrəti]　**名** 優先（権）
  - 源 pri（第1の）+ or（～の）+ ity（～するもの）
  - Safety is the first *priority*.　安全が最優先だ。

プラスα

- □ **primal**（原初の、根本的な）
- □ **premiere**（（演劇などの）初日）
- □ **primer**（入門書）
- □ **prince**（王子）

mini知識

primroseは「サクラソウ」ですが、この語はラテン語のprima rosa（最初のバラ）に由来すると言われています。

architecture [ɑ́ːrkətèktʃər] 名 建築

源 archi（主要な）+ tect（技術）+ ure（～もの） ▶ 主要な大工のもの
practice *architecture*　建築業を営む

語根 **arch、archi、archa、archaeo**　最初の、主要な

- **architect** [ɑ́ːrkətèkt]　名 建築家
  源 archi（主要な）+ tect（技術） ▶ 主要な大工→大工の棟梁
- **archaeology** [ɑ̀ːrkiɑ́ːlədʒi]　名 考古学
  源 archaeo（最初の）+ logy（学問）
- **archaic** [ɑːrkéɪɪk]　形 古風な
  源 archa（最初の）+ ic（～な）

プラスα

- archbishop （(カトリックの)大司教）　□ archrival （最大のライバル）
- monarch （君主）　□ hierarchy （階級組織）
- anarchy （無政府状態）　□ archetype （原型）

anarchyは、an（無）+ arch（主要な、指導者）で「指導者がいない」が原義です。

---

final [fáɪnl] 形 最後の　名 決勝戦

源 fin（終わり、端）+ al（～の）
They gave their *final* reply.　彼らは最終的な回答をした。
▶ finally　副 最後に、結局

語根 **fin**　終わり、端

> finは「終わり、端」という意味の語根で、finish（終わる）やfinale（フィナーレ、最後の演奏曲）などに含まれています。

12 抽象概念

□ confine [kənfáɪn]　動 制限する、閉じ込める
源 con（共に）+ fin（端）　▶ 境界を共にする
confine a speech *to* ten minutes　演説を10分に制限する

□ define [dɪfáɪn]　動 定義する
源 de（下に）+ fin（端）　▶ 境界を置く
define a term clearly　言葉を明確に定義する

□ definite [défənət]　形 明確な
源 de（下に）+ fin（端）+ te（～な）　▶ 境界を置いた
give a *definite* answer　明確な返答をする
▶ definition　名 定義

□ refine [rɪfáɪn]　動 洗練する
源 re（再び）+ fin（終わり）　▶ 再び仕上げる
He *refined* his theory.　彼は自分の理論に磨きをかけた。

□ infinite [ínfənət]　形 無限の
源 in（～ない）+ fin（終わり）+ te（～な）　▶ 終わりがない
spend an *infinite* sum of money　莫大な額の金を費やす
▶ 反意語は finite（有限の）。

□ finance [fáɪnæns]　名 財政、融資
源 fin（終わり）+ ance（～こと）　▶（支払いを）終わらせる
Our *finances* have improved.　当社の財政は好転した。
▶ financial　形 財政の、金銭的な

□ fine [fáɪn]　動 罰金を課す　名 罰金
源 fin（終わり）　▶ けりをつけるもの
I was *fined for* speeding.　スピード違反で罰金を取られた。

□ terminal [tə́ːrmənl]　形 終点の　名 終点

源 termin（終わり）+ al（～の）
a bus *terminal*　バスターミナル

語根 termin　境界、限度、終わり

> terminは「境界、限度」で、「終わり」という意味でも使われます。シュワルツェネッガー主演のヒット映画「ターミネーター(The Terminator)」は、terminate(終わらせる)という動詞に「人」を表す-orをつけた語がもとになっています。

□ **terminate** [tə́:rmənèɪt]　動 **終わらせる**
　源 termin (終わり) + ate (〜する)

□ **determine** [dɪtə́:rmən]　動 **決定する、決心する**
　源 de (はっきり) + termin (境界)　▶ はっきり境界を定める
　I *determined* to study abroad.　私は留学する決心をした。

□ **ultimate** [ʌ́ltəmət]　形 究極の、最後の

源 ultimat (最後の)
our *ultimate* goal　私たちの最終目的
語根 **ultimat**　最後の

□ **ultimatum** [ʌ̀ltəméɪtəm]　名 **最後通牒**
　源 ulitimat (最後の)

□ **conclude** [kənklúːd]　動 結論づける

源 con (完全に) + clud (終わる)
conclude that the rumor is true　うわさが正しいと結論づける
語根 **clud、clus、clos**　閉じる、終わる

□ **include** [ɪnklúːd]　動 **含む**
　源 in (中に) + clud (閉じる)　▶ 中に閉じ込める
　The price *includes* taxes.　価格には税金が含まれています。

12 抽象概念

□ exclude [ɪksklúːd]　動 除外する
源 ex (外へ) + clud (閉じる) ▶ 外に閉め出す
exclude unnecessary information　不要な情報を取り除く

□ seclude [sɪklúːd]　動 隔離する
源 se (離れて) + clud (閉じる) ▶ 離して閉じ込める
He *secluded* himself from society.　彼は社会から隠遁した。

□ close [klóʊz]　動 閉じる
源 clos (閉じる)
Close the door.　ドアを閉めなさい

□ enclose [ɪnklóʊz]　動 取り囲む、同封する
源 en (中に) + clos (閉じる)
I have *enclosed* the invoice.　送り状を同封しました。

□ cluster [klʌ́stər]　名 群れ、房
源 clus (閉じる)
a *cluster* of grapes　ぶどうの房

■ 語源ネットワーク

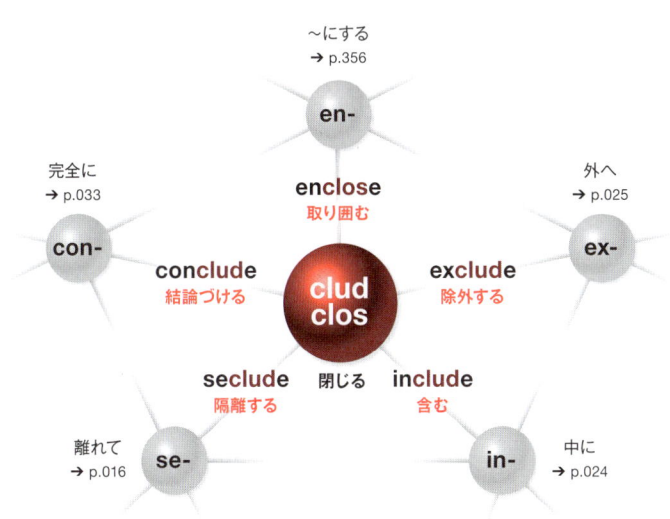

- en- 〜にする → p.356
- con- 完全に → p.033
- ex- 外へ → p.025
- se- 離れて → p.016
- in- 中に → p.024

clud / clos　閉じる

- enclose　取り囲む
- conclude　結論づける
- exclude　除外する
- seclude　隔離する
- include　含む

283

consequence [kánsəkwèns] 名 結果

源 con (共に) + sequ (続く) + ence (〜すること)

as a *consequence* of the war　その戦争の結果として

語根 sec、sequ、sue、suit　続く、追う

sequence [síːkwəns]　名 連続

源 sequ (続く) + ence (〜こと)

secondary [sékəndèri]　形 二番目の、二次的な

源 sec (続く) + ond (形容詞を作る語尾) + ary (〜の)

It's of *secondary* importance.　それはさほど重要ではない。

sue [súː]　動 訴える

源 sue (追う)

sue the company *for* fraud　その会社を詐欺で訴える

suit [súːt]　名 訴訟 (lawsuit)、スーツ　動 似合う

源 suit (追う)

file a *suit* for damages　損害賠償の訴訟を起こす

suitable [súːtəbl]　形 適当な

源 suit (追う) + able (〜できる)

This course is *suitable for* beginners.　このコースは初心者に適している。

pursue [pərs(j)úː]　動 追い求める

源 pur (前へ) + sue (追う)

pursue happiness　幸福を追い求める

---

mini知識

ホテルの「スイートルーム」は、sweet room (甘い部屋) ではありません。正しいつづりは **suite** [swíːt] で、「ひと続きの部屋」という意味です。

12 抽象概念

durable [d(j)úərəbl] 形 長持ちする

源 dur（継続）+ able（〜できる）
a *durable* pair of jeans 丈夫なジーンズ

語根 **dur** 継続

during [d(j)úərɪŋ] 前 〜の間
源 dur（継続）
during your absence あなたが留守の間に

endure [ɪnd(j)úər] 動 がまんする、持続する
源 en（中に）+ dur（継続）
endure tough working conditions 厳しい労働条件に耐える

happen [hǽpən] 動 起こる

源 hap（偶然）+ en（起こる）
I don't know what *happened*. 何が起きたのかわからない。

語根 **hap** 運、偶然

hapは本来は「運、偶然」の意味の語根で、happy（幸福な）の原義は「（幸）運が多い」です。

mishap [míshæp] 名 不幸な出来事、突発事故
源 mis（悪い）+ hap（運）
deliver goods without *mishap* 商品を無事故で配達する

haphazard [hæphǽzərd] 形 無計画な
源 hap（偶然）+ hazard（不確かさ）
tell a *haphazard* lie 口からでまかせのうそをつく

perhaps [pərhǽps] 副 もしかすると
源 per（〜によって）+ hap（偶然）
Perhaps he is angry. 彼は怒っているのかもしれない。

accident [ǽksədənt] 名 事故、偶然

源 ac (〜へ) + cid (起こる) + ent (〜すること)
have a traffic *accident*　交通事故にあう

語根 cid、cas、cha　起こる

incident [ínsədənt] 名 出来事
源 in (〜に) + cid (起こる) + ent (〜すること)
report an *incident* to the police　出来事を警察に届ける

coincide [kòuɪnsáɪd] 動 一致する
源 co (共に) + in (中に) + cid (起こる) ▶ 一緒に起こる
Her opinion *coincided* with mine.　彼女の意見は私と一致した。

casual [kǽʒuəl] 形 偶然の、気取らない
源 cas (起こる) + al (〜な)
go out in *casual* wear　普段着で外出する

occasion [əkéɪʒən] 名 場合、機会
源 oc (〜に対して) + cas (起こる) + ion (〜すること)
a perfect restaurant for a special *occasion*
特別な機会に最適のレストラン

case [kéɪs] 名 場合
源 cas (起こる)

chance [tʃǽns] 名 機会
源 cha (起こる) + nce (〜すること)

absent [ǽbsənt] 形 欠席して

源 ab (離れて) + sent (存在する)
Tom was *absent* from school.　トムは学校を欠席した。
▶ absence 名 欠席、不在、absent-minded 形 うわの空の

語根 esse、est、sent　存在する

> esseは「存在する」という意味を表す語根で、sentなどいくつかの異形があります。次のような語は「存在」の意味から生じたものです。

□ essential [ɪsénʃəl] 形 不可欠の
源 esse（存在する）+ tial（〜の）
Your help is *essential* to me. 私には君の助けが不可欠だ。
▶ essence 名 本質

□ present [préznt] 形 出席して、現在の
源 pre（前に）+ sent（存在する） ▶ （目の）前に存在する
She was *present* at the party. 彼女はパーティーに出席していた。
▶ presence 名 出席、存在

□ interest [íntərəst] 名 関心、利益
源 inter（間に）+ est（存在する） ▶ 利害の発生→関心
take an *interest* in botany 植物学に興味を持つ

プラスα
□ entity （実体）

□ **apparent** [əpǽrənt] 形 明白な

源 ap（〜へ）+ par（現れる）+ ent（〜な）
Her innocence is *apparent*. 彼女の無実は明白だ。

語根 **par、pear、pha、phe、fan 現れる**

□ appear [əpíər] 動 現れる、〜に見える
源 ap（〜へ）+ pear（現れる）
He *appears* to be sick. 彼は病気のように見える。
▶ appearance 名 出現

□ disappear [dìsəpíər] 動 消える
源 dis（〜でなくなる）+ ap（〜へ）+ pear（現れる）
The bird *disappeared* from sight. その鳥は視界から消えた。

第2章　語根

- □ **transparent** [trænspǽrənt]　形 透明な
  - 源 trans（通って）+ par（現れる）+ ent（〜な）
  - *transparent* glass　透明なガラス

- □ **phase** [féɪz]　名 様相、面
  - 源 pha（現れる）
  - the last *phase* of the project　その事業の最終段階

- □ **emphasis** [émfəsɪs]　名 強調
  - 源 em（中に）+ pha（現れる）▶ 現れる状態にすること
  - put *emphasis* on teamwork　チームワークを強調する
  - ▸ emphasize　動 強調する

- □ **phenomenon** [fɪnɑ́mənɑ̀n]　名 現象
  - 源 phe（現れる）
  - a kind of natural *phenomenon*　一種の自然現象
  - ▸ phenomenal　形 非凡な

- □ **fancy** [fǽnsi]　名 空想　動 空想する　形 装飾的な
  - 源 fan（現れる）+ cy（〜な状態）
  - That is a mere *fancy*.　それは単なる空想にすぎない。

- □ **fantastic** [fæntǽstɪk]　形 空想的な、すばらしい
  - 源 fan（現れる）
  - make up a *fantastic* scheme　途方もない計画を立てる
  - ▸ fantasy　名 空想

□ **novel** [nɑ́vl]　名 小説

源 nov（新しい）▶ 新しい種類の物語
read a detective *novel*　探偵[推理]小説を読む

語根 **nov**　新しい

> novは「新しい」という意味の語根で、new（新しい）やnews（ニュース）と同じ語源から発しています。

12 抽象概念

□ **novelty** [návlti] 名 目新しさ、目新しいもの
源 nov（新しい）
a desire for *novelty*　目新しいものを求める気持ち

□ **innovate** [ínəvèit] 動 革新する
源 in（中に）+ nov（新しい）+ ate（〜する）
innovate the educational system　教育制度を革新する
▶ innovation 名 革新、innovative 形 革新的な

□ **renovate** [rénəvèit] 動 リフォーム［修繕］する
源 re（再び）+ nov（新しい）+ ate（〜する）
renovate an old temple　古い寺を修繕する
▶ renovation 名 修繕

プラスα

□ nova（新星）　□ novice（初心者、未熟者）　□ neon（ネオン）

□ **assort** [əsɔ́ːrt] 動 分類する、詰め合わせる

源 as（〜へ）+ sort（分ける）
assort files by color　ファイルを色で分類する

語根 sort　分ける

> お菓子などの詰め合わせを「アソート」と言いますが、assort（分類する、詰め合わせる）はsort（種類）に関連した語です。語根のsortは「分ける」という意味を表します。表計算ソフトやコピー機のソート機能からわかるとおり、動詞のsortには「種類に分ける」という意味があります。

□ **consortium** [kənsɔ́ːrʃiəm] 名 合弁企業
源 con（共に）+ sort（分ける）+ ium（〜もの）

various [véəriəs] 形 さまざまな (varied)

源 var（多様な）+ ous（～な）
buy *various* kinds of vegetables　さまざまな種類の野菜を買う

語根 **var** 変化、相違、多様な

varは「変化」を意味する語根で、そこから「相違、多様な」という意味に発展しました。

vary [véəri]　動 さまざまである
源 var（多様な）
The items *vary* in size.　その品は大きさがさまざまだ。
▶ variable 形 変わりやすい、invariable 形 不変の

variety [vəráɪəti]　名 多様性、種類
源 var（多様な）+ ty（～な状態）
increase the *variety* of products　製品の種類を増やす

variation [vèəriéɪʃən]　名 変化、変種
源 var（多様な）+ tion（～こと）
variations of the proverb　そのことわざの別の表現

---

praise [préɪz] 動 ほめる

源 prais（価値）
praise a girl *for* her honesty　少女の正直さをほめる

語根 **pric、prais、prec、priz** 価値

price [práɪs]　名 値段
源 pric（価値）

precious [préʃəs]　形 貴重な
源 prec（価値）+ ous（～な）
The holiday was *precious* to me.　その休日は私には貴重だった。

12 抽象概念

□ prize [práɪz] 名 賞（金）
源 priz（価値）
The boy won first *prize*.　その少年は1等賞を取った。

□ appraise [əpréɪz] 動 評価する、鑑定する
源 ap（〜へ）+ prais（価値）
appraise land at 200 million yen　土地を2億円と鑑定する
▶ appraiser　名 不動産鑑定士

□ appreciate [əpríːʃièɪt] 動 真価を認める、感謝する
源 ap（〜へ）+ prec（価値）+ ate（〜する）
I *appreciate* your kindness.　ご親切に感謝します。

---

mini知識

appreciateは「価値（prec）の方へ（ap）」が原義で、「（市場）価値が上がる」という意味もあります。その反意語が **depreciate**（価値が下がる）〈de＝離れて〉です。「円高」は **appreciation** of the yen（または strong yen）、「円安」は **depreciation** of the yen（または weak yen）と言います。

□ valid [vælɪd] 形 有効な

源 val（価値がある）+ id（〜な）
This ticket is *valid* for ten days.　この切符は10日間有効だ。
▶ invalid　形 無効な、validity　名 効力

語根 val、vail　価値がある

□ value [vǽljuː] 名 価値　動 高く評価する
源 val（価値がある）
the scientific *value* of the discovery　その発見の科学的価値

□ valuable [vǽljuəbl] 形 価値がある、貴重な
源 val（価値がある）+ able（〜な）
He gave me *valuable* advice.　彼は私に貴重な助言をくれた。

□ equivalent [ɪkwívələnt] 名 同等のもの
源 equi（等しい）+ val（価値がある）+ ent（〜もの）
a Japanese *equivalent* of the word　その語に相当する日本語

□ **prevail** [prɪvéɪl] 動 勝る、普及する

源 pre（前に）+ vail（価値がある）
The practice *prevailed* nationwide.　その慣習は全国に普及した。
▶ prevalent　形 普及している、一般的な

□ **bonus** [bóʊnəs] 名 ボーナス

源 bon（よい）　▶ よいもの

語根 **bon、boun、bene　よい**

> フランス語で「おはよう、こんにちは」は「ボンジュール（Bonjour.）」と言います。これを英語に置き換えるとgood day、つまり「今日はいい日ですね」（bon＝good、jour＝day）です。このようにbonは「よい」の意味を表す語根です（異形にboun、beneがあります）。

□ **benefit** [bénəfɪt]　名 利益、恩恵、手当

源 bene（よい）+ fit（する）　▶ よく行われた
register for unemployment *benefits*　失業手当の登録をする
▶ beneficial　形 有益な

プラスα

□ benefactor（後援者）　□ benevolent（慈悲深い）
□ bounty（懸賞金）

mini知識

名作映画「俺たちに明日はない」の原題はBonnie and Clydeですが、Bonnieという女性名は日本語に直すと「良子」のような意味です（bon＝good）。

malfunction [mælfʌ́ŋkʃən] 名 機能不全、故障

源 mal（悪い）+ function（機能）
There is a *malfunction* in the motor.　モーターが故障している。

語根 **mal　悪い**

malnutrition [mæln(j)u(:)tríʃən] 名 栄養不良
源 mal（悪い）+ nutrition（栄養）

malady [mǽlədi] 名 病気
源 mal（悪い）

adapt [ədǽpt] 動 適応する

源 ad（〜へ）+ apt（適する）
I have *adapted to* my new life.　私は新生活に適応した。

語根 **apt、att　適する**

aptは「適する」の意味の語根で、そのまま形容詞としても使われます。attは異形です。

apt [ǽpt] 形 〜しがちだ（+ to *do*）
源 apt（適する）
He is *apt* to drink too much.　彼は飲みすぎるきらいがある。

aptitude [ǽptət(j)ù:d] 名 能力
源 apt（適する）+ tude（〜の性質）
He has an *aptitude for* business.　彼には商才がある。

attitude [ǽtət(j)ù:d] 名 態度
源 att（適する）+ tude（〜の性質）
I don't like his rude *attitude*.　彼の無作法な態度が好きではない。

negotiate [nəgóuʃièɪt] 動 交渉する

源 neg（否定する）+ oti（暇）+ ate（〜する） ▶ 暇をなくす→商いをする
negotiate with a supplier　納入業者と交渉する

語根 **neg、ny**　否定する

negative [négətɪv] 形 否定的な、マイナスの
源 neg（否定する）+ tive（〜な）
have a *negative* effect　マイナスの影響がある

deny [dɪnáɪ] 動 否認する
源 de（完全に）+ ny（否定する）
He *denied* stealing the money.　彼は金を盗んでいないと言った。
▶ denial　名 否認

mini知識

neglect（無視する、怠る）も同語源。neglectの形容詞は**negligent**（怠慢な、だらしない）で、これと意味的に関連のある語に**negligee**（ネグリジェ）があります。フランス語からの借用語で、もともとは「だらしない服装、普段着」の意味でした。

automatically [ɔ̀ːtəmǽtɪkəli] 副 自動的に

源 auto（自身の）+ matic（動く）+ ally（〜な）
The door opens *automatically*.　ドアは自動的に開く。
▶ automatic 形 自動式の、automation 名 オートメーション

語根 **auto**　自身の

autoは「自身の」の意味で、単語の頭につけると「自分で〜する」という意味を表します。

12 抽象概念

- □ **autograph** [ɔ́ːtəɡræ̀f]　名 (有名人の) サイン
  - 源 auto (自身の) + graph (書いたもの) ▶ 自分で書いたもの
  - ask a star for his *autograph*　スターにサインを求める
- □ **automobile** [ɔ́ːtəmoubìːl]　名 自動車
  - 源 auto (自身の) + mobile (動くもの)
- □ **autobiography** [ɔ̀ːtəbaɪɑ́ɡrəfi]　名 自伝
  - 源 auto (自身の) + biography (伝記)

プラスα

- □ ego (私、自我)　□ egoism (利己主義)
- □ egoistic [egocentric] (自己中心的な)

ego も「自身」を意味する語根です。利己主義な人は日本語でもエゴイスト (egoist) と言います。

□ **liberty** [líbərti]　名 自由

源 liber (自由な) + ty (〜な状態)

語根 **liber、liver　自由な**

ニューヨークにある自由の女神像は the Statue of Liberty (自由の像) と言います。liberty (自由) には、liber (自由な) という語根が含まれています。liver も同じ意味です。

- □ **liberal** [líbərəl]　名 自由主義の、物惜しみしない
  - 源 liber (自由な) + al (〜な)
  - the *Liberal* Democratic Party = LDP　自由民主党
  - ▶ liberalism　名 自由主義、liberalize　動 自由化する
- □ **deliver** [dɪlívər]　動 配達する
  - 源 de (離れて) + liver (自由な) ▶ 手元から自由にする (手放す)
  - His job is *delivering* mail.　彼の仕事は郵便の配達だ。
  - ▶ delivery　名 配達

mini知識

liber、librには「はかり、天秤」の意味もあります。イギリスの通貨・重量の単位であるポンド（**pound**）の略号は、エルの文字を使って£（通貨）やlb.（重量）で表します。これはもともと目方を量るのに使われた「天秤」の意味を表すlibraというラテン語に由来するものです（星座の天秤座もLibraです）。例えば**deliberate**（慎重な、故意の）に含まれるliberという語根はこちらの意味です。

☐ accuse [əkjúːz] 動 告発する

源 ac（～に）+ cus（理由） ▶ ～に弁明（を求める）

accuse him *of* murder　彼を殺人で訴える

▶「被告人」はthe accused。

語根 caus、cus　理由、動機、非難

caus、cusは「理由、動機、非難」などの意味を表します。例えばbecause（～なので）の語源は「理由（cause）によって（be＝by）」です。

☐ cause [kɔ́ːz]　名 原因　動 引き起こす

源 caus（理由）

look into the *cause* of an accident　事故の原因を調べる

☐ excuse　名 言い訳 [ɪkskjúːs]　動 許す [ɪkskjúːz]

源 ex（外へ）+ cus（非難） ▶ 罪から免れる

make a poor *excuse*　下手な言い訳をする

13 数

意味	語根		例
1	uni	university	名 大学
	mono	monorail	名 モノレール
2	bi	bicycle	名 自転車
	twi	twilight	名 薄明かり
	du	duet	名 二重唱
3	tri	triangle	名 三角形
4	tetra	tetrapod	名 テトラポッド
	quar	square	名 正方形
5	pent	pentagon	名 五角形
	quint	quintet	名 五重奏
6	hexa	hexagon	名 六角形
7	sept	septangle	名 七角形
	hept	heptagon	名 七角形
8	octo	octopus	名 タコ
9	nona	nonet	名 九重奏
10	deca	decade	名 10年
100	cent	century	名 世紀
1000	mill	millennium	名 1000年（祭）
多数	multi	multiply	動 増やす
	poly	polygon	名 多角形

□ **uni**versity [jùːnəvə́ːrsəti] 名 大学

源 uni（1つの）+ vers（回る）+ ty（〜な状態）
▶（全体が1つにまとまった）団体、共同体

語根 uni　1

> uniは「1つの」の意味で、uniformは「1つの (uni) 形 (form)」。uniを含む語の多くは、「1つ (に結びつく)」という意味を表します。university (大学) も「(全体が1つにまとまった) 団体、共同体」の意味から生まれた語です。

□ **union** [júːnjən]　名 連合 (組織)

源 uni (1つ) + ion (〜であること)

negotiate with a labor *union*　労働組合と交渉する

▶ 英国の国旗 (the Union Jack) は、連邦を構成する国のjack (船舶の国籍を示す小旗) をまとめた旗の意味です。

□ **reunion** [riːjúːnjən]　名 再会、再結成

源 re (再び) + uni (1つ) + ion (〜であること)

attend a class *reunion*　クラス会に出席する

□ **unite** [ju(ː)náɪt]　動 結合する、結束させる

源 uni (1つ) + ite (〜になる)

The opposition parties were *united*.　野党は結束した。

▶ the *United* States of America (アメリカ合衆国) の直訳は「アメリカという結合した国家」。名詞形はunity (単一、統合) で、ここからunit (単位) という語も生まれました。

□ **uniformity** [jùːnəfɔ́ːrməti]　名 同質性、均一性

源 uni (1つの) + form (形) + ity (〜であること)

the *uniformity* of educational systems　教育制度の画一性

□ **unique** [ju(ː)níːk]　形 唯一の、独特の

源 uni (1つ) + que (〜の)

a *unique* style　独特の文体

□ **universe** [júːnəvə̀ːrs]　名 宇宙

源 uni (1つ) + vers (回る)　▶ (全体が) 1つになった

The *universe* is expanding.　宇宙は膨張している。

▶ universal　形 全体の、普遍的な

□ **unanimous** [ju(ː)nǽnəməs]　形 満場一致の

源 un (1つの) + anim (心) + ous (〜の)

by a *unanimous* vote　満場一致の投票で

13 数

mini知識

unicorn（一角獣）という架空の動物の語源はuni＋corn（＝horn：角）。衣料品販売のユニクロ（UNIQLO）は、UNIQUE CLOTHING WAREHOUSE（直訳は「唯一無二の衣料品倉庫」）というもとの社名の略称です。

□ **monorail** [mɑnərèɪl] 名 モノレール

源 mono（1つの）＋ rail（レール）

語根 **mon、mono** 1

monoもuniと同様に「1つ（single）」の意味で、monorailはレールが1つしかない（単軌道の）鉄道を意味します。また、カラー写真に対して色のついていない写真を「モノクロ写真」と言いますが、これはmonochrome（単色）という語に由来します。

□ **monologue** [mánəlɔ(ː)g] 名 独白（劇）、モノローグ

源 mono（1）＋ logue（言葉）
start a lengthy *monologue*　長ったらしい独白を始める
▶ logueは「言葉」。pro（前方へ）と組み合わせたprologueは「序文、プロローグ」。

□ **monotonous** [mənátənəs] 形 単調な

源 mono（1）＋ ton（音調）＋ ous（〜な）
a *monotonous* life　単調な生活
▶ monotony 名 単調さ。monoとtone（音調）を組み合わせたmonotone（単音調）に由来します。

□ **monopolize** [mənápəlàɪz] 動 独占する

源 mono（1）＋ pol（販売）＋ ize（〜する）
monopolize the conversation　会話を独占する
▶ monopoly 名 独占。polyは「販売する」の意味。

□ **monochrome** [mánəkròʊm] 名 単色

源 mono（1）＋ chrome（色）

- □ **monarch** [mánərk]　名 君主、独裁者
  - 源 mon（1）+ arch（支配者）

- □ **monocle** [mánəkl]　名 単眼鏡
  - 源 mono（1）+ cle（物）

- □ **monocracy** [mənákrəsi]　名 独裁政治
  - 源 mono（1）+ cracy（支配）

- □ **monoculture** [mánəkʌ̀ltʃər]　名 単一栽培
  - 源 mono（1）+ culture（栽培）

- □ **monogamy** [mənágəmi]　名 単婚、一夫一婦制
  - 源 mono（1）+ gamy（〜婚）

> **mini知識**
>
> **monomania**（偏執狂）は mono（1つ）+ mania（〜狂）の意味ですが、日本プロ野球からMLBに移った野茂英雄投手が活躍した1995年には、これをもじってnomomania（野茂マニア）という言葉が生まれました。また、「ユニ」と言えば三菱鉛筆のuni（鉛筆）を、「モノ」と言えばトンボ鉛筆のMONO（消しゴム）を思い浮かべる人もいるかもしれません。これらも「ただ1つの［比類のない］品質」という発想からのネーミングです。

□ **bicycle** [báisəkl]　名 自転車

源 bi（2つの）+ cycle（回転）

語根 **bi**　2

> biは「2」を表す語根の1つです。bicycleはbi（2）+ cycle（回転）で「二輪車」の意味になります。「一輪車」はunicycle、「三輪車」はtricycle [tráisəkl] です。

- □ **binoculars** [bainákjələrz]　名 双眼鏡
  - 源 bi（2）+ ocul（目）+ ar（〜もの）
  - have a pair of *binoculars*　双眼鏡を1つ持っている

▶ binocularのoculは「目」の意味で、「2つの目」からきた言葉です。ちなみに「眼科医」はophthalmologistと言います。

□ **bilingual** [baɪlíŋgwəl]　形 2か国語を話す　名 2か国語を話す人
源 bi (2) + ling (言葉) + al (～の)
a *bilingual* student　2か国語を話す学生
▶ 「3か国語を話す」はtrilingual、「1か国語を話す［しか話せない］」はmonolingual。

□ **twilight** [twáɪlaɪt]　名 たそがれ、薄明かり

源 twi (2つの) + light (明かり)

語根　**twi、twe**　2

twiなども「2」の意味を表します。twilight（たそがれ、薄明かり）は「2つの明かり」がもとの意味で、薄暗くなって遠くの明かりが2つに見えることからできた言葉と言われます。「たそがれ」という日本語がもともと「たそ（＝誰だ）＋かれ（＝あれは）」という意味（薄暗くてよく見えないことのたとえ）であるのと同じ発想です。

□ **twice** [twáɪs]　副 2度
源 twi (2) + ce (～倍)

□ **between** [bɪtwíːn]　前 ～の間に
源 twe (2)　▶ 2つのものの間に

□ **twin** [twín]　名 双子
源 twi (2)

□ **twig** [twíg]　名 小枝、分岐
源 twi (2)

□ **twist** [twíst]　動 より合わせる、ねじる
源 twi (2) + st (～にする)　▶ 2つにする

duet [d(j)uét] 名 二重唱

源 du（2）

語根 du、dou 2／接辞 di-、dia- 2、分かれる、通過する

音楽で「デュオ」と言えば2人組の歌手ですが、duoはtwoに相当するラテン語です。また接頭辞のdi(a)-も「2つの、分かれる、通過する」の意味で使われます。

double [dʌ́bl] 形 2倍の
源 dou（2）+ ble（折りたたむ） ▶ 2つに重ねる

duplex [d(j)úːpleks] 名 2軒長屋 形 2重の、2倍の
源 du（2）+ plex（折りたたむ）

diploma [dɪplóʊmə] 名 卒業証書
源 di（2）+ plo（折りたたむ） ▶ 2つに折られた手紙、推薦状
receive a *diploma* 卒業証書を受け取る

diplomat [dípləmæ̀t] 名 外交官
源 di（2）+ plo（折りたたむ） ▶ 手紙→公文書
send a *diplomat* to the country その国に外交官を送る
▶ diplomacy 名 外交、diplomatic 形 外交の

dioxide [daɪɑ́ksaɪd] 名 二酸化物
源 di（2）+ oxide（酸化物）
▶ carbon dioxide（二酸化炭素）

diagonal [daɪǽgənl] 形 斜めの 名 対角線
源 dia（2）+ gon（〜角形）+ al（〜の）

dialog(ue) [dáɪəlɔ̀(ː)g] 名 対話
源 dia（2）+ logue（言葉）

dilemma [dɪlémə] 名 ジレンマ、板ばさみ
源 di（2）+ lemma（前提、仮定）

triangle [tráɪæ̀ŋgl] 名 三角形

源 tri (3) + angle (角)

語根 tri　3

- □ **trio** [tríoʊ]　名 三重奏
  - 源 tri (3)
- □ **triple** [trípl]　形 3倍の
  - 源 tri (3つに) + ple (折りたたむ)

tetrapod [tétrəpɑ̀d] 名 テトラポッド、四足動物

源 tetra (4) + pod (足)

語根 tetra　4／quar　4

tetraは「4」の意味です。tetrapodには元来「四足動物」の意味があり、護岸用のテトラポッドは、4つの隆起を4つの足（tetra＋pod）に見立てたものです。また、「4分の1」はquarterですが、quarは「4」を意味します。

- □ **quarter** [kwɔ́ːrtər]　名 4分の1
  - 源 quar (4)
- □ **quartet** [kwɔːrtét]　名 四重奏
  - 源 quar (4)
- □ **square** [skwéər]　名 正方形
  - 源 s (=ex) (完全な) + quar (4)

quintet [kwɪntét] 名 五重奏

源 quint (5)

語根 quint 5／pent、penta 5

quintは「5」の意味ですが、「5」を表すもう1つの語根がpent(a)です。pentagonは「五角形」の意味で、アメリカ国防総省の建物の形は五角形なので、一般に「ペンタゴン」と呼ばれます。

- **quint** [kwínt]　名 五つ子（の一人）
  源 quint (5)
- **pentagon** [péntəgàn]　名 五角形
  源 penta (5) + gon (〜角形)
- **pentagram** [péntəgræ̀m]　名 五芒星（☆）
  源 penta (5) + gram (書かれたもの)

hexagon [héksəgàn] 名 六角形

源 hexa (6) + gon (〜角形)

語根 hexa 6／hept 7／sept 7

-gonは「〜角形」の意味の接尾辞で、「六角形」はhexagon (hexa=6)、「七角形」はheptagonまたはseptangle (hept=sept=7)と言います。

- **heptagon** [héptəgà:n]　名 七角形
  源 hept (7) + gon (〜角形)
- **septet** [septét]　名 七重奏
  源 sept (7)

13 数

□ **octopus** [άktəpəs] 名 タコ

源 octo (8) + pus (足)

語根 **oct、octo** 8

> octoは「8」、pusは「足」で、タコは8本足であることからoctopusと言います。octagonは八角形、音楽のoctave（オクターブ）は「8度離れた音程」の意味です。

□ **octagon** [άktəgὰn] 名 八角形
源 oct (8) + gon (～角形)

□ **octave** [άktɪv] 名 オクターブ
源 oct (8)

mini知識

では、**October**（10月）はどうでしょうか？ 古代ローマの太陰暦では1年は10か月に分けられており、今の3月が1月でした。したがって当時のOctoberは「8月」だったのですが、後にJanuaryとFebruaryが加えられたために、2か月分後ろにずれたのです。したがって**September**は「9月」です（sept＝7）。**November**（11月）は「9」を意味するnonaという語根に由来します。**nonagon**は「九角形」、**nonet**は「九重奏」です。

□ **decade** [dékeɪd] 名 10年

源 deca (10)

for the first time in *decades* 数十年ぶりに

語根 **deca、dec、dece** 10

> December（12月）のdeceが「10」の意味であることはdecaliter（デカリットル＝10リットル）などから推測できます。

- **decathlon** [dɪkǽθlən]　名 十種競技
  - 源 dec (10) + athlon (競技)

century [séntʃəri] 名 世紀、100年

源 cent (100) + ry (〜のまとまり)

語根 cent　100、100分の1／mill　1000

> お金の単位のcent（セント＝100分の1ドル）やcentimeter（センチメートル＝100分の1メートル）からもわかるとおり、centは「100」「100分の1」の意味の語根です。なお、「1000」を意味する語根にmillがあります。million（100万）は「大きな1000」という意味がもとになっています。距離の単位のmile（マイル）も、もともとは「1000歩」の意味でした。

- **centigrade** [séntəgrèɪd]　名 摂氏
  - 源 cent (100) + grade (等級)
  - Today's temperature is 28 degrees *centigrade* [Celsius].
    今日の気温は摂氏28度だ。
- **percent** [pərsént]　名 パーセント、百分率
  - 源 per (〜につき) + cent (100)
  - 30 *percent* of the population　人口の30パーセント
- **million** [míljən]　名 100万
  - 源 mill (1000)
- **millennium** [mɪléniəm]　名 1000年（祭）
  - 源 mill (1000) + ennium (年)

プラスα

□ centenary（100年祭）　□ centenarian（100歳（以上）の人）
□ centuple（100倍の）

multiply [mʌ́ltəplàɪ] 動 増やす、掛け算する

源 multi（多数の）+ ply（折りたたむ）

語根 multi、poly　多数の／plur、plus　もっと多くの

数を表す語根の1つにmulti（多数の）があります。multimedia（マルチメディア）は文字通り「多数のメディア」ということ。multipleは「多数の」で、multiple-choice questionは「多肢選択［多くの選択肢がある］問題」。multipleの動詞形がmultiply（増やす、掛け算する）です。「多数の」を意味するもう1つの語根がpolyです。「うそ発見器」はpolygraphと言います。これは、この機械が身体のいくつかの活動を同時［多元的］に記録することから名づけられたものです。また、plur、plusは「もっと多くの」という意味の語根です。

multiple [mʌ́ltəpl] 動 多数の
源 multi（多数の）+ ple（重なり）

multimedia [mʌ̀ltimíːdiə] 名 マルチメディア
源 multi（多数の）+ media（メディア）

multilingual [mʌ̀ltilíŋgwəl]
形 多数の言語を話せる　名 多数の言語を話せる人
源 multi（多数の）+ ling（言葉）+ al（～の）

polygon [páligàn] 名 多角形
源 poly（多数の）+ gon（～角形）

polyclinic [pàliklínɪk] 名 総合病院
源 poly（多数の）+ clinic（病院）

polyethylene [pàliéθəlìːn] 名 ポリエチレン
源 poly（多数の）+ ethylene（エチレン）

polygraph [páligrærf] 名 うそ発見器
源 poly（多数の）+ graph（書かれたもの）

plural [plúərəl] 形 複数の
源 plur（もっと多くの）+ al（～の）

□ **plus** [plʌs] 名 プラス 前 ～に加えて
源 plus（もっと多くの）

プラスα

- □ multitude（多数、群衆）
- □ multicultural（多文化の）
- □ multinational（多国籍の、多国籍企業）

Suffixes

第3章
接尾辞

もとの単語の形を少し変えることによって作った別の品詞の語を「派生語」と言います。例えばreservation（予約）は、reserve（予約する）という動詞の派生語（名詞形）です。

派生語の知識を増やすには、接尾辞・接頭辞の形と意味を知ることが大切です。例えば-ismが「～主義」の意味であることを知っていれば、socialismという語の意味はsocial（社会的な）という形容詞から「社会主義」だと推測できます。この章では、派生語を作るのに使われる主な接尾辞・接頭辞を見ていきます。

1 人・道具を表す名詞を作る接尾辞

□ **own**er [óunər] 名 所有者

源 own（所有する）+ er（〜する人）

接辞 -r、-er、-or、-ar 〜する人、業者、会社／
-ard 極端に〜する人

teach（教える）→ teacher（教師）のように、動詞の後ろに-erをつけると「〜する人」の意味になります。eで終わる動詞の後ろには、use（使う）→ user（利用者）のようにrだけをつけます。-erの代わりに-or、-arなどを使うこともあります。また、-erなどで終わる語は「人」ではなく「業者、会社」を表す場合もあります。
-erの異形には、-arがあります。liar（うそつき）、scholar（学者）などがその例です。また、-ardは「極端に〜する人」という侮辱や非難のニュアンスを持つ名詞を作ります。

□ **announc**er [ənáunsər] 名 アナウンサー
源 announce（発表する）+ r（〜する人）

□ **farm**er [fáːrmər] 名 農場主
源 farm（耕す）+ er（〜する人）

□ **listen**er [lísnər] 名 聞き手
源 listen（聞く）+ er（〜する人）

□ **manag**er [mænɪdʒər] 名 管理者
源 manage（管理する）+ r（〜する人）

□ **manufactur**er [mæ̀njəfǽktʃərər] 名 製造業者、メーカー
源 manufacture（製造する）+ r（〜する会社）

□ **murder**er [məːrdərər] 名 殺人者
源 murder（殺人をする）+ er（〜する人）

□ **produc**er [prədjúːsər] 名 生産者
源 produce（生産する）+ r（〜する人）

1 人・道具を表す名詞を作る接尾辞

- **provider** [prəváɪdər] 名 (インターネットの) プロバイダー
  源 provide (与える) + r (〜する会社)

- **writer** [ráɪtər] 名 作家
  源 write (書く) + r (〜する人)

- **counselor** [káʊnslər] 名 助言者
  源 counsel (助言する) + or (〜する人)

- **director** [dəréktər] 名 監督、重役
  源 direct (指導する) + or (〜する人)

- **governor** [gʌ́vənər] 名 知事
  源 govern (統治する) + or (〜する人)

- **inspector** [ɪnspéktər] 名 検査官
  源 inspect (検査する) + or (〜する人)

- **instructor** [ɪnstrʌ́ktər] 名 教官
  源 instruct (指導する) + or (〜する人)

- **operator** [ɑ́pərèɪtər] 名 操作係
  源 operat(e) (操作する) + or (〜する人)

- **sailor** [séɪlər] 名 船員
  源 sail (船で行く) + or (〜する人)

- **visitor** [vízətər] 名 訪問者
  源 visit (訪問する) + or (〜する人)

- **liar** [láɪər] 名 うそつき
  源 li(e) (うそをつく) + ar (〜する人)

- **drunkard** [drʌ́ŋkərd] 名 酔っ払い
  源 drunk (酔っぱらう) + ard (極端に〜する人)

- **coward** [káʊərd] 名 臆病者
  源 cow (尾) + ard (極端に〜する人) ▶ しっぽを巻いて逃げる者

第3章 接尾辞

プラスα
- ambassador (大使)
- customer (顧客、得意先)
- messenger (使者)
- neighbor (隣人)
- tutor (家庭教師)

これらは own → owner のように対応する動詞を持っていないものです。

□ employee [emplɔɪíː] 名 従業員、社員

源 employ (雇う) + ee (〜される人) ▶ 雇われる人

接辞 -ee 〜される人

「〜する人」を〈動詞＋-er〉で表すのに対して、「〜される人」は〈動詞＋-ee〉の形を使います。なお、ee で終わる語はしばしばその部分を強く読みます。

- □ donee [doʊníː] 名 受贈者
  - 源 don(ate) (与える) + ee (〜される人)
  - ▶ donor 名 寄贈者
- □ examinee [ɪɡzæməníː] 名 受験者
  - 源 examin(e) (試験をする) + ee (〜される人)
  - ▶ examiner 名 試験官
- □ trainee [treɪníː] 名 研修生
  - 源 train (教育する) + ee (〜される人)
  - ▶ trainer 名 教官

□ elevator [éləvèɪtər] 名 エレベーター

源 elevat(e) (持ち上げる) + or (〜する道具 [機械])

接辞 -er、-or 〜する道具 [機械]

1 人・道具を表す名詞を作る接尾辞

> -erなどで終わる語は、「〜する道具［機械］」の意味にもなります。「〜する人」「〜する道具［機械］」の両方の意味で使う語もあります。例えばmixerは「社交家［←交わる人］」「かくはん器［←混ぜる道具］」の意味を持ちます。
> 下の訳語からもわかるとおり、これらの語の多くはカタカナとして日本語に取り入れられています。cooler（クーラー＝冷却装置）、peeler（ピーラー＝皮むき器）、shredder（シュレッダー＝裁断する機械）なども同様です。computer（コンピュータ）の原義は「計算する（compute）機械」、「エアコン」はair-conditioner（空気を調節する機械）を略したものです。

- □ **mixer** [míksər]　名 社交家、かくはん器、ミキサー
  - 源 mix（混ぜる）＋ er（〜する人、〜する道具）

- □ **pitcher** [pítʃər]　名 投手、ピッチャー
  - 源 pitch（投げる）＋ er（〜する人、〜する道具）

- □ **ruler** [rúːlər]　名 支配者、定規
  - 源 rule（支配する）＋ r（〜する人、〜する道具）

- □ **controller** [kəntróʊlər]
  - 名 監査役、（ゲーム機などの）コントローラー
  - 源 control（支配する、操作する）＋ er（〜する人、〜する道具）

- □ **conductor** [kəndʌ́ktər]　名 指揮者、車掌、伝導体
  - 源 conduct（行う）＋ or（〜する人、〜する道具）

- □ **binder** [báɪndər]　名 バインダー
  - 源 bind（縛りつける）＋ er（〜する道具）

- □ **bumper** [bʌ́mpər]　名 バンパー
  - 源 bump（ぶつかる）＋ er（〜する道具）

- □ **container** [kəntéɪnər]　名 容器、コンテナ
  - 源 contain（含む）＋ er（〜する道具）

- □ **copier** [kɑ́piər]　名 コピー機
  - 源 cop(y)（コピーする）＋ er（〜する機械）

- □ **calculator** [kǽlkjəlèɪtər]　名 計算機
  - 源 calculat(e)（計算する）+ or（～する機械）
- □ **drawer** [drɔ́ːr]　名 引き出し
  - 源 draw（引く）+ er（～する道具）
- □ **hanger** [hǽŋər]　名 ハンガー
  - 源 hang（掛ける、つるす）+ er（～する道具）

> **mini知識**
>
> 「ゴム」はrubberですが、これは「こする（rub）もの」の意味で、鉛筆の字をゴムでこすって消したのが由来とも言われます。今日でもイギリスでは消しゴムをrubberと言います（アメリカではeraser）。

□ **historian** [hɪstɔ́ːriən]　名 歴史家

源 histor(y)（歴史）+ ian（～の専門家）

接辞 **-ian、-cian　～の専門家**

> -ian、-cianは「～の専門家」という意味を表します。
> シャーロック・ホームズ（コナン・ドイルの探偵小説の主人公）のファンを称して「シャーロキアン（Sherlockian）」と言いますが、これは人名のSherlockに「～の専門家」の意味を表す-ianをつけたものです。

- □ **librarian** [laɪbréəriən]　名 司書
  - 源 librar(y)（図書館）+ ian（～の専門家）
- □ **mathematician** [mæ̀θəmətíʃən]　名 数学者
  - 源 mathmati(cs)（数学）+ cian（～の専門家）
- □ **musician** [mjuː(ː)zíʃən]　名 音楽家
  - 源 musi(c)（音楽）+ cian（～の専門家）
- □ **optician** [ɑptíʃən]　名 眼鏡屋
  - 源 opti(cs)（光学）+ cian（～の専門家）

■ 人・道具を表す名詞を作る接尾辞

- □ **physician** [fɪzíʃən] 名 内科医
  - 源 physi(c)（医術）+ cian（〜の専門家）
- □ **politician** [pùlətíʃən] 名 政治家
  - 源 politi(cs)（政治）+ cian（〜の専門家）
- □ **technician** [tekníʃən] 名 技巧家
  - 源 techni(c)（技術）+ cian（〜の専門家）

□ **attendant** [əténdənt] 名 出席者

源 attend（出席する）+ ant（〜する人）

接辞 -ant、-ent　〜する人

- □ **accountant** [əkáʊntənt] 名 会計士
  - 源 account（会計報告する）+ ant（〜する人）
- □ **applicant** [ǽplɪkənt] 名 志願者
  - 源 appl(y)（志願する）+ ant（〜する人）
- □ **assistant** [əsístənt] 名 助手
  - 源 assist（助ける）+ ant（〜する人）
- □ **contestant** [kəntéstənt] 名 競技者
  - 源 contest（競う）+ ant（〜する人）
- □ **inhabitant** [ɪnhǽbətənt] 名 住人
  - 源 inhabit（住む）+ ant（〜する人）
- □ **occupant** [ákjəpənt] 名 占有者
  - 源 occup(y)（占める）+ ant（〜する人）
- □ **participant** [pɑːrtísəpənt] 名 参加者
  - 源 particip(ate)（参加する）+ ant（〜する人）
- □ **peasant** [péznt] 名 小作農
  - 源 peas（田舎）+ ant（〜する人）

- □ **Protestant** [prάtəstənt] 名 プロテスタント
  源 protest (抗議する、異議を唱える) + ant (〜する人)
- □ **resistant** [rɪzístənt] 名 抵抗者
  源 resist (抵抗する) + ant (〜する人)
- □ **servant** [sə́ːrvənt] 名 召使い
  源 serv(e) (仕える) + ant (〜する人)
- □ **opponent** [əpóunənt] 名 敵対者
  源 oppo(se) (反対する) + ent (〜する人)
- □ **president** [prézədənt] 名 大統領、社長
  源 presid(e) (監督する、統括する) + ent (〜する人)
- □ **resident** [rézədənt] 名 住人
  源 resid(e) (住む) + ent (〜する人)

プラスα

□ consultant (コンサルタント)　　□ informant (情報提供者)

secretary [sékrətèri] 名 秘書

源 secret (秘密) + ary (〜に関係する人)
She is an efficient *secretary*.　彼女は有能な秘書だ。

接辞 -ary 〜に関係する人

-aryは「〜に関係する人」という意味の名詞・形容詞を作ります。

- □ **adversary** [ǽdvərsèri] 名 敵対者
  源 advers(e) (敵意を持つ) + ary (〜に関係する人)
- □ **contemporary** [kəntémpərèri] 名 同時代の人　形 同時代の
  源 con (共に) + temp (時) + ary (〜に関係する人)

1 人・道具を表す名詞を作る接尾辞

□ **tourist** [túərɪst] 名 旅行者

源 tour（旅行）+ ist（〜する人）

接辞 **-ist　〜する人、〜に関係する人、〜主義者**

-istは「〜する人、〜に関係する人、〜主義者」などの意味を表す名詞を作ります。例えばpianoに-istをつけると、pianist（ピアノをひく人）になります。

- □ **artist** [ɑ́ːrtɪst]　名 芸術家
  - 源 art（芸術）+ ist（〜する人）
- □ **chemist** [kémɪst]　名 化学者
  - 源 chem(istry)（化学）+ ist（〜に関係する人）
- □ **economist** [ɪkɑ́nəmɪst]　名 経済学者
  - 源 econom(y)（経済）+ ist（〜に関係する人）
- □ **egoist** [íːgoʊɪst]　名 利己主義者
  - 源 ego（自己）+ ist（〜主義者）
- □ **florist** [flɔ́ːrɪst]　名 花屋
  - 源 flo(wer)（花）+ ist（〜に関係する人）
- □ **optimist** [ɑ́ptəmɪst]　名 楽観主義者
  - 源 optim(ism)（楽観主義）+ ist（〜主義者）
- □ **scientist** [sáɪəntɪst]　名 科学者
  - 源 scien(ce)（科学）+ ist（〜に関係する人）
- □ **specialist** [spéʃəlɪst]　名 専門家
  - 源 special（特別な）+ ist（〜する人）

プラスα

- □ novelist（小説家）　□ racist（人種差別主義者）
- □ alchemist（錬金術師）　□ botanist（植物学者）
- □ feminist（男女同権論者）　□ zoologist（動物学者）

Goddess [gádəs] 名 女神

源 God (神) + ess (女性)

接辞 -ess 女性、雌

-essは、女性[雌]を表す名詞を作る接尾辞です。例えばGod（神）に対してはGoddess（女神）という語が作れます。hostess（女主人（役））なども同様です。ただし最近はPC（political correctness＝男女の性差を排除した言葉を使おうとする考え方）の観点から、例えばactor（男優）とactress（女優）の区別をなくし、女優もactorで表す傾向も見られます。

actress [ǽktrəs] 名 女優
源 act(o)r (男優) + ess (女性)

hostess [hóʊstəs] 名 女主人（役）
源 host (主人（役）) + ess (女性)

lioness [láɪənəs] 名 雌ライオン
源 lion (ライオン) + ess (雌)

2 抽象名詞を作る接尾辞

accuracy [ǽkjərəsi] 名 正確さ

源 accur(ate)（正確な）+ acy（〜であること）

接辞 -cy、-acy　〜であること

形容詞の語尾を-(a)cyに変えた形は、「〜であること」の意味を表す名詞になります。さらに、conspiracy、piracyなどの名詞も-(a)cyの語尾を持ちます。

bankruptcy [bǽŋkrʌptsi] 名 破産
源 bankrupt（破産した）+ cy（〜であること）

conspiracy [kənspírəsi] 名 陰謀
源 conspir(e)（たくらむ）+ acy（〜であること）

delicacy [délɪkəsi] 名 繊細さ
源 delic(ate)（繊細な）+ acy（〜であること）

diplomacy [dɪplóʊməsi] 名 外交
源 diplom(atic)（外交の）+ acy（〜であること）

fallacy [fǽləsi] 名 間違った考え
源 fal(se)（誤った）+ acy（〜であること）

intimacy [íntəməsi] 名 親密さ
源 intim(ate)（親密な）+ acy（〜であること）

literacy [lítərəsi] 名 識字能力
源 liter(ate)（読み書きできる）+ acy（〜であること）

piracy [páɪrəsi] 名 著作権侵害
源 pir(ate)（著作権を侵害する）+ acy（〜であること）

- □ **privacy** [práɪvəsi] 名 プライバシー
  - 源 priv(ate)（私的な）+ acy（〜であること）
- □ **supremacy** [su(:)préməsi] 名 至高、優越
  - 源 suprem(e)（最高の）+ acy（〜であること）

□ **shortage** [ʃɔ́ːrtɪdʒ] 名 不足

源 short（不足して）+ age（状態）

接辞 **-age** 状態

-ageは「状態」などを表す抽象名詞を作る接尾辞です。

- □ **blockage** [blákɪdʒ] 名 封鎖、障害物
  - 源 block（妨げる）+ age（状態）
- □ **breakage** [bréɪkɪdʒ] 名 破損
  - 源 break（壊れる）+ age（状態）
- □ **coverage** [kávərɪdʒ] 名 補償範囲、報道
  - 源 cover（賄う、報道する）+ age（状態）
- □ **dosage** [dóʊsɪdʒ] 名 投薬
  - 源 dos(e)（投薬する）+ age（状態）
- □ **haulage** [hɔ́ːlɪdʒ] 名 運搬
  - 源 haul（運ぶ）+ age（状態）
- □ **leakage** [líːkɪdʒ] 名 漏洩
  - 源 leak（漏らす）+ age（状態）
- □ **linkage** [líŋkɪdʒ] 名 結合
  - 源 link（結合する）+ age（状態）
- □ **marriage** [mǽrɪdʒ] 名 結婚
  - 源 marr(y)（結婚する）+ age（状態）

2 抽象名詞を作る接尾辞

- □ **patronage** [péɪtrənɪdʒ]　名 愛顧、常連
  - 源 patron（顧客）+ age（状態）
- □ **storage** [stɔ́ːrɪdʒ]　名 貯蔵、保管
  - 源 stor(e)（貯蔵する）+ age（状態）
- □ **wreckage** [rékɪdʒ]　名 難破
  - 源 wreck（難破する）+ age（状態）

□ **survival** [sərváɪvl]　名 生存、存続

源 surviv(e)（生存する）+ al（〜すること）

接辞 **-al　〜すること**

-alも抽象名詞を作る接尾辞です。yで終わる動詞に-alをつけて名詞を作ると、語尾が-ialになります。

- □ **approval** [əprúːvl]　名 承認
  - 源 approv(e)（承認する）+ al（〜すること）
- □ **refusal** [rɪfjúːzl]　名 拒否
  - 源 refus(e)（拒否する）+ al（〜すること）
- □ **revival** [rɪváɪvl]　名 復活
  - 源 reviv(e)（生き返る）+ al（〜すること）
- □ **burial** [bériəl]　名 埋葬
  - 源 bur(y)（埋める）+ al（〜すること）
- □ **denial** [dɪnáɪəl]　名 否認
  - 源 den(y)（否認する）+ ial（〜すること）
- □ **trial** [tráɪəl]　名 試み、裁判
  - 源 tr(y)（試みる）+ al（〜すること）

absence [ǽbsəns] 名 欠席

源 absent（欠席して）+ -ence（～であること）

接辞 -ance、-ence、-ancy、-ency ～する[である]こと

-anceは動詞や形容詞を抽象名詞に変える接尾辞です。例えば「法律の遵守」をコンプライアンス（compliance）と言いますが、これはcomply（遵守する）という動詞の名詞形です。-ence、-ancy、-encyとなる場合もあります。

- **appearance** [əpíərəns] 名 出現、外見
  源 appear（現れる）+ ance（～すること）

- **attendance** [əténdəns] 名 出席
  源 attend（出席する）+ ance（～すること）

- **guidance** [gáɪdns] 名 案内
  源 guid(e)（案内する）+ ance（～すること）

- **importance** [ɪmpɔ́ːrtns] 名 重要性
  源 import(ant)（重要な）+ ance（～であること）

- **insurance** [ɪnʃúərəns] 名 保険
  源 insur(e)（保険をかける）+ ance（～すること）

- **maintenance** [méɪntənəns] 名 維持
  源 maint(ain)（維持する）+ ance（～すること）

- **performance** [pərfɔ́ːrməns] 名 演技
  源 perform（演じる）+ ance（～すること）

- **reliance** [rɪláɪəns] 名 信頼
  源 rel(y)（信頼する）+ ance（～すること）

- **confidence** [kánfədəns] 名 自信
  源 confid(ent)（自信がある）+ ence（～であること）

2 抽象名詞を作る接尾辞

- □ **convenience** [kənvíːnjəns]　名 便利
  - 源 conveni(ent)（便利な）+ ence（～であること）

- □ **difference** [dífərəns]　名 違い
  - 源 differ(ent)（異なる）+ ence（～であること）

- □ **efficiency** [ɪfíʃənsi]　名 効率
  - 源 effici(ent)（効率的な）+ ency（～であること）

- □ **emergency** [ɪmə́ːrdʒənsi]　名 緊急事態
  - 源 emerg(ent)（緊急の）+ ency（～であること）

- □ **existence** [ɪgzístəns]　名 生存、生活
  - 源 exist（存在する）+ ence（～すること）

- □ **fluency** [flúːənsi]　名 流ちょうさ
  - 源 flu(ent)（流ちょうな）+ ency（～であること）

- □ **occurrence** [əkə́ːrəns]　名 事件
  - 源 occur（起こる）+ ence（～すること）

- □ **preference** [préfərəns]　名 好み
  - 源 prefer（好む）+ ence（～すること）

- □ **tendency** [téndənsi]　名 傾向
  - 源 tend（傾向がある）+ ency（～であること）

そのほか、次のような語も同様の語尾を持つ抽象名詞です。

-ance
acceptance（受容）、assistance（援助）、avoidance（回避）、brilliance（すばらしさ）、clearance（除去、在庫整理）、distance（距離）、elegance（上品さ）、governance（統治）、hindrance（妨害）、inheritance（相続（財産））、observance（順守）、resemblance（類似）、resistance（抵抗）、significance（重大性）、tolerance（忍耐）

-ancy
infancy（幼児期）、occupancy（占有）、pregnancy（妊娠）

> **-ence**
> conference（会議）、dependence（依存）、excellence（優秀さ）、independence（独立）、innocence（無実）、intelligence（知力）、magnificence（壮大さ）、patience（忍耐）、presence（存在）、reference（参照）、residence（住居）、silence（沈黙）、violence（暴力）
>
> **-ency**
> agency（代理（店））、consistency（一貫性）、decency（上品さ）、deficiency（不足）、frequency（頻発、頻度）、presidency（大統領［社長］の地位）、proficiency（熟練）、urgency（緊急）

particle [páːrtɪkl] 名 粒子、小片

源 part（部分）+ cle（小さな）

接辞 **-cle、-cule　小さな〜、手段、物、器**

-cle、-cule は「小さな〜」または「手段、物、器」という意味の名詞を作ります。

- **cubicle** [kjúːbɪkl]　名 小さな個室
  源 cub（横になる）+ cle（小さな）　▶ 寝室

- **icicle** [áɪsɪkl]　名 つらら
  源 ic(e)（氷）+ cle（小さな）

- **receptacle** [rɪséptəkl]　名 容器
  源 re（後ろに）+ cept（受け取る）+ cle（器）

- **vehicle** [víːəkl]　名 乗り物
  源 vehi（車）+ cle（小さな）

- **molecule** [máləkjùːl]　名 分子
  源 mole（かたまり）+ cule（小さな）

- **ridicule** [rídɪkjùːl]　名 あざけり
  源 rid（笑う）+ cule（手段）

childhood [tʃáɪldhʊ̀d] 名 子供時代

源 child (子供) + hood (～の状態)

接辞 -hood　～の状態

> -hoodは、名詞・形容詞の後ろに置いて「～の状態」という意味の抽象名詞を作る接尾辞です。

- **adulthood** [ədʌ́lthʊ̀d]　名 成人期
  - 源 adult (成人) + hood (～の状態)
- **boyhood** [bɔ́ɪhʊ̀d]　名 少年時代
  - 源 boy (少年) + hood (～の状態)
- **falsehood** [fɔ́:lshʊ̀d]　名 虚偽、誤り
  - 源 false (間違った) + hood (～の状態)
- **likelihood** [láɪklihʊ̀d]　名 ありそうなこと
  - 源 likel(y) (ありそうな) + hood (～の状態)
- **neighborhood** [néɪbərhʊ̀d]　名 近所
  - 源 neighbor (近所の人) + hood (～の状態)

politics [pálətɪks] 名 政治学

源 polit(ic) (政治の) + ics (学問)

接辞 -ic、-ics　学問、特徴、活動

> -ic(s)は「学問、特徴、活動」などの意味を表す名詞を作るのに使います。

- **characteristic** [kæ̀rəktərístɪk]　名 特徴
  - 源 character (刻印) + ic (特徴)
- **cosmetic** [kɑzmétɪk]　名 化粧品
  - 源 cosme (飾った) + ic (もの)

- □ **aesthet**ics [esθétɪks] 名 美学
  - 源 aesthe（感知する）+ ics（学問）
- □ **econom**ics [èkənámɪks] 名 経済学
  - 源 eco（家の）+ nom（管理）+ ics（学問）
- □ **electron**ics [ɪlèktránɪks] 名 電子工学
  - 源 electr（電気）+ ics（学問）
- □ **eth**ics [éθɪks] 名 倫理学
  - 源 eth（道徳）+ ics（学問）
- □ **gymnast**ics [dʒɪmnǽstɪks] 名 体操、体育
  - 源 gymnas（裸の）+ ics（学問、活動）
  - ▶ gymnasium（体育館）の原義は「裸で鍛える場所」。
- □ **linguist**ics [lɪŋɡwístɪks] 名 言語学
  - 源 lingu（言語）+ ics（学問）
- □ **logist**ics [lədʒístɪks] 名 兵站、物流
  - 源 logi（軍隊が宿営する）+ ics（学問、活動）
- □ **mathemat**ics [mæ̀θəmǽtɪks] 名 数学
  - 源 mathema（学ばれたもの）+ ics（学問）
- □ **mechan**ics [məkǽnɪks] 名 力学
  - 源 mechan（機械）+ ics（学問）

プラスα

□ acoustics（音響学）　□ ceramics（陶磁器）

□ **just**ice [dʒʌ́stɪs] 名 正義

源 just（公正な）+ ice（であること）

have a sense of *justice*　正義感を持つ

接辞 -ice 〜する [である] こと

動詞・形容詞の語尾を-iceに変えて、「〜する[である]こと」という意味の抽象名詞を作る場合があります。

- □ **advice** [ədváɪs] 名 忠告
  源 adv(ise)（忠告する）+ ice（〜すること）
- □ **choice** [tʃɔ́ɪs] 名 選択
  源 cho(ose)（選ぶ）+ ice（〜すること）
- □ **cowardice** [káʊərdɪs] 名 臆病
  源 coward（臆病な）+ ice（〜であること）
- □ **device** [dɪváɪs] 名 装置
  源 dev(ise)（考案する）+ ice（〜すること）
- □ **service** [sə́ːrvəs] 名 サービス
  源 serv(e)（奉仕する）+ ice（〜すること）

□ **action** [ǽkʃən] 名 行動

源 ac(t)（行動する）+ tion（〜すること）
take drastic *action*　大胆な行動をとる

接辞 -tion、-sion 〜すること

t(e)、d(e) などで終わる動詞の語尾を-tion、-sionに変えて、「〜すること」の意味の抽象名詞を作ることがあります。invite（招待する）→ invitation（招待）やpronounce（発音する）→ pronunciation（発音）のように語尾の形が変化するものもあります。

- □ **addition** [ədíʃən] 名 付加
  源 add（加える）+ tion（〜すること）
- □ **attention** [əténʃən] 名 注意
  源 atten(d)（注意する）+ tion（〜すること）

第3章　接尾辞

- □ **connection** [kənékʃən]　名 関係
  - 源 connec(t)（結びつける）+ tion（〜すること）
- □ **education** [èdʒəkéɪʃən]　名 教育
  - 源 educa(te)（教育する）+ tion（〜すること）
- □ **examination** [ɪgzæmənéɪʃən]　名 試験
  - 源 examin(e)（調べる）+ tion（〜すること）
- □ **graduation** [grædʒuéɪʃən]　名 卒業
  - 源 gradua(te)（卒業する）+ tion（〜すること）
- □ **invention** [ɪnvénʃən]　名 発明
  - 源 inven(t)（発明する）+ tion（〜すること）
- □ **occupation** [ɑ̀kjəpéɪʃən]　名 職業、占有
  - 源 occup(y)（占有する）+ tion（〜すること）
- □ **protection** [prətékʃən]　名 保護
  - 源 protec(t)（保護する）+ tion（〜すること）
- □ **decision** [dɪsíʒən]　名 決心
  - 源 deci(de)（決心する）+ sion（〜すること）
- □ **explosion** [ɪksplóʊʒən]　名 爆発
  - 源 explo(de)（爆発する）+ sion（〜すること）
- □ **extension** [ɪksténʃən]　名 拡大
  - 源 exten(d)（拡大する）+ sion（〜すること）
- □ **permission** [pərmíʃən]　名 許可
  - 源 permi(t)（許可する）+ sion（〜すること）
- □ **persuasion** [pərswéɪʒən]　名 説得
  - 源 persua(de)（説得する）+ sion（〜すること）
- □ **recession** [rɪséʃən]　名 (景気の) 後退、不況
  - 源 rece(de)（後退する）+ sion（〜すること）

❷ 抽象名詞を作る接尾辞

同様の語尾を持つ語は非常にたくさんあります。

-tion
acceleration（加速）、calculation（計算）、conversation（会話）、combination（組み合わせ）、communication（意思の疎通）、concentration（集中）、creation（創造）、definition（定義）、expectation（期待）、limitation（制限、限界）、location（場所）、observation（観察）、operation（操作、手術）、organization（組織）、orientation（進路指導）、preparation（準備）、presentation（発表、プレゼン）、quotation（引用）、recommendation（推薦）、relation（関係）、reservation（予約）、resignation（辞職）、rotation（回転、輪番）、temptation（誘惑）、transportation（輸送）

-sion
collision（衝突）、commission（委任、手数料）、comprehension（理解力）、confusion（混乱）、depression（不況）、division（分割、部門）、emission（放出、排気）、expansion（膨張、拡大）、expression（表現）、impression（印象）、invasion（侵入）、precision（正確、精密）、profession（職業）、revision（修正）、succession（継続）、suspension（一時停止）

□ **liberalism** [líbərəlìzm] 名 自由主義

源 leberal（自由な）+ ism（〜主義）

接辞 **-ism　〜主義**

-ismは「〜主義」の意味を表し、物事の考え方を意味する抽象名詞を作ります。Darwinism（ダーウィン説）のように固有名詞の後ろにつけることもできます。このように表す考え方を持つ人は -ist で表します。例えばegoistは「利己的な人」、communistは「共産主義者」、optimistは「楽観的な人」です。

□ **capitalism** [kǽpətəlìzm] 名 資本主義
源 capital（資本の）+ ism（〜主義）

第3章 接尾辞

- □ **criticism** [krítəsìzm] 名 批判
  - 源 critic(al)(批判的な) + ism(行為)
- □ **egoism** [íːgoʊìzm] 名 利己主義
  - 源 ego(istic)(利己的な) + ism(〜主義)
- □ **modernism** [mάdərnìzm] 名 現代主義、モダニズム
  - 源 modern(現代の) + ism(〜主義)
- □ **optimism** [άptəmìzm] 名 楽観論
  - 源 optim(istic)(楽観的な) + ism(〜主義)
- □ **pessimism** [pésəmìzm] 名 悲観論
  - 源 pessim(istic)(悲観的な) + ism(〜主義)
- □ **realism** [ríːəlìzm] 名 現実主義
  - 源 real(現実の) + ism(〜主義)
- □ **socialism** [sóʊʃəlìzm] 名 社会主義
  - 源 social(社会の) + ism(〜主義)

□ **movement** [múːvmənt] 名 動き、運動

源 move(動く) + ment(〜すること)

join an anti-war *movement* 反戦運動に参加する

接辞 **-ment 〜する[になる]こと**

動作や変化を表す動詞の後ろに-mentをつけて、「〜する[になる]こと」という意味の名詞を作ることがあります。例えばmove(動く)にmentをつけると、movement(動き、運動)という名詞ができます。

- □ **achievement** [ətʃíːvmənt] 名 業績
  - 源 achieve(達成する) + ment(〜すること)
- □ **development** [dɪvéləpmənt] 名 発達
  - 源 develop(発達する) + ment(〜すること)

2 抽象名詞を作る接尾辞

- □ **government** [gʌ́vərnmənt] 名 政治、政府
  - 源 govern (統治する) + ment (〜すること)

- □ **management** [mǽnɪdʒmənt] 名 管理
  - 源 manage (管理する) + ment (〜すること)

- □ **judgment** [dʒʌ́dʒmənt] 名 判断
  - 源 judg(e) (判断する) + ment (〜すること)

- □ **payment** [péɪmənt] 名 支払い
  - 源 pay (支払う) + ment (〜すること)

- □ **statement** [stéɪtmənt] 名 声明
  - 源 state (述べる) + ment (〜すること)

> そのほか -ment の語尾を持つ名詞には以下のものがあります。
> advertisement (広告)、agreement (合意、協定)、amusement (娯楽)、announcement (発表)、appointment (面会の約束)、argument (議論)、arrangement (手配)、assessment (評価)、assignment (割り当て、課題)、commitment (献身、約束)、employment (雇用)、encouragement (激励)、engagement (約束、婚約)、entertainment (もてなし)、establishment (設立)、investment (投資)、measurement (測定、寸法)、punishment (罰)、replacement (代替、取替品)、retirement (引退)、settlement (決定、和解)、shipment (発送、積み荷)、treatment (待遇)

□ **kindness** [káɪndnəs] 名 親切

源 kind (親切な) + ness (〜であること)

接辞 **-ness** 〜であること

> 形容詞の後ろに -ness をつけて「〜であること」の意味の抽象名詞を作ることがあります。例えば kind (親切な) からは、kindness (親切) という名詞ができます。また business (商売、仕事) はもともとは busy (忙しい) の名詞形です。

- □ **consciousness** [kánʃəsnəs] 名 意識
  - 源 conscious（意識的な）+ ness（〜であること）
- □ **happiness** [hǽpinəs] 名 幸福
  - 源 happ(y)（幸福な）+ ness（〜であること）
- □ **illness** [ílnəs] 名 病気
  - 源 ill（病気の）+ ness（〜であること）
- □ **politeness** [pəláitnəs] 名 礼儀正しさ
  - 源 polite（礼儀正しい）+ ness（〜であること）

> そのほか -ness の語尾を持つ名詞には、carelessness（不注意）、foolishness（愚かさ）、goodness（善良さ）、likeness（類似）、sadness（悲しさ）、weakness（弱さ、弱点）などがあります。

□ **friendship** [fréndʃip] 名 友情

源 friend（友人）+ ship（関係）

接辞 **-ship** 能力、権利、関係

> 人を表す名詞の後ろに -ship をつけて、能力・権利・関係などを表す抽象名詞を作ることがあります。この ship は「船」とは関係ありません。

- □ **citizenship** [sítəznʃìp] 名 市民権
  - 源 citizen（市民）+ ship（権利）
- □ **leadership** [líːdərʃìp] 名 指導力
  - 源 leader（指導者）+ ship（能力）
- □ **ownership** [óunərʃìp] 名 所有権
  - 源 owner（所有者）+ ship（権利）

> そのほか、penmanship（ペン習字、筆跡）、relationship（関係）、sportsmanship（スポーツマン精神）などの語があります。また、hard（困難な）→hardship（困難）のように形容詞にshipをつけた抽象名詞もあります。

□ growth [gróuθ] 名 成長

源 grow（成長する）+ th（状態）

接辞 -th　動作、状態、尺度

> 動詞や形容詞の語尾を-thに変えて、動作・状態・尺度などを表す抽象名詞を作ることができます。long（長い）→ length（長さ）のように音が変化することもあります。

- □ **breadth** [brédθ]　名 幅
  - 源 br(oad)（幅が広い）+ th（尺度）
- □ **depth** [dépθ]　名 深さ
  - 源 de(e)p（深い）+ th（尺度）
- □ **length** [léŋkθ]　名 長さ
  - 源 l(ong)（長い）+ th（尺度）
- □ **strength** [stréŋkθ]　名 強さ
  - 源 str(ong)（強い）+ th（尺度）
- □ **warmth** [wɔ́ːrmθ]　名 暖かさ
  - 源 warm（暖かい）+ th（尺度）
- □ **width** [wídθ]　名 幅
  - 源 wid(e)（幅が広い）+ th（尺度）

第3章　接尾辞

> **mini知識**
>
> 近年話題になっている「ステマ」（宣伝と気づかれないような宣伝）はstealth marketingを略した和製英語です。**stealth**はsteal（盗む）の名詞形で、「隠密行為」のこと。軍事用語でレーダーに映らない戦闘機をステルス機と言いますが、これに当たる語もstealthです。

□ **solitude** [sálət(j)ùːd] 名 独居

源　soli（単独の）＋ tude（〜な状態）

接辞　**-tude、-itude　〜な状態 [程度]**

-(i)tudeは「〜な状態 [程度]」の意味の名詞を作る接尾辞です。

- □ **latitude** [lǽtət(j)ùːd] 名 緯度
  源　lat（広い）＋ itude（〜な状態）
- □ **longitude** [lάndʒət(j)ùːd] 名 経度
  源　long（長い）＋ itude（〜な状態）

□ **ability** [əbíləti] 名 能力

源　able（〜できる）＋ ity（状態）

接辞　**-ty、-ety、-ity　状態、性質**

形容詞の語尾を -ty、-ety、-ityに変えて、「状態、性質」などの意味を表す抽象名詞を作ることができます。

- □ **honesty** [άnəsti] 名 正直さ
  源　hones(t)（正直な）＋ ty（状態）

- □ **loyalty** [lɔ́ɪəlti] 名 忠誠心
  源 loyal (忠実な) + ty (性質)

- □ **safety** [séɪfti] 名 安全
  源 safe (安全な) + ty (性質)

- □ **anxiety** [æŋzáɪəti] 名 心配
  源 anxi(ous) (心配して) + ety (状態)

- □ **poverty** [pávərti] 名 貧困
  源 po(or) (貧しい) + ty (状態)

- □ **society** [səsáɪəti] 名 社会
  源 soci(al) (社会の) + ety (性質)

- □ **possibility** [pàsəbíləti] 名 可能性
  源 possib(le) (ありうる) + ity (状態)

- □ **reality** [riǽləti] 名 現実
  源 real (現実の) + ity (性質)

- □ **similarity** [sìməlǽrəti] 名 類似
  源 similar (似ている) + ity (性質)

-ity などの語尾を持つその他の名詞には以下のものがあります。
activity (活動)、certainty (確信)、civility (丁寧)、cruelty (残酷さ)、curiosity (好奇心)、diversity (多様性)、electricity (電気)、equality (平等)、humidity (湿気)、infinity (無限)、jollity (陽気)、maturity (成熟)、novelty (新奇なこと)、originality (独創性)、personality (性格)、publicity (周知、宣伝)、rapidity (素早さ)、security (安全、防犯)、stability (安定性)、vitality (活気)

discovery [dɪskʌ́vəri] 名 発見

源 discover（発見する）+ y（〜すること）

接辞 -y　〜すること

動作や変化を表す動詞の後ろに-yをつけて「〜すること」の意味を表す抽象名詞を作ることがあります。

delivery [dɪlívəri]　名 配達
源 deliver（配達する）+ y（〜すること）

recovery [rɪkʌ́vəri]　名 回復
源 recover（回復する）+ y（〜すること）

そのほかにも、-yは抽象名詞の語尾にしばしば見られます。
carpentry（大工仕事）、entry（入場、登録）、greenery（緑樹）、registry（登録、帳簿）、robbery（強盗行為）、scenery（風景）、stationery（文房具）

3 形容詞を作る接尾辞・接頭辞

asleep [əslíːp] 形 眠っている

源 a (〜の状態だ) + sleep (睡眠)

接辞 **a-** 〜の状態だ

> a-で始まる形容詞は「〜の状態だ」という意味を表します。これらの一部は、もともと〈on＋名詞〉という形でした。例えばasleep (眠っている) は、He is on sleep. (彼は眠った状態だ) → He is asleep. のように変化したものです。

- **afraid** [əfréɪd] 形 恐れている
  源 a (〜の状態だ) + fraid (恐れ)
- **alike** [əláɪk] 形 似ている
  源 a (〜の状態だ) + like (似た)
- **alive** [əláɪv] 形 生きている
  源 a (〜の状態だ) + live (生きる)
- **alone** [əlóʊn] 形 一人の、孤独な
  源 a (〜の状態だ) + lone (一人の)
- **ashamed** [əʃéɪmd] 形 恥じている
  源 a (〜の状態だ) + shamed (恥ずかしい)
- **awake** [əwéɪk] 形 目覚めている
  源 a (〜の状態だ) + wake (起きる)

available [əvéɪləbl] 形 利用できる

源 avail (有用性) + able (〜できる)

The drug is no longer *available*. その薬はもう入手できない。

第3章　接尾辞

接辞 -able、-ible、-ble　～されることができる、～に値する、～に適する、～しやすい

> -ableの基本的な意味は「～されることができる」で、例えばrespect（尊敬する）からはrespectable（尊敬されることができる→立派な）という形容詞ができます。そのほか「～に値する、～に適する、～しやすい」などの意味にもなります。異形として-ible、-bleがあります。

- □ **fashionable** [fǽʃənəbl]　形 **流行の**
  - 源 fasihon（流行）+ able（～できる）

- □ **preferable** [préfərəbl]　形 **好ましい**
  - 源 prefer（好む）+ able（～に値する）

- □ **profitable** [práfətəbl]　形 **もうかる**
  - 源 profit（利益）+ able（～できる）

- □ **sociable** [sóuʃəbl]　形 **社交的な**
  - 源 soci(ety)（社会）+ able（～できる）

- □ **indispensable** [ìndɪspénsəbl]　形 **不可欠の**
  - 源 in（～ない）+ dispens(e)（なしですませる）+ able（～できる）

- □ **unbelievable** [ʌ̀nbɪlíːvəbl]　形 **信じられない**
  - 源 un（～ない）+ believ(e)（信じる）+ able（～できる）

- □ **irrevocable** [ɪrévəkəbl]　形 **取り消せない**
  - 源 ir（～ない）+ revo(ke)（取り消す）+ able（～できる）

- □ **credible** [krédəbl]　形 **信頼できる**
  - 源 cred(it)（信頼）+ ible（～できる）

- □ **irresistible** [ìrɪzístəbl]　形 **抑えがたい、愛くるしい**
  - 源 ir（～ない）+ resist（抵抗する）+ ible（～できる）

□ **natural** [nǽtʃərəl]　形 **自然の**

源 natur(e)（自然）+ al（～の）

❸ 形容詞を作る接尾辞・接頭辞

prevent a *natural* disaster　自然災害を防ぐ

接辞 -al、-ial　〜の、〜に関する

名詞の語尾を-al、-ialに変えて、「〜の、〜に関する」という意味の形容詞を作ることがあります。

- □ **additional** [ədíʃənl]　形 追加の
  - 源 addition（付加）+ al（〜の）
- □ **facial** [féɪʃəl]　形 顔の
  - 源 fac(e)（顔）+ ial（〜の）
- □ **practical** [præktɪkl]　形 実用的な
  - 源 practic(e)（実践）+ al（〜の）
- □ **professional** [prəféʃənl]　形 職業[プロ]の
  - 源 profession（職業）+ al（〜の）

-al、-ialで終わる形容詞には、次のようなものもあります。
-al
accidental（偶然の）、continental（大陸の）、fictional（作り話の）、formal（正式な）、horizontal（水平の）、intellectual（知力の）、literal（文字通りの）、medical（医学の）、mental（精神的な）、national（国の、国立の）、occasional（時々の）、punctual（時間厳守の）、rental（賃貸の）、spiritual（精神の）、traditional（伝統的な）、vital（生命の）
-ial
artificial（人工の）、commercial（商業の）、cordial（心からの）、industrial（産業の、工業の）、official（公の）、partial（不公平な）、racial（人種の）、social（社会の）

□ **important** [ɪmpɔ́ːrtnt]　形 重要な

源 im（中に）+ port（運ぶ）+ ant（〜の特徴を持つ）　▶ 運び入れるほどの

接辞 -ant　〜の特徴を持つ、〜する人

> -antは「〜の特徴を持つ」という意味の形容詞を作る接尾辞です。「〜する人」という名詞を作ることもあります。前者の例はimportant（重要な）、後者の例はapplicant（志願者）などです。

- □ **arrogant** [ǽrəgənt]　形 傲慢な
  - 源 arrog(ate)（横取りする）+ ant（〜の特徴を持つ）
- □ **brilliant** [bríljənt]　形 輝かしい
  - 源 bri(ght)（輝く）+ ant（〜の特徴を持つ）
- □ **ignorant** [ígnərənt]　形 無知な
  - 源 ignor(e)（無視する）+ ant（〜の特徴を持つ）
- □ **pleasant** [plézənt]　形 楽しい
  - 源 pleas(e)（喜ばせる）+ ant（〜の特徴を持つ）
- □ **reluctant** [rɪlʌ́ktənt]　形 気の進まない
  - 源 reluct（いやがる）+ ant（〜の特徴を持つ）

プラスα

□ elegant（上品な）　□ fragrant（よいにおいの）

□ different [dífərənt]　形 異なった

源 differ（異なる）+ ent（〜を示す）

接辞 **-ent　〜を示す**

> -entは「〜を示す」という意味の形容詞を作る語尾です。

- □ **confident** [kánfədənt]　形 確信した
  - 源 confid(e)（信頼する）+ ent（〜を示す）
- □ **dependent** [dɪpéndənt]　形 依存した
  - 源 depend（依存する）+ ent（〜を示す）

❸ 形容詞を作る接尾辞・接頭辞

- □ **diligent** [dílɪdʒənt]　形 勤勉な
  - 源 di (離れて) + lig (選ぶ) + ent (〜を示す)　▶ 選び分ける
- □ **excellent** [éksələnt]　形 優秀な
  - 源 excel (秀でる) + ent (〜を示す)
- □ **urgent** [ə́ːrdʒənt]　形 緊急の
  - 源 urg(e) (せき立てる) + ent (〜を示す)

□ **similar** [símələr]　形 似ている

源 simil (似た) + ar (〜の)

接辞 **-ar、-ary　〜の、〜に関する**

-ar、-aryは「〜の、〜に関する」などの意味を表す形容詞を作る接尾辞です。

- □ **triangular** [traɪǽŋɡjələr]　形 三角形の
  - 源 triang(le) (三角形) + ar (〜の)
- □ **circular** [sə́ːrkjələr]　形 円形の
  - 源 circ(le) (円) + ar (〜の)
- □ **muscular** [mʌ́skjələr]　形 筋肉の
  - 源 musc(le) (筋肉) + ar (〜の)
- □ **particular** [pərtíkjələr]　形 特別な
  - 源 partic(le) (微粒子) + ar (〜の)
- □ **polar** [póʊlər]　形 極地の
  - 源 pol(e) (極) + ar (〜の)
- □ **customary** [kʌ́stəmèri]　形 慣例の
  - 源 custom (慣例) + ary (〜の)
- □ **documentary** [dɑ̀kjəméntəri]　形 文書の
  - 源 document (文書) + ary (〜の)

第3章　接尾辞

- □ **sanitary** [sǽnətèri] 形 衛生的な
  源 sanit(y)（健全さ）+ ary（～の）

- □ **solitary** [sάlətèri] 形 孤立した
  源 sol(e)（ただ一人の）+ ary（～の）

□ obligatory [əblígətɔ̀ːri] 形 義務的な

源 oblig(e)（強いる）+ atory（～の性質がある）

接辞 **-ory、-atory　～の性質がある、場所**

-ory、-atoryは「～の性質がある」という意味の形容詞を作る接尾辞です。場所を表す名詞を作ることもあります。

- □ **compulsory** [kəmpʌ́lsəri] 形 義務的な
  源 comp(el)（強制する）+ ory（～の性質がある）

- □ **satisfactory** [sæ̀təsfǽktəri] 形 十分な
  源 satisf(y)（満足させる）+ ory（～の性質がある）

- □ **advisory** [ədváɪzəri] 形 助言の、顧問の
  源 advis(e)（忠告する）+ ory（～の性質がある）

- □ **introductory** [ìntrədʌ́ktəri] 形 入門的な
  源 introduc(e)（導く）+ ory（～の性質がある）

- □ **mandatory** [mǽndətɔ̀ːri] 形 義務的な
  源 mandat(e)（命令する）+ ory（～の性質がある）

- □ **migratory** [máɪgrətɔ̀ːri] 形 移動性の
  源 migrat(e)（移住する）+ ory（～の性質がある）

- □ **sensory** [sénsəri] 形 感覚の
  源 sens(e)（感じる）+ ory（～の性質がある）

- □ **dormitory** [dɔ́ːrmətɔ̀ːri] 名 寮
  源 dormit（眠る）+ ory（場所）

3 形容詞を作る接尾辞・接頭辞

- □ **laboratory** [lǽbərətɔ̀ːri] 名 実験室
  - 源 labor（労働）+ ory（場所）
- □ **observatory** [əbzə́ːrvətɔ̀ːri] 名 観測所
  - 源 observ(e)（観察する）+ ory（場所）
- □ **preparatory** [prɪpǽrətɔ̀ːri] 形 準備の、予備の
  - 源 prepar(e)（準備する）+ atory（～の性質がある）

□ **delicate** [délɪkət] 形 繊細な

源 de（すっかり）+ lic（とりこにする）+ ate（～の特徴がある）

接辞 -ate、-te　～の特徴がある、～に満ちた

-ate、-te は「～の特徴がある、～に満ちた」という意味の形容詞を作る接尾辞で、もともとは過去分詞に由来する形です。

- □ **affectionate** [əfékʃənət] 形 情愛が深い
  - 源 affection（情愛）+ ate（～に満ちた）
- □ **deliberate** [dɪlíbərət] 形 故意の、慎重な
  - 源 de（しっかり）+ liber（はかりにかける）+ ate（～の特徴がある）
- □ **desperate** [déspərət] 形 自暴自棄の
  - 源 de（～ない）+ sper（希望する）+ ate（～の特徴がある）
- □ **passionate** [pǽʃənət] 形 情熱的な
  - 源 passion（情熱）+ ate（～に満ちた）
- □ **obsolete** [ὰbsəlíːt] 形 廃れた
  - 源 ob（反対に）+ sol（慣れる）+ te（～の特徴がある）

wooden [wúdn] 形 木製の

源 wood（木材）+ en（〜製の）

接辞 -en 〜製の、〜のような

名詞に-enをつけて「〜製の、〜のような」の意味の形容詞を作ることがあります。

- **golden** [góʊldn] 形 金の
  源 gold（金）+ en（〜製の）
- **woolen** [wúlən] 形 羊毛の
  源 wool（羊毛）+ en（〜製の）

wonderful [wʌ́ndərfl] 形 すばらしい

源 wonder（驚き、不思議）+ ful（〜に満ちた）

接辞 -ful 〜に満ちた、〜の多い

-fulはfull（満ちた）に関係のある接尾辞で、「〜に満ちた、〜の多い」という意味の形容詞を作ります。

- **beautiful** [bjúːtəfl] 形 美しい
  源 beaut(y)（美）+ ful（〜に満ちた）
- **doubtful** [dáʊtfl] 形 疑わしい
  源 doubt（疑い）+ ful（〜に満ちた）
- **fearful** [fíərfl] 形 恐ろしい
  源 fear（恐怖）+ ful（〜に満ちた）
- **fruitful** [frúːtfl] 形 実りのある
  源 fruit（実）+ ful（〜に満ちた）

3 形容詞を作る接尾辞・接頭辞

- □ **joyful** [dʒɔ́ɪfl]　形 楽しい
  - 源 joy (喜び) + ful (〜に満ちた)
- □ **lawful** [lɔ́ːfl]　形 合法の
  - 源 law (法律) + ful (〜に満ちた)
- □ **powerful** [páʊərfl]　形 力強い
  - 源 power (力) + ful (〜に満ちた)
- □ **shameful** [ʃéɪmfl]　形 恥ずべき
  - 源 shame (恥ずかしさ) + ful (〜に満ちた)

□ **careless** [kéərləs]　形 不注意な

源 care (注意) + less (〜のない)

接辞 **-less　〜のない**

-fulの逆の意味を表す接尾辞が -less (〜のない) です。

- □ **harmless** [háːrmləs]　形 無害な
  - 源 harm (害) + less (〜のない)
- □ **helpless** [hélpləs]　形 無力な
  - 源 help (援助) + less (〜のない)
- □ **hopeless** [hóʊpləs]　形 絶望的な
  - 源 hope (希望) + less (〜のない)
- □ **meaningless** [míːnɪŋləs]　形 無意味な
  - 源 meaning (意味) + less (〜のない)
- □ **homeless** [hóʊmləs]　形 家がない
  - 源 home (家) + less (〜のない)
- □ **priceless** [práɪsləs]　形 非常に貴重な
  - 源 price (値段) + less (〜のない)
  - ▶ 値段がつけられない→非常に貴重な

第3章 接尾辞

- □ **reckless** [rékləs] 形 無謀な
  - 源 reck（気にかける）+ less（〜のない）
- □ **restless** [réstləs] 形 落ちつかない
  - 源 rest（休息）+ less（〜のない）
- □ **sugarless** [ʃúgərləs] 形 無糖の
  - 源 sugar（砂糖）+ less（〜のない）
- □ **thoughtless** [θɔ́ːtləs] 形 無思慮な
  - 源 thought（考え）+ less（〜のない）
- □ **useless** [júːsləs] 形 むだな
  - 源 use（効用）+ less（〜のない）
- □ **worthless** [wə́ːrθləs] 形 価値のない
  - 源 worth（価値）+ less（〜のない）

□ scientific [sàiəntífɪk] 形 科学の

源 science（科学）+ fic（〜の）

接辞 -ic、-ical、-fic、-tic、-atic 〜の（ような）、〜的な

> -ic、-icalは「〜の（ような）、〜的な」という意味の形容詞を作る接尾辞です。名詞の後ろに-icをつけて形容詞を作る場合、語尾が-fic、-tic、-aticとなることもあります。-ic、-icalで終わる語は、その直前の音節にアクセントを置きます。したがって、enthusiasm [ɪnθ(j)úːziæzm] → enthusiastic [ɪnθ(j)ùːziǽstɪk] のように、名詞と形容詞とではアクセントの位置が違うことがあります。
>
> なお、-icと-icalの両方の形を持ち、意味が違う語もあります。例えば「経済成長」はeconomic growth、「安上がりのツアー」はeconomical tourです。またhistoric spotは「由緒ある場所、史跡」、historical eventは「歴史上の事件」の意味になります。

- □ **athletic** [æθlétɪk] 形 運動競技の
  - 源 athlet（競う）+ ic（〜の）

3 形容詞を作る接尾辞・接頭辞

- □ **gigantic** [dʒaɪgǽntɪk]　形 巨大な
  - 源 giant（巨人）+ ic（〜的な）

- □ **scenic** [síːnɪk]　形 風景の
  - 源 scen(e)（風景）+ ic（〜の）

- □ **logical** [láḏʒɪkl]　形 論理的な
  - 源 log(ic)（論理）+ ical（〜的な）

- □ **enthusiastic** [ɪnθ(j)ùːziǽstɪk]　形 熱狂的な
  - 源 enthusias(m)（熱狂）+ tic（〜的な）

- □ **realistic** [rìːəlístɪk]　形 現実主義の
  - 源 reali(ty)（現実）+ tic（〜の）

- □ **economic** [èkənámɪk]　形 経済の
  - 源 econom(y)（経済）+ ic（〜の）
  - ▶ *economic* growth　経済成長

- □ **economical** [èkənámɪkl]　形 経済的な、安上がりの
  - 源 econom(y)（経済）+ ical（〜的な）
  - an *economical* means of transportation　安上がりな交通手段

- □ **historic** [hɪstɔ́ːrɪk]　形 歴史的に有名な
  - 源 histor(y)（歴史）+ ic（〜的な）

- □ **historical** [hɪstɔ́ːrɪkl]　形 歴史（上）の
  - 源 histor(y)（歴史）+ ical（〜の）

プラスα

- □ domestic（家庭の、国内の）
- □ physical（肉体的な）
- □ political（政治の）

> **mini知識**
>
> 「太平洋」はPacific Oceanですが、この**pacific**という形容詞は「平和、平穏（peace）」の意味を表すpaciという語根がもとになっており、文字通りの意味は「平穏な海」ということです。世界一周の航海をしたマゼランが名づけたとされています。

active [ǽktɪv] 形 活動的な

源 ac(t)（活動する）+ tive（～的な）

接辞 -tive、-sive　～の、～的な

動詞や名詞の語尾を -tive、-sive の形に変えて、「～の、～的な」という意味の形容詞を作ることがあります。

attractive [ətrǽktɪv]　形 魅力的な
源 attrac(t)（引きつける）+ tive（～的な）

communicative [kəmjúːnəkèɪtɪv]　形 通信の
源 communica(te)（伝達する）+ tive（～の）

effective [ɪféktɪv]　形 効果的な
源 effec(t)（効果）+ tive（～的な）

relative [rélətɪv]　形 相対的な
源 rela(te)（関連させる）+ tive（～的な）

talkative [tɔ́ːkətɪv]　形 おしゃべりな
源 talk（話す）+ tive（～的な）

comprehensive [kàmprɪhénsɪv]　形 包括的な
源 comprehen(d)（内包する）+ sive（～的な）

defensive [dɪfénsɪv]　形 防御の
源 defen(se)（防御）+ sive（～の）

exclusive [ɪksklúːsɪv]　形 排他的な
源 exclu(de)（除外する）+ sive（～的な）

expensive [ɪkspénsɪv]　形 高価な
源 expen(se)（費用、出費）+ sive（～的な）

extensive [ɪksténsɪv]　形 広範囲の
源 exten(d)（広がる）+ sive（～的な）

intensive [ɪnténsɪv]　形 激しい
源 inten(se)（激しい）+ sive（～的な）

3 形容詞を作る接尾辞・接頭辞

- □ **offensive** [əfénsɪv] 形 **不快な**
  - 源 offen(d)（感情を害する）+ sive（〜の）

- □ **progressive** [prəɡrésɪv] 形 **進歩的な**
  - 源 progres(s)（進歩）+ sive（〜的な）

> なお、-tive、-siveで終わる形容詞の中には、形の似た他の語と意味の紛らわしいものがあるので注意が必要です。

- □ **imaginable** [ɪmǽdʒənəbl] 形 **想像できる**
  - 源 imagin(e)（想像する）+ able（〜できる）
  - every *imaginable* means　考えうるあらゆる手段

- □ **imaginary** [ɪmǽdʒənèri] 形 **想像上の**
  - 源 imagin(e)（想像する）+ ary（〜の）
  - an *imaginary* animal　想像上［架空］の動物

- □ **imaginative** [ɪmǽdʒənətɪv] 形 **想像力の豊かな**
  - 源 imagin(e)（想像する）+ tive（〜な）
  - an *imaginative* writer　想像力の豊かな作家

- □ **respectable** [rɪspéktəbl] 形 **立派な**
  - 源 respect（尊敬する）+ able（〜できる）
  - *respectable* behavior　立派な行動

- □ **respectful** [rɪspéktfl] 形 **敬意を表す、丁寧な**
  - 源 respect（尊敬）+ ful（〜に満ちた）
  - a *respectful* response　丁寧な応答

- □ **respective** [rɪspéktɪv] 形 **それぞれの（each）**
  - 源 respect（尊敬する）+ tive（〜の）
  - their *respective* opinions　彼らのそれぞれの意見

- □ **successful** [səksésfl] 形 **成功して**
  - 源 success（成功）+ ful（〜に満ちた）
  - a *successful* project　成功した事業

- □ **successive** [səksésɪv] 形 **連続する**
  - 源 succe(ed)（続く）+ sive（〜の）
  - for five *successive* days　5日連続で

> また、-tive、-siveで終わる語は名詞として使われることもあります。

- □ **additive** [ǽdətɪv]　名 添加物
  源 add（加える）+ tive（〜するもの）
- □ **initiative** [ɪníʃətɪv]　名 主導権
  源 initia(te)（始める）+ tive（〜すること）
- □ **explosive** [ɪksplóʊsɪv]　名 爆発物
  源 explo(de)（爆発する）+ sive（〜するもの）

プラスα

□ lucrative（もうかる）　□ protective（保護用の）

□ **friendly** [fréndli]　形 友好的な、親切な

源 friend（友人）+ ly（〜らしい）

接辞 **-ly　〜の（ような）、〜らしい**

> 形容詞に-lyをつけると、kind（形 親切な）→ kindly（副 親切に）のように副詞ができます。一方、名詞に-lyをつけて「〜の（ような）、〜らしい」という意味の形容詞を作る場合があります。

- □ **weekly** [wíːkli]　形 毎週の
  源 week（週）+ ly（〜の）
- □ **monthly** [mʌ́nθli]　形 毎月の
  源 month（月）+ ly（〜の）
- □ **quarterly** [kwɔ́ːrtərli]　形 四半期ごとの
  源 quarter（四半期）+ ly（〜の）
- □ **cleanly** [klíːnli]　形 きれい好きな
  源 clean（きれいにすること）+ ly（〜の）

- □ **costly** [kɔ́ːstli] 形 高価な
  - 源 cost（費用）+ ly（〜の）
- □ **cowardly** [káʊərdli] 形 臆病な
  - 源 coward（臆病者）+ ly（〜の）

□ **mysterious** [mɪstíəriəs] 形 神秘的な、不思議な

源 myster(y)（神秘）+ ous（〜の特徴を持つ）

接辞 -ous 〜が多い、〜の特徴を持つ

名詞の語尾を -ous という形に変えて「〜が多い、〜の特徴を持つ」という意味の形容詞を作ることがあります。

- □ **advantageous** [æ̀dvəntéɪdʒəs] 形 有利な
  - 源 advantage（利点）+ ous（〜の特徴を持つ）
- □ **ambitious** [æmbíʃəs] 形 野心的な
  - 源 ambiti(on)（野心）+ ous（〜の特徴を持つ）
- □ **anxious** [ǽŋkʃəs] 形 心配した
  - 源 anxi(ety)（心配）+ ous（〜の特徴を持つ）
- □ **cautious** [kɔ́ːʃəs] 形 用心深い
  - 源 cauti(on)（用心）+ ous（〜の特徴を持つ）
- □ **curious** [kjúəriəs] 形 好奇心の強い
  - 源 cur（注意）+ ous（〜の特徴を持つ）
- □ **dangerous** [déɪndʒərəs] 形 危険な
  - 源 danger（危険）+ ous（〜の特徴を持つ）
- □ **envious** [énviəs] 形 嫉妬した
  - 源 env(y)（ねたみ）+ ous（〜の特徴を持つ）
- □ **famous** [féɪməs] 形 有名な
  - 源 fam(e)（名声）+ ous（〜の特徴を持つ）

- □ **glorious** [glɔ́:riəs]　形 栄誉ある
  - 源 glor(y)（栄誉）+ ous（〜の特徴を持つ）

- □ **harmonious** [hɑːrmóuniəs]　形 調和した
  - 源 harmon(y)（調和）+ ous（〜の特徴を持つ）

- □ **laborious** [ləbɔ́:riəs]　形 骨の折れる
  - 源 labor（労働）+ ous（〜の特徴を持つ）

- □ **luxurious** [lʌɡʒúəriəs]　形 ぜいたくな
  - 源 luxur(y)（ぜいたく）+ ous（〜の特徴を持つ）

- □ **nutritious** [n(j)u(:)tríʃəs]　形 栄養がある
  - 源 nutiriti(on)（栄養素）+ ous（〜の特徴を持つ）

- □ **prosperous** [práspərəs]　形 繁栄した
  - 源 prosperity（繁栄）+ ous（〜の特徴を持つ）

- □ **religious** [rɪlídʒəs]　形 宗教の
  - 源 religi(on)（宗教）+ ous（〜の特徴を持つ）

- □ **spacious** [spéɪʃəs]　形 広々とした
  - 源 spac(e)（空間）+ ous（〜が多い）

- □ **suspicious** [səspíʃəs]　形 疑わしい
  - 源 suspici(on)（疑い）+ ous（〜の特徴を持つ）

> 名詞のindustryには「産業、工業」「勤勉」の2つの意味があり、industrial（産業の、工業の）、industrious（勤勉な）という2つの形容詞ができます。

- □ **industrial** [ɪndÁstriəl]　形 産業の、工業の
  - 源 industr(y)（産業、工業）+ al（〜の）

- □ **industrious** [ɪndÁstriəs]　形 勤勉な
  - 源 industr(y)（産業、工業）+ ous（〜の特徴を持つ）

□ **windy** [wíndi] 形 風が強い

源 wind（風）+ y（〜に満ちた）

接辞 **-y** 〜に満ちた、〜の性質を持つ、〜に似た

名詞の後ろに -y をつけて、「〜に満ちた、〜の性質を持つ、〜に似た」という意味の形容詞を作ることがあります。

- □ **bloody** [blʌ́di] 形 血なまぐさい
  - 源 blood（血）+ y（〜に満ちた）
- □ **moody** [múːdi] 形 気分屋の
  - 源 mood（気分）+ y（〜に満ちた）
- □ **oily** [ɔ́ili] 形 脂っこい
  - 源 oil（油脂）+ y（〜に満ちた）
- □ **rainy** [réini] 形 雨降りの
  - 源 rain（雨）+ y（〜に満ちた）
- □ **salty** [sɔ́(ː)lti] 形 塩辛い
  - 源 salt（塩）+ y（〜に満ちた）
- □ **sleepy** [slíːpi] 形 眠い
  - 源 sleep（眠り）+ y（〜に満ちた）
- □ **snowy** [snóui] 形 雪の多い
  - 源 snow（雪）+ y（〜に満ちた）
- □ **stormy** [stɔ́ːrmi] 形 荒天の
  - 源 storm（嵐）+ y（〜に満ちた）

foolish [fú:lɪʃ] 形 愚かな

源 fool (愚か) + ish (〜らしい)

接辞 **-ish 〜らしい／-like 〜らしい**

名詞の後ろに-ishをつけて、「〜らしい」という意味の形容詞を作ることがあります。また、-likeも名詞の後ろにつけて「〜のような」という意味の形容詞を作ります。childishが「子供っぽい」というネガティブな響きを持つのに対して、childlikeは「子供らしい、天真爛漫な」というプラスイメージの形容詞になります。

boyish [bɔ́ɪʃ] 形 少年らしい
源 boy (少年) + ish (〜らしい)

feverish [fíːvərɪʃ] 形 熱がある
源 fever (熱) + ish (〜らしい)

stylish [stáɪlɪʃ] 形 流行の、しゃれた
源 styl(e) (流行) + ish (〜らしい)

childish [tʃáɪldɪʃ] 形 子供っぽい
源 child (子供) + ish (〜らしい)

childlike [tʃáɪldlàɪk] 形 子供らしい、天真爛漫な
源 child (子供) + like (〜らしい)

プラスα

- babyish (幼稚な)
- girlish (少女らしい)
- selfish (利己的な)
- godlike (神のような)

4 動詞を作る接尾辞・接頭辞

threaten [θrétn] 動 脅かす、脅迫する

源 threat (脅し) + en (〜になる)

threaten world peace　世界平和を脅かす

接辞 **-en　〜にする [なる]**

形容詞や名詞の後ろに-enをつけて、「〜にする [なる]」という動詞を作ることができます。この種の動詞に-erをつけて、「〜する道具」の意味の名詞を作ることもできます。

fasten [fæsn]　動 締める
源 fast (固く結ばれた) + en (〜にする)
Fasten your seat belt.　シートベルトを締めなさい。
▶ fastener　名 ファスナー、締め具

harden [háːrdn]　動 固くする [なる]
源 hard (固い) + en (〜にする)

hasten [héɪsn]　動 急がせる、急ぐ
源 hast(e) (急ぐこと) + en (〜にする)

lengthen [léŋkθn]　動 延長する
源 length (長さ) + en (〜にする)

shorten [ʃɔ́ːrtn]　動 短くする
源 short (短い) + en (〜にする)

sharpen [ʃɑ́ːrpn]　動 尖らせる
源 sharp (鋭い) + en (〜にする)
sharpen a pencil　鉛筆を削る
▶ pencil sharpener　名 鉛筆削り

soften [sɔ́(ː)fn]　動 柔らかくする [なる]
源 soft (柔らかい) + en (〜にする)

第3章　接尾辞

- **strengthen** [stréŋkθən]　動 強化する
  - 源 strength（強さ）+ en（～にする）
  - *Strengthen* your muscles.　筋肉を強化しなさい。

- **sweeten** [swíːtn]　動 甘くする
  - 源 sweet（甘い）+ en（～にする）
  - ▶ sweetener　名 甘味料

- **widen** [wáɪdn]　動 広げる、広がる
  - 源 wid(e)（幅が広い）+ en（～にする）

---

encourage [ɪnkə́ːrɪdʒ]　動 励ます

源 en（～（の状態）にする）+ courage（勇気）

I was *encouraged* by his success.　彼の成功に励まされた。

接辞 en-　～（の状態）にする

名詞や形容詞の前にen-をつけて「～（の状態）にする」という意味の動詞を作ることがあります。

- **enable** [ɪnéɪbl]　動 可能にする
  - 源 en（～（の状態）にする）+ able（可能な）
  - Cell phones *enable* us to communicate easily.
  - 携帯電話は私たちが容易に連絡を取るのを可能にする。

- **encircle** [ɪnsə́ːrkl]　動 取り囲む
  - 源 en（～（の状態）にする）+ circle（円）　▶ 円になって（取り囲む）
  - be *encircled* by enemies　敵に取り囲まれる

- **enforce** [ɪnfɔ́ːrs]　動 〈法律を〉実施する、強制する
  - 源 en（～（の状態）にする）+ force（力）
  - *enforce* a new law　新しい法律を施行する

- **enlarge** [ɪnlάːrdʒ]　動 拡大する
  - 源 en（～（の状態）にする）+ large（大きい）

- **enrich** [ɪnrítʃ]　動 豊かにする
  - 源 en（～（の状態）にする）+ rich（豊かな）

4 動詞を作る接尾辞・接頭辞

Enrich your vocabulary.　語彙を豊富にしなさい。

□ **ensure** [ɪnʃúər]　動 保証する
　源 en (〜 (の状態) にする) + sure (確かな)

□ **entitle** [ɪntáɪtl]　動 権利[資格]を与える
　源 en (〜 (の状態) にする) + title (権利)
　I'm *entitled* to free admission.　私は無料入場の権利がある。

□ **classify** [klǽsəfàɪ]　動 分類する

源 class (種類) + ify (〜にする)

接辞 **-ify　〜にする、〜化する**

名詞や形容詞の語尾を-ifyに変えて、「〜にする、〜化する」という動詞を作ることがあります。なお、これらの動詞を名詞形にすると-ficationという形になります。

□ **beautify** [bjúːtəfàɪ]　動 美化する
　源 beauty (美) + ify (〜化する)

□ **clarify** [klǽrəfàɪ]　動 明らかにする
　源 cl(e)ar (明らかな) + ify (〜にする)

□ **dehumidifier** [dìːhjuːmídəfàɪər]　名 除湿機
　源 de (離れて) + humid (湿った) + ifi (〜にする) + er (〜する道具)

□ **falsify** [fɔ́ːlsəfàɪ]　動 偽造する
　源 fals(e) (誤った) + ify (〜にする)

□ **identify** [aɪdéntəfàɪ]　動 身元を確認する
　源 ident(ity) (同一性) + ify (〜にする)　▶ 同一のものとみなす
　an *unidentified* flying object　未確認飛行物体、UFO

□ **indemnify** [ɪndémnəfàɪ]　動 弁償する
　源 indemn(ity) (保証) + ify (〜にする)

□ **notify** [nóʊtəfàɪ]　動 知らせる
　源 not(e) (注目) + ify (〜にする)

- □ **qualify** [kwάləfài] 動 適格にする、資格を与える
  - 源 qual(ity)（質）+ ify（〜にする）
  - *qualify* her for the Olympics 彼女にオリンピック出場の資格を与える
- □ **ratify** [rǽtəfài] 動 承認する
  - 源 rat(e)（評価する）+ ify（〜にする）
- □ **signify** [sígnəfài] 動 示す
  - 源 sign（印）+ ify（〜にする）
- □ **simplify** [símpləfài] 動 単純化する
  - 源 simpl(e)（単純な）+ ify（〜化する）
- □ **specify** [spésəfài] 動 具体的に述べる
  - 源 spec(ific)（具体的な）+ ify（〜にする）
  - Please *specify* the date. 日時を指定してください。
- □ **unify** [júːnəfái] 動 統合する
  - 源 un(ity)（統合）+ ify（〜にする）
- □ **verify** [vérəfài] 動 証明する
  - 源 ver(ity)（真実）+ ify（〜にする）
- □ **classification** [klæsəfikéiʃən] 名 分類
  - 源 class（種類）+ ification（〜にすること）

□ **realize** [ríːəlàiz] 動 実現する

源 real（現実の）+ ize（〜化する）
I *realized* my goal. 私は目的を実現した。

接辞 **-ize** 〜化する

名詞や形容詞の後ろに-izeをつけて、「〜化する」という意味の動詞を作ることができます。これらの動詞を名詞形にすると-izationという形になります。

4 動詞を作る接尾辞・接頭辞

- □ **Americanize** [əmérɪkənàɪz] 動 アメリカ風にする
  - 源 American (アメリカの) + ize (〜化する)

- □ **computerize** [kəmpjúːtəràɪz] 動 コンピュータ化する
  - 源 computer (コンピュータ) + ize (〜化する)

- □ **generalize** [dʒénərəlàɪz] 動 一般化する
  - 源 general (一般的な) + ize (〜化する)

- □ **globalize** [glóʊbəlàɪz] 動 世界化する
  - 源 global (世界的な) + ize (〜化する)

- □ **globalization** [glòʊbələzéɪʃən] 名 世界化
  - 源 global (世界的な) + iz (〜化する) + tion (〜すること)

- □ **modernize** [mádərnàɪz] 動 近代化する
  - 源 modern (現代の) + ize (〜化する)

- □ **novelize** [návəlàɪz] 動 小説化する
  - 源 novel (小説) + ize (〜化する)

- □ **nationalize** [nǽʃənəlàɪz] 動 国営化する
  - 源 national (国の) + ize (〜化する)

- □ **organize** [ɔ́ːrgənàɪz] 動 組織する
  - 源 organ (組織、機関) + ize (〜化する)
  - *organize* a committee 委員会を組織する

- □ **privatize** [práɪvətàɪz] 動 民営化する
  - 源 privat(e) (民間の) + ize (〜化する)

- □ **privatization** [pràɪvətaɪzéɪʃən] 名 民営化
  - 源 privat(e) (民間の) + iz (〜化する) + tion (〜すること)

- □ **specialize** [spéʃəlàɪz] 動 専門に扱う
  - 源 special (特別な) + ize (〜化する)

- □ **televise** [téləvàɪz] 動 テレビ放送する
  - 源 televis(ion) (テレビ) + ize (〜化する)

- □ **urbanize** [ə́ːrbənàɪz] 動 都市化する
  - 源 urban (都市の) + ize (〜化する)

接辞・語根索引

A

a-（〜へ、〜の方へ）	011
a-（〜の状態だ）	337
ab-	012
-able	337
ac-	011
acor	272
acre	272
act	117
-acy	319
ad-	011
aer	218
aero	218
-age	320
agr	272
agri	272
agro	272
-al（〜すること）	321
-al（〜の、〜に関する）	338
alt	051
am	166
an	269
an-	011
-ance	322
-ancy	322
anim	203
ann	268
ant	269
ant-	038
-ant（〜する人）	315
-ant（〜の特徴を持つ、〜する人）	339
antho	217
anthrop	208
anti-	038
apt	293
aqua	225
ar	218
-ar（〜する人、業者、会社）	310
-ar（〜の、〜に関する）	341
arc	070
arch	280
archa	280
archaeo	280
archi	280
-ard	310
art	244
-ary（〜する人、業者、会社）	341
-ary（〜に関係する人）	316
as-	011
aster	222
astro	222
-ate	343
-atic	346
-atory	342
att	293
auc	112
aud	200
audio-	200
aug	112
auth	112
auto	294
avi	216

B

band	090
bar	072
bat	136
beat	136
bene	292
bi	300
biblio	182
bind	090
bio	213
-ble	337
bon	292
bond	090
boun	292

bound	090	cis	101
brace	207	cit (呼び出す)	185
bund	090	cit (市民)	250

C

cabal	215	civ	250
camp	273	claim	186
cand	220	clam	186
cap (取る、つかむ)	139	-cle	324
cap (頭)	193	cli	106
capit	193	clos	282
car (注意、世話)	241	clud	282
car (車)	247	clus	282
cardio	162	co-	033
carni	231	col-	033
cart	183	com-	033
cas	286	con-	033
caus	296	contr-	039
cav	073	contra	039
ced	118	cor	162
ceed	118	cor-	033
ceiv	140	cord	162
cent	306	count	239
center	052	counter-	039
centr	052	cour	162
cept	140	court	274
cern	155	cred	172
cha	286	cri	155
char	247	cross	071
chart	183	crus	071
chief	193	-cule	324
chieve	193	cult	261
chival	215	cur (走る)	124
chron	265	cur (注意、世話)	241
-cian	314	cus	296
cid (起こる)	286	-cy	318
cid (切る)	101	cycle	070
-cide	101		
circ	070		

D

day	267		
de- (離れて)	013		

de- (離れて、下へ)〔逆、否定〕	022	-ent (～する人)	315
deca	305	-ent (～を示す)	340
dem	251	-er (～する人、業者、会社)	310
demi	075	-er (～する道具 [機械])	312
demo	251	es-	025
dent	205	-ess	318
di	267	esse	286
di- (離れて)	014	est	286
di- (2、分かれる、通過する)	302	ethn	254
dia	267	ethno	254
dia	302	-ety	334
dic	187	ex-	025
dict	187	extern-	026
dif-	014	extr-	026
dis- (無、不、非)	040	extra-	026
dis- (離れて)	014		
divid	099		
dom	256	**F**	
domin	256	fac	150
du	302	face	194
duc	156	fact	150
duct	156	faith	172
dur	285	fam	189
dyna	246	fan (現れる)	287
dynam	246	fan (話す)	189
		fat	189
E		fect	150
		feder	172
e-	025	fend	137
ec-	025	fer	126
edy	262	fess	191
-ee	312	fic	150
ef-	025	-fic	346
electri	246	fid	172
electro	246	fin	280
en-	356	fix	094
-en (～にする [なる])	355	flect	105
-en (～製の、～のような)	344	flex	105
-ence	322	flict	138
-ency	322	flour	217

flu	227
forc	081
fore	054
form	068
fort	081
found	052
fract	113
frag	113
front	054
-ful	344
fund	052
fus	109

G

ge	269
gen	254
geo	269
germ	217
gest	129
grad	123
gram	180
graph	180
grat	174
grav	080
gre	123
gree (歩み、等級)	123
gree (感謝する、喜ばせる、楽しい)	174
gress	123
griev	080
guard	161

H

habit	149
hap	285
hemi	075
hept	304
her	094
hexa	304
hibit	149

-hood	325
hor	168
hospit	263
host	263
hot	263
hydr	226
hydro	226

I

-ial	338
-ian	314
-ible	337
-ic (〜の（ような）、〜的な)	346
-ic (学問、特徴、活動)	325
-ical	346
-ice	326
-ics	325
-ify	357
il- (〜でない)	041
il- (中に)	024
im- (〜でない)	041
im- (中に)	024
in- (〜でない)	041
in- (中に)	024
insul	228
inter-	027
ir- (〜でない)	041
ir- (中に)	024
is	228
-ish	354
-ism	329
-ist	317
it	120
-itude	334
-ity	334
-ize	358

J

jac	093

ject	138		
join	093		
joint	093	**M**	
journ	268	machine	243
jud	261	magn	076
junct	093	mal	293
jur	260	man	206
jus	260	manu	206
		mar (海)	228
L		mar (驚く、感嘆する)	169
		mater	209
laps	113	matri	209
later	055	max	076
leag (結びつける)	091	mean	053
leag (選ぶ、集める)	152	meas	081
lect	152	med	242
leg (選ぶ、集める)	152	medi	053
leg (法)	259	mega	077
-less	345	megalo	077
li	091	mem	238
liber	295	memor	238
lig (結びつける)	091	mens	082
lig (選ぶ、集める)	152	ment	164
-like	354	-ment	330
liqu	227	mer	228
liter	183	merc	261
liver	295	merg	161
loc	271	merk	261
loco	271	mess	132
log	177	metal	273
logy	178	meter	083
loy	259	metro	209
luc	219	metry	083
luci	219	micro	078
lumin	219	mid	053
lustr	219	mill	306
ly	091	min (小さい)	078
-ly	350	min (突き出る)	073
		mini	079
		mir	169

mis-	044	op-	032
miss	132	opt	154
mit	130	or	201
mob	056	-or (〜する人、業者、会社)	310
mod	083	-or (〜する道具)	312
mono	299	ora	201
mot	056	ordin	278
mount	230	-ory	341
mov	056	ound	229
multi	307	-ous	351

N

nat	249		
nav	248		
nect	090		
neg	294		
-ness	331		
nex	090		
nomin	184		
nomy	235		
non-	045		
nonym	184		
norm	085		
noun	184		
nounc	184		
nour	210		
nov	288		
nunc	184		
nur	210		
nutr	210		
ny	294		

P

pair	158
par (現れる)	287
par (準備する)	158
para-	028
parl	190
part	100
pass (苦しむ、強い感情)	171
pass (歩み)	122
pater	210
path	171
pati	171
patr	210
patri	210
patro	210
pear	287
ped	207
pel	144
pend	096
pent	304
penta	304
per-	030
pha	287
phe	287
phil	166
phob	167
phon	224
phys	236

O

ob-	032
oc-	032
octo	305
ode	262
ody	262
of-	032

365

physio	236	prin	278
pict	263	pris	143
pir	204	priz	290
plac	170	pro-	018
plais	170	prob	237
ple	147	proof	237
plea	170	proto-	018
plet	147	prov	237
pli (折る、重ねる、包む)	145	psycho	163
pli (満たす)	147	publ	252
plic	145	puls	144
plor	171	punc	148
ploy	145	pur	110
plur	307	put	235
plus	307		

Q

quar	303
quer	239
ques	239
quint	304
quir	239

ply (折る、重ねる、包む)	145		
ply (満たす)	147		
point	148		
polic	257		
polis	257		
polit	257		
poly	307		
popul	252		

R

porch	275	radi	221
port (運ぶ)	128	radio	221
port (港、門、入り口)	275	re	258
pos	060	re-	036
posit	060	rect	069
post-	019	reg	258
pour	110	retro-	036
pr	278	rid	216
prais	290	riv	230
pre-	017	roy	258
prec	290	rupt	114

S

prehend	143		
press	132		
pri	143	sad	062
pric	290	sal	232
prim	278	sat	170

scal	059	spect	194
scend	059	sper	174
schol	243	sphere	074
sci	234	spir	204
scope	197	spise	194
scribe	179	spond	191
script	179	spons	191
se	217	st	063
se-	016	sta	063
search	070	stal	063
sec	284	stand	063
sect	101	stat	063
semi	075	stead	063
semin	217	stella	222
sens	165	stereo	074
sent (感じる、感覚)	165	stimul	085
sent (存在する)	286	stin	063
sept	304	stinct	085
sequ	284	sting	085
set	062	stit	063
-ship	332	stru	095
sider	222	struct	095
sign	086	su-	023
-sion	327	sub-	023
sist	066	suc-	023
sit	062	sue	284
site	062	suf-	023
-sive	348	sug-	023
skepti	197	suit	284
soci	253	sum (取る)	142
sol	223	sum (頂上)	050
solu	111	sum- (下、下位)	023
solut	111	sup-	023
solv	111	super-	020
son	224	sur-	019
sort	289	sus-	023
spair	174	sy-	035
spec (見る)	194	sym-	035
spec (種類、特別)	196	syn-	035

T

tach	089
tack	089
tact	089
tag	089
tail	102
tain	097
tang	089
-te	343
techn	245
tect	245
tele-	029
temp	266
temper	266
ten	097
tend	107
tens	107
termin	281
terr	168
terra	270
terre	270
tetra	303
-th	333
thermo	224
-tic	346
tin	097
-tion	327
tire	134
-tive	348
torch	105
tort	105
tour	057
trac	134
tract	134
trail	134
train	134
trans-	031
treat	134
trem	169
tri	303
tribut	156
-tude	334
turb	172
twe	301
twi	301
-ty	334

U

ultimat	282
un- (〜ではない)	045
un- (もとの状態に戻す)	046
und	229
uni	297
urb	274
us	159
ut	159

V

vac	075
vail	291
val	291
var	290
vei	275
ven	121
vent (風)	219
vent (来る)	121
verb	176
vers	104
vert	104
vey	275
vi	275
vicini	272
vid	198
view	198
vill	272
vin	231
vis	198

vit (空っぽ)	075
vit (生命)	213
viv	213
voc	202
voic	202
void	075
vok	202
vol	174
volum	058
volv	058
vouch	202
vow	202
voy	275
vy	198

W

war	160
ward	160

Y

-y (〜すること)	336
-y (〜に満ちた、〜の性質を持つ、〜に似た)	353

Z

zo	214

単語索引

見出しではない語の掲載ページ番号はイタリックで示しました。

A

abduct	*158*
ability	334
abnormal	012
abolish	*013*
abound	230
abruptly	*114*
absence	*286*, 322
absent	286
absolute	*013*
absolutely	111
absorb	012
absorption	*012*
abstain	098
abstract	135
absurd	012
abundant	229
abuse	159
acceleration	*329*
accept	141
acceptance	*323*
access	119
accident	286
accidental	*339*
acclaim	*186*
accommodate	084
accompany	011
accomplish	147
accord	163
accordion	*163*
account	239
accountant	315
accuracy	319
accurate	242
accuse	296
achieve	194
achievement	330
acorn	273
acoustics	*326*
acquire	240
acquisition	*240*
acre	273
acrobat	*051*
acronym	*051*
acrophobia	167
across	072
act	117
action	*117*, 327
active	*117*, 348
activity	*117*, 335
actor	*118*
actress	318
actually	117
acupressure	*207*
acupuncture	*207*
acute	*266*
adapt	293
addict	188
addiction	*188*
addition	327
additional	*339*
additive	350
adhere	094
adhesive	*094*
adjacent	093
adjective	*139*
adjoin	093
adjourn	268
adjust	260
administer	*079*
administration	079
administrative	*079*
admirable	*169*
admire	169
admission	130
admit	130
adopt	155
adore	202
adulthood	325
advance	269
advantage	269
advantageous	351
advent	*122*
adventure	*122*
adversary	316
adversity	*105*
advertise	104
advertisement	*331*
advice	*198*, 327
advise	198
advisory	342
advocate	202
aerial	218
aerobatics	218
aerobics	218
aeroplane	218
aesthetics	326
affect	151
affection	151
affectionate	343
affix	*094*
afflict	138

afraid	337	amusement	*331*	antiwar	039
agency	*324*	anachronism	266	antonym	*184*
aggressive	124	analogy	*177*	anxiety	335
agree	175	anarchy	*280*	anxious	351
agreement	*331*	anatomy	*103*	apart	100
agribusiness	272	ancestor	*059*, 269	apartment	100
agriculture	272	ancient	269	apologize	177
airport	275	androgen	*209*	apparatus	159
albatross	*259*	android	*203*	apparent	287
albino	*259*	androphobia	*203*	appear	287
album	*259*	anemograph	*182*	appearance	*287*, 322
albumen	*259*	anemometer	*219*	appendix	*097*
alchemist	317	anemone	*219*	applicant	315, *339*
alike	337	animate	*203*	application	*145*
alive	337	animation	*203*	apply	145
allege	*259*	animism	*204*	appoint	148
allegedly	*259*	annex	090	appointment	*331*
alliance	*011*	anniversary	269	appraise	291
allocate	271	announce	*184*	appraiser	*291*
ally	011	announcement	*184*, *331*	appreciate	291
alma mater	*209*	announcer	*184*, *310*	appreciation	*291*
alone	337	annual	268	apprehend	*144*
altar	*051*	anonymous	*184*	apprentice	*144*
altitude	051	antagonist	039	approval	321
alto	*051*	Antarctic	039	approve	237
amateur	166	Antares	*039*	apt	293
ambassador	*312*	anthology	*177*, *217*	aptitude	293
ambitious	351	anthropology	*178*, *208*	aquaculture	226
amenity	*166*	anti-American	038	aquafarm	226
Americanize	359	antibacterial	038	aquanaut	248
amiable	*166*	antibiotic	038	aquarium	225
amicable	*166*	anticipate	*142*, 269	Aquarius	*215*
amorous	*166*	antipathy	039, *172*	arc	*070*
amount	230	antique	269	arcade	*070*

arch	070	assessment	*331*	audience	201
archaeology	*178*, 280	assign	011	audiometer	201
archaic	280	assignment	*011*, *331*	audiophile	201
archbishop	*280*	assist	066	audiovisual	201
archery	070	assistance	323	audit	200
archetype	*280*	assistant	315	audition	200
architect	*245*, 280	associate	253	auditorium	201
architecture	280	assort	289	augment	112
archrival	*280*	assume	142	auspice	*196*
argument	*331*	assumption	*142*	author	112
Aries	215	asterisk	*222*	authorize	112
aristocracy	252	astrology	222	autobiography	*181*, 295
aromatherapy	*242*	astronaut	222, *248*	autocracy	252
arrange	011	astronomer	*236*	autograph	295
arrangement	*331*	astronomical	*236*	automatic	*294*
arrive	231	astronomy	235	automatically	294
arrogant	340	athletic	346	automation	*294*
artful	*245*	atmosphere	074	automobile	295
article	245	atom	*103*	autonomy	236
artifact	*245*	attach	089	available	337
artifice	*245*	attachment	*089*	avert	*105*
artificial	244, *339*	attack	089	avian	216
artisan	*245*	attain	097	aviation	216
artist	317	attend	107	avoid	076
artistic	245	attendance	*107*, 322	avoidance	323
artless	*245*	attendant	*107*, 315	awake	337
ascend	059	attention	*107*, 327	award	161
ascribe	179	attentive	*107*	aware	160
ashamed	337	attitude	293	**B**	
asleep	337	attract	134	babyish	*354*
aspect	195	attractive	348	bakery	*244*
aspiration	*204*	attribute	156	band	091
aspire	204	auction	112	bandage	091
assent	*040*, 165	audible	201	bankrupt	114

bankruptcy	319	bioenergy	213	calculation	*329*
bar	*073*	biography	*181*, 213	calculator	314
barbell	*072*	biohazard	213	calligraphy	181
barometer	083	biology	*178*, 213	camp	*273*
barracks	*072*	biosphere	074	campaign	273
barrel	*072*	biotechnology	213, *245*	campsite	273
barricade	*072*	biped	*208*	campus	273
barrier	*072*	blockage	320	Cancer	*215*
barrister	*073*	blog	*178*	candid	221
bat	136	bloody	353	candidate	221
battery	137	bond	091	candle	220
battle	137	bonus	292	cap	*193*
beat	137	boredom	*257*	capable	139
beautiful	344	botanist	*317*	capacity	139
beautify	357	bound	091	cape	194
because	296	boundary	091	capital	193
behind	*055*	bounty	292	capitalism	*193*, 329
benefactor	292	boyhood	325	Capricorn	*215*
beneficial	292	boyish	354	capsule	*140*
benefit	292	bracelet	207	captain	*193*
benevolent	292	breadth	333	caption	139
between	301	breakage	320	captivate	139
bibliography	182	brewery	*244*	captive	*139*
bibliomania	*167*	bribery	*244*	capture	139
bibliophile	*166*, 182	brilliance	*323*	carbohydrate	226
bibliophobe	*167*	brilliant	340	cardiogram	163
bicycle	*070*, 300	bumper	313	care	241
bilateral	055	bundle	091	career	247
bilingual	301	bureaucracy	252	careful	*241*
bind	090	burial	321	careless	*241*, 345
binder	313	business	*331*	carelessness	*332*
binoculars	300	**C**		cargo	247
biochemistry	213	cab	215	carnival	231
biodiversity	213	cabriolet	*215*	carnivore	232

単語索引

373

carpenter	247	childhood	325	classification	358
carpentry	*336*	childish	354	classify	357
carriage	*247*, 248	childlike	354	cleanly	350
carrier	247	chiropractic	*207*	clearance	*323*
carry	247	chivalry	215	client	316
carton	183	chlorofluorocarbon	*220*	climax	107
case	286	choice	327	close	283
casual	286	choreography	*181*	cluster	283
catalog(ue)	177	chronic	266	coauthor	034
cause	296	chronicle	265	coeducation	034
cautious	351	chronological	266	cohabit	*149*
cave	073	chrysanthemum	217	cohere	*094*
cavern	*073*	cigarette	*207*	coherent	094
cavity	073	cinephile	*166*	coincide	286
cease	*120*	circle	070	collaborate	034
cell	*057*	circuit	070	collaboration	*033, 034*
centenarian	*306*	circular	341	collapse	112
centenary	*306*	circulate	070	colleague	154
centigrade	306	circulation	071	collect	153
centimeter	306	circumference	*071*	college	*154*
centipede	208	circumstance	064, *071*	collision	*329*
central	052	circus	071	collocation	272
centralize	*022*	cite	185	combat	137
centuple	*306*	citizen	250	combination	034, *329*
century	306	citizenship	250, *332*	combine	034
ceramics	*326*	civic	251	comedy	262
certainty	*335*	civil	251	comfort	081
chance	286	civility	*335*	comfortable	081
characteristic	325	civilization	251	command	034
charge	247	claim	186	commemorate	238
chart	183	claimant	*187*	commemorative	*238*
chase	*140*	claimer	*187*	comment	164
chemist	317	clamor	*187*	commentator	*164*
chief	194	clarify	357	commerce	261

commercial 262, *339*	comprehensive 348	confront 055
commission 130, *329*	compress 132	confuse 109
commit 130	comprise 143	confusion *329*
commitment *331*	compromise 132	congenial *255*
committee 130	compulsory *144*, 342	congested *129*
commodity 084	computer 235, *313*	congestion 129
common 034	computerize 359	congratulate 175
communicate 034	concave lens *073*	congress 124
communication *329*	conceal *057*	conjunctive *093*
communicative 348	concede 118	connect 090
communist *329*	conceive 140	connection *090*, 328
community 034	concentrate 053	conquer 240
compartment 100	concentration *329*	conquest *240*
compass *123*	concept 140	conscience 235
compassion 034, *172*	concern 155	conscientious *235*
compel 144	concession *118*	conscious 235
compete 034	conclude 282	consciousness 332
competition *034*	concourse *125*	consensus *165*
complacent 170	concur 125	consent 165
complain *187*	concurrence *125*	consequence 284
complainer *187*	conduct 157	consider 223
complaint *187*	conductor 313	consign 086
complement 147	confectionery *152*	consist 066
complementary *147*	confederation *173*	consistency 066, *324*
complete *034*, 147	confer 126	consortium 289
compliance *145*, *322*	conference 127, *324*	conspicuous *196*
complicated 146	confess 191	conspiracy 319
compliment 147	confide *173*	constant 064
complimentary *147*	confidence *173*, 322	constellation 222
comply 145	confident 173, 340	constitute 065
compose 060	confidential 173	constitution 065
composition *060*	confine 281	construct 095
comprehend 143	conflict 138	construction *095*
comprehension *143*, *329*	conform 068	consult 034

consultant	*316*	convention	121	course	*125*
consultation	*034*	conventional	121	court	274
consume	142	conversation	*329*	courteous	274
consumer	*142*	convert	103	courtesy	274
consumption	*142*	convex lens	*073*	coverage	320
contact	089	convey	275	coward	311
contagion	*089*	convoy	*276*	cowardice	327
contain	097	cooler	*313*	cowardly	351
container	313	cooperate	033	coworker	034
contemporary	266, 316	cooperative	*033*	creation	*329*
contend	107	coordinate	*033*, 278	credible	338
contents	098	copier	220, 313	credit	172
contestant	315	cordial	162, *339*	crisis	155
continent	*098*	core	163	criterion	155
continental	*339*	correct	069	criticism	330
contingency	*089*	correspond	192	criticize	155
continue	098	correspondence	*192*	cross	071
continuity	098	correspondent	*192*	crossroad	071
continuous	098	corrupt	114	crossword	072
contour	*058*	cosign	*086*	crucial	072
contraband	040	cosmetic	325	cruelty	*335*
contrabass	*040*	cosmology	*178*	cruise	072
contraception	040	cosmopolis	*257*	Crusade	072
contract	134	cosmopolitan	*257*	cryptograph	*181*
contractor	135	cosmos	*257*	cubicle	324
contradict	039	costly	351	cultivate	261
contrary	039	counselor	311	cultural	*261*
contrast	039	count	239	culture	261
contribute	156	counteract	039, *118*	curator	242
controller	313	counterbalance	039	cure	241
controversy	104	counterclockwise	*040*	curiosity	*335*
convene	*121*	counterfeit	040	curious	351
convenience	323	counterpart	040	current	125
convenient	121	courage	163	curtail	102

customary	341	defensive	348	denomination	*184*
customer	*312*	defer	127	denounce	185
cyberphobia	*167*	deficiency	*324*	dental	205
cycle	071	deficient	152	dentist	205
cycling	*070*	deficit	152	denture	205
cyclone	071	define	281	deny	294
cylinder	071	definite	281	deodorant	013

D

daily	267	definition	*281*, 329	depart	100
dandelion	205	deflate	*025*	department	100
dangerous	351	deflation	*025*	departure	100
dawn	267	deflect	*105*	depend	097
debate	136	deforestation	013	dependence	*324*
decade	305	defraud	013	dependent	340
decaliter	*305*	defrost	013	depict	263
decathlon	306	degrade	022, *124*	deplore	171
deceased	*120*	degree	124	deposit	061
deceive	140	dehumidifier	357	depot	*062*
December	305	dehydration	013	depreciate	022, *291*
decency	*324*	delay	022	depreciation	*291*
decentralize	*022*	deliberate	*296*, 343	depress	133
deception	*140*	delicacy	319	depression	133, *329*
decide	101	delicate	343	deprive	013
decision	328	deliver	295	depth	333
decline	106	delivery	*295*, 336	deputy	235
decrease	022	demagogue	251	deregulate	013, *258*
dedicate	188	demagoguery	*251*	deregulation	*258*
deduce	157	dementia	164	descend	022, *059*
deface	*194*	demerit	013	descendant	059
defame	*190*	demitasse	*075*	descendent	022, *059*
defeat	152	democracy	251	describe	179
defect	151	democrat	251	description	*179*
defend	137	demote	013	design	086
defense	*137*	denial	294, 321	designate	087
		denominate	*184*	designation	*087*

despair	174	differ	*014*, 127	discourage	016
desperate	174, 343	difference	323	discourse	125
despise	*022*, 195	different	340	discover	014
despond	*192*	diffuse	*014*, 109	discovery	336
destiny	065	digest	*014*, 129	discredit	041
destroy	022, *095*	dilemma	302	discreet	*156*
destruction	*095*	diligent	*154*, 341	discrete	016
detach	089	dimension	082	discriminate	156
detachment	*089*	diminish	079	discuss	016
detail	102	dinosaur	*216*	disease	016
detain	097	dioxide	302	disgrace	*175*
deter	168	diploma	302	dishonest	040
deteriorate	*022*	diplomacy	302, 319	dishonor	041
determine	282	diplomat	302	disinfect	015
deterrence	*168*	diplomatic	*302*	dislike	040
detest	022	direct	069	dislocation	271
detour	057	direction	*069*	dismiss	132
detoxification	013	director	311	dismount	230
development	330	disabled	041	disobey	041
deviate	*276*	disadvantage	040	disorder	278
device	*198*, 327	disagree	040	dispatch	015
devise	198	disappear	287	dispel	144
diagonal	302	disappoint	148	display	016
dial	*268*	disapprove	041	displease	041
dialect	153	disarmament	014	disport	016
dialog(ue)	177, 302	disaster	222	dispose	060
diameter	083	discard	015	dispute	235
diary	267	discern	155	disrupt	114
dictate	188	discharge	015, *247*	dissatisfy	041
dictation	187	disclose	015	dissect	*102*
dictator	*188*	disconnect	015	dissent	040
dictionary	*188*	discontinue	015	dissolve	111
dictum	*188*	discord	162	dissuade	041
Diet	*124*, 267	discount	239	distance	014, 063, *323*

distant	340	duplex	302	election	152
distinct	085	duplicate	146	electric	246
distinction	*085*	durable	285	electrician	*246*
distinguish	085	during	285	electricity	246, *335*
distort	105	dynamic	247	electrode	*246*
distract	135	dynamite	246	electrodynamics	*246*
distribute	156	dynamo	*247*	electron	*246*
distrust	041	dynasty	*247*	electronics	246, 326
disturb	172	**E**		elegance	*323*
diverse	*014*, 103	eager	231	elegant	*154*, 340
diversity	*335*	earphone	225	elevate	060
divert	*105*	eccentric	053	elevator	312
divide	099	eclipse	*113*	eligible	153
dividend	099	ecology	178	eliminate	026
division	099, *329*	economic	347	embargo	*072*
divorce	*105*	economical	347	embarrass	072
documentary	341	economics	326	embrace	207
domain	256	economist	317	embroidery	*244*
dome	256	economy	236	emerge	161
domestic	256, *347*	educate	157	emergency	323
domesticate	*256*	education	328	emigrate	026
domicile	*256*	effect	151	eminent	073
dominant	256	effective	348	emission	130, *329*
dominate	*256*	efficiency	323	emit	130
dominion	*256*	efficient	152	emotion	056
donee	312	effort	081	emphasis	288
donor	*312*	ego	*295*	emphasize	*288*
dormitory	342	egocentric	053, *295*	employ	146
dosage	320	egoism	*295*, 330	employee	312
double	*146*, 302	egoist	317, *329*	employer	*312*
doubtful	344	egotistic	*295*	employment	*331*
drawer	314	eject	*139*	enable	357
drunkard	311	elapse	*113*	encamp	273
duet	302	elect	152	encircle	356

Word	Page	Word	Page	Word	Page
enclose	283	equivocal	203	except	141
encourage	356	erect	069	exception	141
encouragement	*331*	erupt	114	excessive	*118*
encyclopedia	*071*	escalate	059	excite	186
endoscope	*198*	escalator	059	exclaim	186
endure	285	escape	026	exclamation	*186*
enemy	166	especially	197	exclude	283
enforce	356	espionage	*196*	exclusive	348
engagement	*331*	essence	*287*	excursion	125
engine	*255*	essential	287	excuse	296
enjoy	*170*	establish	064	execute	026
enlarge	356	establishment	*331*	exhibit	149
enormous	085	estate	064	exhibition	*149*
enrich	357	ethics	326	exist	066
ensure	357	ethnic	254	existence	323
entail	102	ethnocentrism	254	exit	120
enterprise	143	ethnology	254	expansion	*329*
entertain	097	etymology	*178*	expect	195
entertainment	*331*	evacuate	075	expectation	*329*
enthusiastic	347	evaporate	218	expedite	208
entitle	357	event	121	expedition	208
entity	*287*	eventually	121	expel	145
entrance	322	evidence	*199*	expensive	348
entry	*336*	evident	199	expiration	*204*
envious	351	evolve	058	expire	204
envoy	*276*	exact	117	explicit	*145*
envy	199	exaggerate	025	exploit	146
epidemic	251	examination	328	explore	171
epigraph	*181*	examinee	312	explosion	328
epilog(ue)	*177*	examiner	*312*	explosive	350
epitome	*103*	excavate	073	Expo	025
equality	*335*	exceed	118	export	128
equinox	*267*	excellence	*324*	expose	*025*, 060
equivalent	291	excellent	341	exposition	025

express	133	fantasy	*288*	fishery	*244*
expression	*133, 329*	fare	*120*	fixture	094
exquisite	*240*	farewell	*120*	flame	*226*
extend	107	farmer	310	flexible	105
extension	328	fashion	*152*	flextime	105
extensive	*108*, 348	fashionable	338	flood	227
external	027	fasten	355	florist	317
extinct	086	fastener	*355*	flour	217
extinguish	086	fatal	190	flourish	217
extra	026	fate	190	fluctuate	227
extract	135	fearful	344	fluency	323
extraordinary	027	feat	152	fluent	227
extraterrestrial	027	feature	152	fluid	227
extravagant	027	federal	173	fluorescent	*220*
extreme	027	feminist	*317*	foolish	354

F

		fence	*137*	foolishness	*332*
façade	*194*	fencing	*137*	force	081
facet	*194*	fender	*137*	forecast	055
facial	339	ferry	126	forefront	055
facile	*151*	fertile	127	forestry	*244*
facilitate	*151*	fertilizer	*127*	formal	*068*, 339
facility	151	feverish	354	formula	*068*
fact	150	fiction	152	fort	*081*
faction	*152*	fictional	339	forte	*081*
factory	150	fidelity	*173*	fortify	*081*
faculty	150	figure	*068*	fortress	*081*
faithful	173	final	280	found	052
fallacy	319	finale	*280*	fraction	*113*
falsehood	325	finally	280	fracture	*113*
falsify	357	finance	281	fragile	113
fame	189	financial	*281*	fragment	113
famous	189, 351	fine	281	fragmentation	*113*
fancy	288	finish	*280*	fragrant	340
fantastic	288	finite	*281*	frail	*113*

freedom	257	gesture	130	grief	*080*
frequency	324	gigantic	347	grievance	080
friendly	350	girlish	*354*	grieve	080
friendship	332	glamorous	*182*	growth	333
front	054	glamour	*182*	guarantee	160
frontier	054	globalization	359	guard	160
fruitful	344	globalize	359	guardian	*160*
fund	052	glorious	352	guidance	322
fundamental	052	go-cart	*247*	gymnastics	326
fuse	109	Goddess	318	gynecology	*209*

G / H

fusion	*109*	godlike	*354*		
futile	*109*	golden	344	habit	149
gastroscope	*198*	goodness	*332*	habitable	*149*
Gemini	*215*	governance	*323*	habitat	*149*
gender	255	government	331	habitual	149
general	254	governor	311	hall	*057*
generalize	*254*, 359	grace	*175*	hanger	314
generally	*254*	graceful	*175*	haphazard	285
generate	254	gracious	*175*	happen	285
generation	254	gradation	*124*	happiness	332
generous	255	grade	124	harden	355
genesis	255	gradually	124	hardship	*333*
genius	255	graduate	124	harmless	345
genocide	*101*	graduation	*124*, 328	harmonious	352
genre	255	grammar	*182*	hasten	355
gentle	255	graph	181	haulage	320
genuine	255	graphics	181	heir	095
geography	*224*, 269	grateful	*175*	heirloom	*095*
geology	*178*, 270	gratify	*175*	hell	*057*
geometry	*083*, 270	gratitude	174	helmet	*057*
geothermal	*224*, *270*	gratuity	*175*	helpless	345
germ	218	grave	*080*	hemisphere	075
germinate	218	gravity	080	heptagon	304
		greenery	*336*	herb	232

herbicide	*101*	humidity	*335*	impatient	*172*
herbivore	232	hydrant	227	impede	208
heredity	095	hydrogen	226, 255	impediment	*208*
heritage	095	hydroplane	227	impending	*097*
hesitate	095	hydropower	224	imperfect	043
hexagon	304	hypocrisy	*156*	impetus	025
hierarchy	*280*	**I**		implement	147
hi-fi	*173*	icicle	324	implicit	*145*
hinder	*055*	identify	357	implore	171
hindrance	*323*	ideology	178	imply	145
hippopotamus	215	ignoble	*043*	impolite	043
historian	314	ignorant	340	import	128
historic	347	illegal	259	importance	322
historical	347	illicit	*043*	important	339
holograph	*181*	illiterate	*043*	impose	060
homeless	345	illness	332	impossible	042
homicide	*101*	illogical	*043*	impractical	043
honesty	334	illuminate	219	impress	133
hopeless	345	illumination	219	impression	133, 329
horizontal	*339*	illustrate	220	impressionism	*133*
horoscope	197	imaginable	349	imprison	*144*
horrible	*168*	imaginary	349	improve	237
horror	*168*	imaginative	349	impulse	145
horticulture	*274*	imbalance	042	inborn	024
hospitable	263	immature	042	incident	286
hospital	263	immediately	053	incline	107
hospitality	263	immense	082	include	282
host	263	immigrant	025	income	024
hostage	263	imminent	074	inconvenient	042
hostel	264	immoral	042	increase	024
hostess	318	immortal	042	incredible	173
hostile	264	impart	100	incur	125
hostility	264	impartial	043	indecision	042
hotel	264	impasse	*123*	indemnify	357

indent	205	information	*068*	inspector	311
independence	*324*	infuse	109	inspiration	*204*
independent	042	ingenious	255	inspire	204
indicate	188	ingredient	124	install	065
indication	*188*	inhabit	149	instance	063
indict	*188*	inhabitant	*149*, 315	instinct	086
indifferent	127	inherent	094	institute	065
indirect	042	inherit	094	instruct	095
indispensable	338	inheritance	094, *323*	instructor	311
individual	099	inhibit	149	instrument	095
indoor	024	inhibition	*149*	insular	229
induce	157	inhuman	042	insurance	322
industrial	*339*, 352	initial	120	intact	089
industrious	352	initiate	024	intellect	153
inefficient	042	initiative	350	intellectual	*339*
inequality	042	inject	138	intelligence	153, *324*
inevitable	076	injection	*138*	intend	107
inexperienced	042	injure	260	intense	108
infamous	190	injury	*260*	intensive	108, 348
infancy	190, *323*	innate	250	interact	028
infect	151	innocence	*324*	intercept	*027*, 141
infer	127	innovate	289	intercourse	028, *125*
inferior	*021*	innovation	289	interest	287
inferno	*021*	innovative	289	interface	*194*
infinite	281	input	025	interfere	028
infinity	*335*	inquire	240	interior	028
inflame	*226*	inquiry	240	intermediate	054
inflate	*025*	inquisitive	*240*	intermit	028
inflation	*025*	inscribe	*179*	intermittent	131
inflexed	*105*	insect	102	international	028
inflict	138	insist	066	interrupt	114
inform	068	insistence	*066*	intersection	102
informal	041	insolvent	111	interval	028
informant	*316*	inspect	194	intervene	121

interview	027	journal	268	legal	259
intimacy	319	journalist	268	legend	153
introduce	156	journey	268	legislate	*260*
introduction	*157*	joy	*170*	legislation	*260*
introductory	342	joyful	345	legitimate	*260*
inundate	229	judge	261	length	333
invade	025	judgment	*261*, 331	lengthen	355
invalid	*291*	junction	093	Leo	*215*
invariable	*290*	jurisdiction	260	lesson	*154*
invasion	*329*	jurist	260	liability	092
invent	121	juror	260	liable	092
invention	328	jury	260	liaise	*093*
invert	103	just	260	liaison	*093*
investment	*331*	justice	260, *326*	liar	311
invisible	042	justify	260	liberal	295
invitation	*327*	**K**		liberalism	*295*, *329*
invoice	275	kaleidoscope	*198*	liberalize	295
invoke	202	kickback	*136*	liberty	295
involve	058	kindly	*350*	Libra	*215*
irrational	043	kindness	331	librarian	314
irregular	043	kingdom	256	likelihood	325
irrelevant	043	**L**		likeness	*332*
irresistible	338	laboratory	343	limitation	*329*
irresponsible	043	laborious	352	linguistics	326
irrevocable	338	lapse	113	linkage	320
islet	*207*	lateral	055	lioness	318
isolate	229	latitude	334	liquid	227
itinerary	120	lawful	345	liquidate	228
J		leadership	332	liquor	228
jet	*139*	leaflet	*207*	listener	310
jewelry	*244*	league	092	literacy	183, 319
join	*093*	leakage	320	literal	183, *339*
joint	093	lecture	153	literally	*183*
jollity	*335*	legacy	*260*	literate	183

literature	183	magnificent	077	master	*077*
lithograph	*181*	magnify	077	mate	*232*
local	271	magnitude	076	maternal	209
locate	271	magnum	*077*	maternity	209
location	271, *329*	maintain	098	mathematician	314
locomotion	271	maintenance	*098*, 322	mathematics	326
locomotive	271	majesty	*077*	matrimony	209
log	*178*	major	077	matrix	209
logic	177	malady	293	maturity	*335*
logical	*177*, 347	malfunction	293	maxim	*077*
logistics	326	malnutrition	*211*, 293	maximal	*076*
longitude	334	mammograph	*182*	maximize	*076*
loyal	259	manage	206	maximum	076
loyalty	*259*, 335	management	331	mayor	*077*
lucid	*220*	manager	310	meal	*232*
lucrative	*350*	mandatory	342	meaningless	345
luminescence	*220*	maneuver	206	means	054
luminous	*220*	maniac	*167*	meanwhile	054
lunacy	*224*	manicure	206	measure	082, *232*
lunar	*223*	manipulate	206	measurement	*331*
lunar eclipse	*113*	manner	206	meat	*232*
lunatic	*223*	manual	206	mechanic	244
luster	*220*	manufacture	*152*, 206	mechanics	326
luxurious	352	manufacturer	310	medal	273
M		manuscript	*179*, 206	media	053
machine	*243*	marine	228	mediate	053
machinery	*243*	mariner	228	medical	242, *339*
macrobiotics	*213*	maritime	*228*	medicate	*242*
macroeconomics	*078*	market	262	medication	*242*
macrograph	*078*	marketable	*262*	medicine	*242*
macroscopic	*078*	marriage	320	medico	*242*
maestro	*077*	marsh	*228*	medieval	054
magnate	*077*	marvel	169	Mediterranean	270
magnificence	*324*	marvelous	*169*	megabyte	*078*

megahit	078	microbe	*078*	mishap	285
megalomania	*167*	microeconomics	078	mislead	044
megalopolis	078	microphone	078, 225	mismatch	044
megaphone	077	microscope	078, *198*	misprint	044
megastar	078	microscopic	*078*	missile	132
megaton	*078*	microscopy	*198*	mission	132
melodrama	262	microwave	*079*	misspelling	044
melody	262	middle	053	mistrust	044
memento	164	midnight	053	misunderstand	044
memo	238	midsummer	053	misuse	044
memoir	238	midway	*054*	mixer	313
memorable	*238*	migratory	342	mob	*057*
memorial	238	millennium	306	mobile	*057*
memorize	238	million	306	mobilize	*057*
memory	238	millipede	*208*	mode	084
mental	164, *339*	mince	*080*	model	084
mentality	*164*	miniature	079	modem	*084*
mention	164	minicar	079	moderate	083
merchandise	262	minimal	*079*	modern	084
merchant	262	minimize	*079*	modernism	330
merge	161	minimum	079	modernize	359
merger	161	minister	079	modest	084
mermaid	228	ministry	079	modify	084
message	132	minor	080	modulate	*084*
messenger	*132*, 312	minute (微小な)	080	module	*084*
metal	274	minute (分)	080	molecule	324
metaphysics	*236*	miracle	169	moment	*057*
meteorology	*178*	mirage	169	monarch	*280*, 300
meter	232	mirror	169	monochrome	299
methodology	*178*	miscarriage	045	monocle	300
metro	*257*	miscast	044	monocracy	300
metronome	*083*	mischoice	044	monoculture	300
metropolis	209, *257*	misconduct	044	monogamy	300
metropolitan	*257*	misfortune	044	monolingual	*301*

monolog(ue)	177	national	250, 339	nonsense	045, 165
monologue	299	nationality	250	norm	085
monomania	300	nationalize	359	normal	085
monopolize	299	native	250	notify	357
monopoly	299	natural	338	nourish	211
monorail	299	nature	250	nourishment	211
monotone	299	nausea	248	nova	289
monotonous	299	navigate	248	novel	288
monotony	299	navigation	248	novelist	317
monthly	350	navy	248	novelize	359
moody	353	necessary	120	novelty	289, 335
motion	056	negative	294	November	305
motivate	056	neglect	153, 294	novice	289
motivation	056	negligee	294	nuke	079
motive	056	negligent	294	nurse	210
motor	056	negligible	153	nursery	211
move	056	negotiate	294	nurture	211
movement	330	neighbor	312	nutrition	211
movie	056	neighborhood	325	nutritious	352
multicultural	308	neon	289		

O

multilateral	056	new	288	object	138
multilingual	307	news	288	objection	138
multimedia	307	nitrogen	255	objective	138
multinational	308	nocturnal	267	obligatory	342
multiple	307	nocturne	267	oblige	091
multiply	307	noise	248	observance	323
multitude	308	nominal	184	observation	329
murderer	310	nominate	184	observatory	343
muscular	341	nonagon	305	observe	032
musician	314	nonalcoholic	045	obsolete	343
mysterious	351	nonet	305	obstacle	032
mythology	177	nonfiction	045	obstinate	032

N

		nonpolitical	045	obstruct	032
nation	249	non-reserved	045	obstruction	032

obtain	098	optimism	330	paramedic	*029*
obvious	276	optimist	317, *329*	parameter	*083*
occasion	286	option	154	paramount	230
occasional	*339*	optional	*154*	parasite	*028*
occult	*057*	oracle	202	parasol	*029*, 223
occupancy	*323*	oral	201	pare	158
occupant	315	oration	201	Parliament	*124*, 190
occupation	*142*, 328	ordeal	*278*	parlor	190
occupy	032, *142*	order	278	partial	100, *339*
occur	124	ordinance	*278*	participant	315
occurrence	*323*	ordinary	278	participate	*142*
octagon	305	organization	*329*	particle	324
octave	305	organize	359	particular	341
October	*305*	orientation	*329*	particularly	100
octopus	305	originality	*335*	partition	*101*
odometer	*083*	outgo	024	partner	*101*
offend	137	outlet	165	party	*101*
offense	*137*	overpass	*123*	passage	123
offensive	349	overview	*199*	passenger	123
offer	126	owner	310	passion	171
official	*339*	ownership	332	passionate	*171*, 343
oily	353	oxygen	255	passive	*117*, 171
omit	130	**P**		passport	122, *275*
operation	*329*	p(a)edophile	*167*	pastime	123
operator	311	pacific	*347*	paternal	210
ophthalmologist	*301*	parable	*028*	paternity	210
opponent	316	parabola	*028*	pathetic	*172*
oppose	032	parachute	*029*	pathos	*171*
opposite	060	paradox	*029*	patience	*172*, 324
opposition	*032*	paragraph	*028*	patient	172
oppress	*133*	paralegal	*029*	patriot	210
opt	155	parallel	028	patriotism	210
optical	*198*	Paralympics	*028*	patron	210
optician	*198*, 314	paralyze	028	patronage	321

pattern	210	persistence	*066*	pitcher	313
payment	331	personality	*335*	placid	170
peasant	315	perspective	195	planetarium	226
pedal	207	perspiration	030, *205*	platform	*068*
peddler	*208*	perspire	030, *205*	plead	170
pedestrian	208	persuade	030, *041*	pleasant	340
pedicure	*208*	persuasion	*030*, 328	please	170
pedigree	*208*	pervade	030	pleat	*146*
pedometer	*208*	pervasive	*030*	plenty	147
peeler	*313*	pessimism	330	plural	307
pendant	097	pesticide	*101*	plus	308
pending	097	phase	288	poetry	*244*
pendulum	*097*	phenomenal	*288*	pointed	148
peninsula	229	phenomenon	288	polar	341
penmanship	*333*	philanthropy	*166*	police	257
pentagon	304	philharmonic	*166*	policy	257
pentagram	304	philosophy	166	politeness	332
perceive	140	phonograph	*182*	political	257, *347*
percent	306	photocopier	*220*	politician	257, 315
perception	*140*	photograph	180	politics	325
percussion	030	photographer	*180*	polyclinic	307
perfect	030, *152*	photography	181	polyethylene	307
perform	068	photosynthesis	*220*	polygon	307
performance	322	physical	236, *347*	polygraph	307
perfume	030, *226*	physician	236, 315	popular	252
perhaps	285	physics	236	popularity	252
periscope	*198*	physiology	*236*	population	252
permanent	030, *266*	physique	*236*	populous	*252*
permission	328	pianist	*317*	porch	275
permit	131	pictograph	263	pornography	*181*
perplex	030	picture	263	portable	128
perseverance	*030*	pinpoint	148	portal	275
persevere	030	piracy	319	porter	128
persist	066	Pisces	*215*	portfolio	*129*

portrait	*135*	prehistoric	017	primer	*279*
pose	*060*	prejudice	261	primitive	*279*
position	061	preliminary	017	primrose	*279*
positive	061	premature	017	prince	*279*
possibility	335	premiere	*279*	principal	*279*
post	*060*	premise	017	principle	*279*
posterity	019	preparation	*329*	prior	*279*
postgraduate	019, *124*	preparatory	343	priority	*279*
postharvest	019	prepare	158	prison	144
postpone	019	preposition	*062*	privacy	320
postscript	019, *180*	prescribe	179	privatization	359
posture	061	prescription	*179*	privatize	359
postwar	019	presence	287, *324*	privilege	259
pound	*296*	present	287	prize	291
pour	110	presentation	*329*	probability	*237*
poverty	335	preserve	017	probably	237
powerful	345	preside	017	probe	237
practical	339	presidency	*324*	procedure	119
praise	290	president	316	proceed	118
precaution	017	pressing	133	process	118
precede	118	pressure	133	proclaim	018, *186*
precious	290	presume	142	procure	241
precise	101	pretend	107	produce	157
precision	*329*	prevail	292	producer	310
predecessor	118	prevalent	*292*	product	157
predict	188	prevent	121	production	*157*
predominant	*256*	preview	017	profess	191
preface	017	previous	276	profession	191, *329*
prefer	127	prey	*144*	professional	*191*, 339
preferable	338	price	290	professor	191
preference	323	priceless	345	proficiency	*324*
prefix	*094*	primal	*279*	proficient	152
pregnancy	*323*	primary	*279*	profitable	338
pregnant	255	prime	278	profound	052

progress	123	provoke	202	quota	*085*
progressive	349	pseudonym	*184*	quotation	329
prohibit	149	psycho	163	**R**	
prohibition	*149*	psychoanalysis	163	racist	*317*
project	018	psychology	163, *178*	radial	221
prolog(ue)	018, *177*	psychopath	163	radiate	221
prologue	*299*	psychotherapy	*242*	radiator	221
prolong	018	public	252	radio	221
prominent	074	publicity	253, *335*	radioactive	222
promise	132	publish	253	radioactivity	222
promote	056	pulse	145	radiograph	*181*
pronounce	185, *327*	punch	148	radioscope	*198*
pronunciation	*185*	punctual	148, *339*	radium	221
proof	237	punctuation	*148*	radius	*083*, 221
proofread	237	puncture	148	raid	216
propaganda	*018*	punishment	*331*	rainy	353
propel	144	purchase	*140*	rapidity	*335*
propeller	144	pure	110	rapport	*129*
prophet	*018*	purge	111	ratify	358
propose	060	purify	*110*	ray	221
prospect	195	Puritan	*111*	react	117
prosper	174	purpose	061	reaction	036
prosperous	352	pursue	284	realism	330
protect	018	**Q**		realistic	347
protection	328	quadruped	*208*	reality	335
protective	*350*	qualify	358	realize	358
protest	018	quarter	303	realm	258
Protestant	316	quarterly	350	rebate	136
protocol	*018*	quartet	303	recede	119
prototype	018	query	240	receipt	141
prove	237	quest	240	receive	140
proverb	176	questionnaire	*240*	receptacle	324
provide	199	quint	304	reception	140
provider	*198*, 311	quintet	304	recess	119

recession	119, 328	refusal	321	renovation	*289*
recipe	*142*	refuse	109	renown	*185*
reciprocate	*120*	regard	160	rental	*339*
recital	185	register	*130*	renunciation	*185*
recite	186	registry	*336*	repair	159
reckless	346	regular	258	replace	036
reclaim	186	regulate	258	replacement	*331*
reclamation	*186*	regulation	258	replenish	147
recline	107	regulator	*258*	replica	*146*
recollect	153	reinforce	081	reply	145
recommendation	*329*	reinforcement	*081*	report	129
reconcile	*037*	reject	138	repose	*062*
record	163	rejection	*138*	reprehend	*144*
recover	036	rejoice	*170*	reprove	237
recovery	336	relation	*329*	republic	253
recreation	036	relationship	*333*	reputation	235
rectangle	069	relative	348	request	239
rectify	*070*	reliable	092	require	240
rectum	*070*	reliance	322	requirement	*240*
recur	125	religion	091	research	071
recurrence	*125*	religious	352	resemblance	*323*
recycle	036, *071*	relocate	271	resent	165
reduce	157	reluctant	340	reservation	*329*
reduction	157	rely	092	reserve	036
reface	*194*	remedy	242	reset	036
refer	127	remember	238	residence	*324*
reference	*324*	remind	164	resident	316
refine	281	reminiscence	*164*	resign	086
reflect	105	remit	131	resignation	*329*
reflex	*105*	remote	056	resist	066
reform	068	remove	057	resistance	*323*
reformation	*068*	Renaissance	*250*	resistant	316
refraction	*113*	renounce	185	resolute	*111*
refund	052	renovate	289	resolution	*111*

resolve	111	revolution	058	satisfy	170
resonate	225	revolve	058	saturate	170
respect	195	revolver	*058*	sauce	*233*
respectable	*338*, 349	reward	161	saucer	*233*
respectful	349	rhinoceros	*201*	sausage	*233*
respective	349	ride	216	scale	060
respiratory	*204*	ridicule	324	scenery	*244, 336*
respire	204	rival	230	scenic	347
respond	192	road	*216*	scent	*165*
response	191	robbery	*244, 336*	scholar	243
responsibility	*192*	rotation	*329*	scholarship	243
responsible	192	route	*114*	scholastic	*243*
restless	346	royal	258	schoolchild	*243*
restore	*037*	royalty	258	schooling	*243*
resume	142	rubber	*314*	science	234
retail	102	ruler	313	scientific	*234*, 346
retain	098	rupture	*114*	scientist	*234*, 317
retire	135	**S**		scissors	101
retirement	*331*	sacrifice	*152*	scope	197
retort	*106*	saddle	063	Scorpio	*215*
retreat	135	sadness	*332*	script	179
retrospective	036	safety	335	scripture	*179*
return	058	Sagittarius	*215*	search	071
reunion	298	sailor	311	season	*218*
revenge	*037*	salad	*233*	seclude	283
revenue	122	salami	*233*	secondary	284
reverse	103	salary	232	secretary	316
review	199	saline	*233*	section	101
revise	199	salt	232	secure	241
revision	*199, 329*	salty	353	security	*241*
revival	*214*, 321	sanatorium	226	seduce	016, *158*
revive	214	sanitary	*226, 342*	seed	217
revoke	202	satire	170	segment	*102*
revolt	*059*	satisfactory	*170*, 342	segregate	016

seismograph	*182*	shortage	320	solitary	342
select	153	shorten	355	solitude	334
selfish	*354*	shredder	*313*	solution	111
semen	*218*	sign	086	solve	111
semiautomatic	*075*	signal	086	solvent	*111*
semicircle	*075*	signature	*086*	sonic	225
semicolon	075	significance	*323*	sonograph	*182*
semiconductor	075	significant	087	sophist	*167*
semifinal	075	signify	*087*, 358	sophisticate	*167*
seminar	217	silence	*324*	spacious	*352*
seminary	218	silent	341	special	196
semipro	*075*	similar	341	specialist	317
sensation	165	similarity	335	specialize	359
sense	165	simple	*146*	species	197
sensible	165	simplify	358	specific	197
sensitive	165	sit	062	specify	358
sensor	*165*	site	062	specimen	195
sensory	342	situate	062	spectacle	195
sentence	165	situation	062	spectacular	*195*
sentimental	*165*	skeptical	197	spectator	195
separate	016, *158*	slavery	*244*	spectrum	*196*
septangle	*304*	sleepy	353	speculate	195
September	305	snowy	353	spirit	204
septet	*304*	soar	218	spiritual	*204*, 339
sequence	284	sociable	338	sponsor	192
servant	316	social	253	sport	*129*
service	327	socialism	*253*, 330	sportsmanship	*333*
set	062	socialize	253	spouse	*192*
settle	062	society	253, 335	spy	*196*
settlement	*331*	sociology	*178*	square	303
sex	*102*	soften	355	stability	*335*
shameful	345	solar	223	stable	064
sharpen	355	solar eclipse	*113*	stage	063
shipment	*331*	solicitor	*186*	stall	065

stamina	064	
stance	063	
standard	064	
stardom	*257*	
state	064	
statement	*064*, 331	
statesman	*064*	
static	065, *247*	
station	065	
stationery	*336*	
statistics	065	
statue	063	
status	064	
stay	064	
steady	065	
stealth	*334*	
stellar	223	
stenography	*181*	
stereograph	*181*	
stereotype	074	
stethoscope	*198*	
stewardess	160	
stimulate	086	
stimulus	*086*	
sting	085	
storage	321	
stormy	353	
strength	333	
strengthen	356	
structure	095	
stylish	354	
subconscious	023	
subject	139	
submarine	023, *228*	
submerge	161	
submit	131	
subordinate	278	
subscribe	179	
subsequent	023	
subsidiary	024	
subsidy	024	
substance	063	
substitute	065	
subterranean	270	
subtract	024, *135*	
subtropical	024	
suburb	274	
subway	024	
succeed	119	
successful	349	
succession	*329*	
successive	349	
sue	284	
suffer	127	
sufficient	152	
suffix	*094*	
sugarless	346	
suggest	129	
suggestive	*129*	
suicide	101	
suit	284	
suitable	284	
suite	*284*	
sum	050	
summary	051	
summit	050	
sundial	*268*	
superconductivity	*021*	
superficial	021
superfluous	021
superintendent	*109*
superior	021
superlative	*021*
supermarket	020
supernatural	*021*
superpower	021
supersonic	225
superstar	020
superstition	021
supervise	*021*, 199
supervisor	*199*
supplement	147
supply	148
support	129
suppose	061
suppress	024, *133*
supremacy	320
supreme	021
surcharge	019
surface	*020*, 194
surgery	*244*
surmount	*020*, 230
surname	020
surpass	020, *123*
surplus	019
surprise	144
surrealism	*020*
surrender	020
surround	020
survey	020
survival	*214*, 321
survive	*020*, 213

survivor	214	technical	245	terrible	168
suspect	195	technician	245, 315	terrific	168
suspend	096	technique	245	terrify	*168*
suspender	096	technocrat	252	terror	168
suspense	096	technological	*245*	terrorism	*168*
suspension	*329*	technology	245	terrorist	168
suspicious	352	telecommunications	030	tetrapod	*208*, 303
sustain	097	telegram	029	the Scriptures	*179*
sustainable	*098*	telegraph	181	theology	*178*
sweeten	356	telepathy	030	therapy	*242*
sweetener	356	telephone	029	thermal	224
symmetrical	*035*	telescope	*029*, 197	thermograph	*182*
symmetry	*035*, *083*	televise	359	thermometer	*083*, 224
sympathize	172	television	029, *199*	thermostat	224
sympathy	035, *172*	temper	267	thoroughfare	*120*
symphony	224	temperament	267	thoughtless	346
symposium	035	temperate	267	threaten	355
synchronize	036	temperature	267	tolerance	*323*
synonym	036, *184*	tempest	267	torch	106
synthesis	*220*	tempo	266	torment	*106*
synthesize	036	temporary	266	tortoise	*106*
synthesizer	*220*	temptation	*329*	torture	106
system	036	tenant	098	tourism	058
T		tend	107	tourist	317
tablet	*207*	tendency	323	tournament	057
tacograph	*182*	tender	108	trace	135
tactics	089	tension	108	track	135
tail	102	tent	*109*	tractor	134
tailor	102	terminal	281	traditional	*339*
talkative	348	terminate	282	tragedy	262
tally	102	terminology	*178*	trail	135
tangent	*089*	terrace	270	trailer	*135*
tangible	089	terrain	270	trainee	312
Taurus	215	terrestrial	270	trainer	*312*

transact	031	turbulent	*172*	unity	*298*
transaction	117	turnip	*057*	universal	*298*
transcribe	032, *179*	tutor	*312*	universe	*105*, 298
transcript	179	twice	301	university	297
transfer	127	twig	301	unload	047
transform	068	twilight	301	unlock	046
transformation	*068*	twin	301	unlucky	046
transfusion	*109*	twist	301	unnecessary	046
transit	031	**U**		unpack	047
translate	032	ultimate	282	unprecedented	*118*
translucent	*220*	ultimatum	282	unseal	047
transmit	131	umbrella	223	untie	047
transparent	288	unanimous	298	unwrap	047
transplant	031	unbelievable	338	unzip	047
transport	129	uncover	046	urban	274
transportation	*329*	underpass	*123*	urbanize	359
treat	*135*	understand	064	urgency	*324*
treatment	*331*	undulate	229	urgent	341
tremble	169	unemployment	046	usage	159
tremendous	169	unfair	046	useless	346
tremor	169	unfasten	047	usual	160
trespass	*123*	unfold	046	utensil	159
trial	321	unfortunate	046	utility	159
triangle	303	unhappy	045	utilize	159
triangular	341	unicorn	*299*	**V**	
tribute	156	unicycle	*300*	vacancy	076
tricycle	*300*	uniform	068	vacant	076
trilingual	*301*	uniformity	298	vacate	*076*
trio	303	unify	358	vacation	076
triple	303	unilateral	055	vacuum	076
trivial	276	union	298	valid	291
trouble	172	unique	298	validity	*291*
turban	*058*	unit	*298*	valuable	291
turbulence	172	unite	298	value	291

vapor	218	vision	199	winery	*244*
variable	*290*	visit	120, *199*	wisdom	*257*
variation	290	visitor	311	wonderful	344
variety	290	vista	*199*	wooden	344
various	290	visual	199	woolen	344
vary	290	vital	214, *339*	worthless	346
vault	*059*	vitality	*335*	wreckage	321
vehicle	324	vitamin	214	wrench	106
vent	219	vivid	214	wrinkle	106
venthole	*219*	vocabulary	202	writer	311

X

ventilate	219	vocal	202	xenophobe	*167*
ventilator	*219*	vocation	203	xylophone	225

Z

venture	*122*	voice	202		
verb	177	volume	058	zodiac	214
verbal	177	voluntary	174	zoo	*214*
verdict	*188*	volunteer	174	zoologist	*317*
verify	358	voucher	203	zoology	*178*, 214
versatile	104	vowel	203		
verse	*105*	voyage	276		
version	104				
vertical	104				

W

via	275	warfare	*120*		
vicinity	272	warmth	333		
villa	272	warn	160		
village	272	warrant	161		
villain	272	waterfront	054		
vindicate	*188*	weakness	*332*		
vine	231	weave	063		
vinegar	231	Website	062		
vineyard	231	weekly	350		
vintage	231	welfare	*120*		
violence	*324*	widen	355		
Virgo	215	width	333		
visible	199	windshield	*055*		
		windy	353		

著者紹介

佐藤誠司 (さとう せいし)

東京大学文学部英文科卒業。広島県教育委員会事務局、私立中学・高校教諭などを経て、現在は(有)佐藤教育研究所を主宰。英語学習全般の著作活動を行っている。著書に『高校生のための英語学習ガイドブック』(岩波書店)、『試験に出る「英語の語法・文法」大全』(メトロポリタンプレス)、『魔法のコロケーション 英会話表現1000』(Jリサーチ出版)、共著書に『アトラス総合英語 英語のしくみと表現』(ピアソン桐原)、『英単語ピーナツ BASIC1000』(南雲堂)、『英会話 聞き方と答え方3秒フレーズ』(PHP研究所)、『TOEIC® テストビジュアル英単語』(ジャパンタイムズ)など多数。

小池直己 (こいけ なおみ)

広島大学大学院修了。カリフォルニア大学ロサンゼルス校(UCLA)の客員研究員を経て、現在、就実大学人文科学部実践英語学科ならびに同大学大学院教授。NHK教育テレビの講師も務めた。代々木ゼミナール、河合塾、東進ハイスクールをはじめとする予備校講師を歴任。『英会話の基本表現100話』『話すための英文法』『語源でふやそう英単語』(岩波書店)、『「話すための英語」を5日間でやり直す本』『新TOEIC® テストの基礎英単語』『40歳から英語をものにする方法』(PHP研究所)など、著書は350冊を超える。「放送英語を教材とした英語教育の研究」で日本教育研究連合会より表彰受賞。

つながる英単語 語源ネットワークで覚える3000語

2014年2月5日　初版発行
2015年5月20日　第5刷発行

著　者　　佐藤誠司・小池直己
　　　　　© Seishi Sato, Naomi Koike, 2014
発行者　　小笠原敏晶
発行所　　株式会社 ジャパンタイムズ
　　　　　〒108-0023 東京都港区芝浦4丁目5番4号
　　　　　電話　(03) 3453-2013 (出版営業部)
　　　　　振替口座　00190-6-64848
　　　　　ウェブサイト　http://bookclub.japantimes.co.jp
印刷所　　日経印刷株式会社

本書の内容に関するお問い合わせは、上記ウェブサイトまたは郵便でお受けいたします。
定価はカバーに表示してあります。

万一、乱丁落丁のある場合は、送料当社負担でお取り替えいたします。
ジャパンタイムズ出版営業部あてにお送りください。

Printed in Japan　　ISBN 978-4-7890-1552-3